Das Buch

»Warum Hitler?« Diese Frage läßt uns, und nicht nur uns Deutsche, nicht los und hat bereits Generationen von Historikern beschäftigt. Wie war es möglich, daß ein derart unscheinbarer Mensch, dessen Charakter nicht gerade gewinnend und dessen Herkunft ihn nicht dafür prädestinierte, von einer politischen und gesellschaftlichen Randfigur zum mächtigsten Mann Europas aufsteigen und es binnen weniger Jahre in Schutt und Asche legen konnte?
Der anerkannte britische NS-Spezialist Ian Kershaw gibt in dem vorliegenden Machtprofil eine neu akzentuierte Antwort, indem er Max Webers Konzept der »charismatischen Herrschaft« konsequent auf die Analyse Hitlers und seiner Rolle im NS-System anwendet: Die Akzeptanz uneingeschränkter persönlicher Machtausübung, die bei den Deutschen im Zusammenbruch der Weimarer Republik offenbar wurde, ermöglichte es einer in jeder Hinsicht mittelmäßigen Figur wie Hitler, im Bündnis mit den alten Machteliten die destruktive Dynamik des Nationalsozialismus in Gang zu setzen. Kershaws moderne, alle bisherigen Ergebnisse der Hitler-Biographen sowie der NS-Forschung zusammenfassende Studie zeichnet ein klares Profil des NS-Regimes: wie Hitlers persönlicher Machtanspruch, die Machtausübung durch die Partei und die Machtstrukturen des Systems ineinandergriffen.

Der Autor

Dr. Ian Kershaw, geb. [illegible] ford. Er lehrte von 1968 bis 1987 an der [illegible]ster und von 1987 bis 1989 an der Universität Nottingham. Er ist jetzt Professor für Neuere Geschichte an der Universität Sheffield. 1991 wurde er in die British Academy gewählt. Veröffentlichungen u.a.: ›Der Hitler-Mythos‹ (1980); ›Der NS-Staat‹ (1988).

Ian Kershaw:

Hitlers Macht

Das Profil der NS-Herrschaft

Aus dem Englischen übersetzt von Jürgen Peter Krause

Deutscher
Taschenbuch
Verlag

Die englische Originalausgabe ist 1991 unter dem Titel ›Hitler‹ in der Serie ›Profiles in Power‹ bei Longman Group UK Ltd., Harlow, Essex erschienen.

Deutsche Erstausgabe
Dezember 1992

ISBN 0-582-55277-X

Umschlagtypographie: Celestino Piatti
Umschlagbild: NSDAP-Parteitag, Nürnberg 1938. Der Reichsarbeitsdienst marschiert an Hitler vorbei (Bilderdienst Süddeutscher Verlag).
Gesamtherstellung: C.H. Beck'sche Buchdruckerei, Nördlingen
Printed in Germany · ISBN 3-423-04582-5

Inhalt

Vorwort zur deutschen Ausgabe

Dieser Band ist keine weitere Hitler-Biographie, auch wenn dafür meines Erachtens Bedarf besteht. Eine neue umfassende Biographie müßte sich der schwierigen methodologischen Aufgabe stellen, ausführlicher und mit mehr Erfolg, als es bei früheren Untersuchungen der Fall ist, die persönliche Rolle des Diktators zusammen mit dem gesellschaftlichen Rahmen zu untersuchen, der Hitlers Aufstieg möglich gemacht und das Wesen seiner Herrschaft geprägt hat. Im kleinen strebt die vorliegende kurze Studie in diese Richtung. Allerdings werden persönliche Einzelheiten hier nur kurz gestreift und viele Dinge kaum berührt, die für eine Biographie Hitlers relevant und wichtig wären. In mancher Hinsicht ist mein Ansatz in der Tat kein biographischer. Ich bin hier einzig und allein an der Art, der Funktionsweise und dem Wesen der Macht Hitlers und seiner diktatorischen Machtausübung interessiert. Mit Hilfe des von Max Weber übernommenen (und an manchen Stellen erweiterten) Begriffs der »charismatischen Herrschaft« habe ich versucht, Antwort auf folgende Fragen zu geben: Warum stieß nach dem Ersten Weltkrieg in Deutschland unter all den völkischen Fanatikern, die im großen und ganzen ähnliche Ansichten vertraten, gerade Hitler auf eine solche Resonanz? Wie konnte dieser an sich aussichtslose Kandidat eine komplexe moderne Staatsmaschinerie unter seine Kontrolle bringen? Warum wurde er – wider Erwarten – in seiner Macht nicht durch die traditionell herrschenden Klassen beschnitten, sondern konnte sich über alle Beschränkungen hinwegsetzen? Inwieweit prägte er persönlich die Politik des Dritten Reichs? War es tatsächlich so, daß er sie selbst lenkte und bis zum Schluß die Hauptentscheidungen traf? Bei der Beantwortung dieser Fragen war es mir wichtig herauszustellen, welche Veränderungen über den untersuchten Zeitraum hinweg zu beobachten waren. Deshalb habe ich die thematische Behandlung der Macht Hitlers in einen lockeren chronologischen Rahmen gestellt (auch wenn ich hier keinen Versuch einer Ereignisschilderung unternehme).

Diese Studie ist ursprünglich als Beitrag für die im Verlag

Longman erscheinende Reihe ›Profiles in Power‹ entstanden. In diesem Rahmen war es erforderlich, die Fußnoten auf ein Minimum zu beschränken, so daß Quellenangaben nur bei direkten Zitaten und bei Aussagen gemacht werden, die einer Verifizierung zu bedürfen scheinen; darüber hinaus wird auf spezielle Veröffentlichungen hingewiesen, die jeweils einen wichtigen Beitrag zur Erhellung des gerade behandelten Punktes leisten. Diesen Vorgaben folgt auch die Übersetzung. Für die Bibliographie am Ende des Bandes habe ich außerdem aus der überwältigenden Masse der Primär- und Sekundärliteratur einige Werke ausgewählt, die ich bei der Abfassung der einzelnen Kapitel als besonders nützlich empfunden habe (die aber in vielen Fällen auch von weitergehender Relevanz sind). Außer in der Bibliographie unterscheidet sich die deutsche Textfassung von der englischen nur darin, daß auf manche, für englische Leser erforderliche kurze Erläuterungen verzichtet und im Anhang eine Zeittafel weggelassen wurde, weil den deutschen Lesern in dem Band ›Das Dritte Reich im Überblick‹, herausgegeben von Martin Broszat und Norbert Frei, bereits eine ausgezeichnete Chronologie zur Verfügung steht.

Ich bin Jürgen Peter Krause sehr dankbar dafür, daß er die schwierige und mühevolle Arbeit der Übersetzung auf sich genommen und diese Aufgabe so qualifiziert gelöst hat. Auch Margit Ketterle möchte ich herzlich für ihr Interesse sowie die Unterstützung und Ermutigung danken, mit der sie zur Entstehung dieser dtv-Ausgabe beigetragen hat.

Es ist mir außerdem eine große Freude, an dieser Stelle die Alexander-von-Humboldt-Stiftung und den DAAD in meine Danksagung einzuschließen; ohne die Hilfe dieser großartigen Institutionen wäre es ausländischen Wissenschaftlern gar nicht möglich, sich ernsthaft mit deutscher Geschichte zu beschäftigen. Mein ganz besonderer Dank gilt darüber hinaus dem unvergleichlichen Wissenschaftskolleg zu Berlin, dessen Einladung und Forschungsstipendium es mir 1989/90 ermöglichten, mich dort ein ganzes – und so ereignisreiches! – Jahr lang aufzuhalten. Die vorliegende Untersuchung konnte ich während der ersten Monate im Wissenschaftskolleg fertigstellen und lernte dabei sehr die dortige intellektuell stimulierende Atmosphäre sowie die Unterstützung schätzen, die ich durch den Rektor und seine Kollegen, aber auch durch die anderen Stipendiaten sowie die Bibliothekarinnen und Sekretärinnen erfuhr.

Eine besondere Freude ist es mir auch, hier all denen danken zu können, die meine Arbeit im Laufe der Jahre nachhaltig beeinflußt haben, darunter vor allem der unlängst verstorbene Martin Broszat sowie Hans Mommsen und die alten Freunde und Kollegen am Institut für Zeitgeschichte in München (insbesondere Norbert Frei und Elke Fröhlich).

Und schließlich möchte ich noch meiner Familie und meinen Freunden – an erster Stelle Traude Spät – für ihre beständige Ermutigung und Unterstützung von Herzen Dank sagen.

Manchester, im April 1992 Ian Kershaw

In Erinnerung an Martin Broszat und Tim Mason

Einleitung
Hitlers Macht – ein Rätsel

Auch wenn Hitler die Vorstellungskraft vieler bereits beansprucht hat, bleibt er als Gegenstand eines Machtprofils doch nach wie vor ein bemerkenswerter Fall. In den ersten dreißig Jahren seines Lebens war er ein Niemand; in den ihm verbleibenden sechsundzwanzig Lebensjahren drückte er der Geschichte seinen unauslöschlichen Stempel auf – als deutscher Diktator und Anstifter eines Völkermordes und eines Krieges, der den größten Niedergang der Zivilisationswerte in der Neuzeit markierte und am Ende sein eigenes Land und große Teile Europas in Schutt und Asche legte.

Adolf Hitler wurde 1889 in der kleinen österreichischen Grenzstadt Braunau am Inn geboren und wuchs in einer auf Respektabilität bedachten Familie der unteren Mittelschicht auf; in diesen frühen Lebensjahren wies alles auf eine unbedeutende und mittelmäßige Zukunft hin, und es gab keinerlei Anzeichen dafür, daß er einmal die Welt dazu bringen könnte, den Atem anzuhalten.

Mit sechzehn Jahren ging Hitler ohne Bedauern von der Realschule ab. Er hatte dort keine glückliche Zeit verbracht; seine Leistungen hatten sich größtenteils zwischen mangelhaft und ausreichend bewegt. 1907 und 1908 scheiterte er zweimal bei dem Versuch, in die Wiener Kunstakademie aufgenommen zu werden – für seinen Stolz ein schwerer Schlag. In den folgenden fünf Jahren führte er ein ungeregeltes Leben und trieb sich in der österreichischen Hauptstadt herum. Er war ein Einzelgänger, der nur wenige Freunde und Bekannte hatte und sich am Rande der Gesellschaft bewegte. Er war fest davon überzeugt, künstlerisches Talent zu besitzen, und deshalb verbittert über die bürgerliche Gesellschaft, die es nicht anerkannt hatte. 1913 machte er sich nach München davon, um dem Dienst in der österreichischen Armee zu entgehen, für den er im darauffolgenden Jahr allerdings ohnehin für »zu schwach« und untauglich befunden wurde[1]. Auf einem berühmt gewordenen Photo, das ein paar

[1] Werner Maser, Hitlers Briefe und Notizen. 2. Aufl. Düsseldorf 1988, S. 42.

Monate später entstand, sieht man sein begeistertes Gesicht in der jubelnden Menge auf dem Odeonsplatz in München am 2. August 1914, dem Tag nach der deutschen Kriegserklärung an Rußland[2].

Hitler meldete sich rasch als Freiwilliger zum bayerischen Heer. Als Gefreiter in einem Infanterieregiment erhielt er zwei Tapferkeitsauszeichnungen – das Eiserne Kreuz Erster und Zweiter Klasse –, man befand ihn jedoch als für eine Beförderung ungeeignet, weil es ihm an Führungsqualitäten mangele![3] Bei seinen Kameraden galt er aufgrund seiner schrulligen und introvertierten Art als komischer Kauz, denn er grübelte über Schopenhauer[4] nach, während sie sich über ihre Freundinnen und Familien unterhielten. Nichts ließ darauf schließen, daß er einmal eine ganz andere Stellung einnehmen sollte. Er hatte zwar zu manchen Dingen bereits feste Überzeugungen, zum Beispiel, daß es nach dem Krieg den »inneren Internationalismuß« (sic) zu zerbrechen gelte[5], aber wenn er seine Ansichten einmal laut äußerte, nahm kaum jemand Notiz davon.

Der Krieg, so schrieb Hitler ein paar Jahre später, sei für ihn die »unvergeßlichste« und »größte« Zeit seines Lebens gewesen[6]. Als er sich in den vierziger Jahren in Ostpreußen im Führerhauptquartier verschanzt hatte, erinnerte er sich an diese Zeit als Frontsoldat zurück – eine Erinnerung, die nun zweifellos seine Mißerfolge als Kriegsherr kompensieren sollte. Der Krieg war für Hitler fraglos eine Zeit gewesen, die ihn entscheidend geprägt hatte. Das Kriegserlebnis hatte das bereits vorhandene Gemisch aus tiefsitzenden Vorurteilen und glühenden Wunsch- und Zwangsvorstellungen enorm verstärkt, die seine nicht gerade angenehme Persönlichkeit umtrieb. Auf jemanden, der sich selbst im Krieg »gefunden« hatte, mußte die Nachricht von der deutschen

[2] Maser, Briefe, S. 59. Die Demonstration in München wird meist auf den 1. August datiert; für die korrekte Datierung auf den 2. August siehe Anton Joachimsthaler, Korrektur einer Biographie. Adolf Hitler 1908–1920. München 1989, S. 100.

[3] Fritz Wiedemann, Der Mann, der Feldherr werden wollte. Velbert, Kettwig 1964, S. 26; siehe auch Joachimsthaler, Korrektur, S. 160, der deutlich macht, daß Hitler auch nicht befördert werden wollte.

[4] Hans Frank, Im Angesicht des Galgens. München, Gräfelfing 1953, S. 46.

[5] Maser, Briefe, S. 100f.

[6] Adolf Hitler, Mein Kampf. 78.–84. Aufl. München 1933, S. 179.

Niederlage und Revolution – sie erreichte Hitler, der durch einen Senfgasangriff verletzt war, in einem Pommerschen Lazarett – wie ein betäubender Schlag wirken. Eine Zeitlang befand er sich in einem schweren Schockzustand und war völlig verstört. Der Haß, der bis dahin in seinem Innern genagt hatte, machte sich nun wütend Luft.

Nach seiner Entlassung aus dem Lazarett arbeitete Hitler als Spitzel im Rahmen der routinemäßigen politischen Überwachung von extremistischen Gruppen in München weiter für das Heer. Durch diese Tätigkeit kam er mit der gerade gegründeten Deutschen Arbeiterpartei in Berührung, die sich damals als eine von vielen extremistischen, nationalistisch-rassistischen Sektierergruppen gebildet hatte, aus der aber bald schon die NSDAP hervorgehen sollte. Er wurde Parteimitglied und beteiligte sich nun aktiv an der Münchener Bierkeller-Politik. Nach und nach erkannten die Menschen um ihn und auch er selbst, daß er ein ungewöhnlich demagogisches Talent dafür besaß, die übelsten der im Volk verbreiteten Vorurteile und Ressentiments so vorzubringen, daß sie breite Zustimmung fanden. Diese Erfahrung stärkte das Selbstbewußtsein und Selbstvertrauen des politischen Agitators. Damit trat er nun aus der Anonymität hervor. Doch deutete zu diesem Zeitpunkt noch nichts auf seinen späteren kometenhaften Aufstieg hin. Er hatte keine besondere Stellung inne, besaß keine politische Erfahrung und hatte keinen Zugang zu den Schalthebeln der Macht.

Dennoch gelang es Hitler in den folgenden Jahren, in der Rolle des Bierkeller-Agitators die öffentliche Aufmerksamkeit auf sich zu ziehen. Er vermochte sich von dem schmählichen Fehlschlag des berüchtigten Putsches zu erholen und im anschließenden Strafprozeß einen propagandistischen Triumph zu feiern. Nach der Haft baute er seine zersplitterte Partei von neuem auf; während der Wirtschaftskrise machte er als Anführer einer enormen politischen Streitmacht und als ernstzunehmender Bewerber um das höchste Amt in Deutschland von sich reden. In erstaunlich kurzer Zeit gelang es ihm, einen hochentwickelten, großen und komplizierten Regierungsapparat unter seine diktatorische Kontrolle zu bekommen und in einem Moment an der Staatsspitze zu stehen, in dem sich das Land wirtschaftlich und militärisch in einem Maße erholte, das sowohl Anhänger als auch Gegner in Erstaunen versetzte. Die europäische Nachkriegsordnung warf er über den Haufen, die Weltdiplomatie stellte er auf den Kopf. Die Mehrheit des eigenen Volkes verherrlichte ihn grenzenlos, viele Menschen zollten ihm zumindest große Bewunderung – und noch mehr bezeugten die größte Abscheu vor ihm. Er führte Deutschland, Europa und letztlich alle größeren Mächte der Welt in einen Krieg von noch nie dagewesener Zerstörungskraft und schaffte es, den größten Teil des Kontinents vier Jahre lang unter seiner Knute zu halten. Er stiftete den schrecklichsten Genozid an, den die Menschheit bis dahin erlebt hatte, und stürzte sein Land schließlich in die totale militärische Niederlage und Besetzung. Als sein Land in Trümmern lag und der »Erzfeind« vor der Tür stand, beging Hitler Selbstmord.

Wie konnte es dazu kommen, daß so ein Mensch – wenn auch nur für eine kurze (für seine Gegner aber finstere und scheinbar endlose) Zeit – die Geschicke einer der wirtschaftlich und kulturell am weitesten entwickelten Nationen der Welt lenkte? Wie konnte Hitler eine Zeitlang zum mächtigsten Mann in Europa werden? Seine Herkunft, Erziehung und Bildung und die soziale Schicht, der er angehörte, alles sprach gegen ihn. Er hatte nicht einmal die deutsche Staatsangehörigkeit (bis sie ihm 1932 verliehen wurde). Er kam nicht aus einer jener Familien, aus denen üblicherweise die Führungskräfte Deutschlands hervorgingen. Er entstammte keiner der traditionellen Machteliten. Er war ein ganz gewöhnlicher Außenseiter. Tiefsitzende ideologische Phobien und ein ungewöhnlich demagogisches Talent, die niederen Instinkte der Massen zu wecken, verbunden mit einigen bizarren persönlichen Angewohnheiten waren lange Zeit anscheinend alles, was er zu bieten hatte. Und doch löste er, nachdem er quasi aus dem Nichts aufgetaucht war, innerhalb von 15 Jahren Generalfeldmarschall Hindenburg, den Pfeiler der alten Ordnung, als Staatsoberhaupt ab; und innerhalb zweier Jahrzehnte seit dem Beginn seiner »politischen Karriere« führte der frühere Gefreite den Oberbefehl über adelige deutsche Generäle in einem zweiten großen europäischen Konflikt, aus dem sich bald ein Weltkrieg entwickelte, dessen Urheberschaft er mehr als jede andere Einzelperson für sich in Anspruch nehmen kann.

Hitlers Macht wirft eine Reihe von höchst komplexen

Problemen auf. Die Frage, »Wie war Hitler möglich?«, haben sich seinerzeit schon die Gegner des Nationalsozialismus gestellt, und sie hat seither zahllose Historiker in ihren Bann gezogen. Andere, nicht minder schwierige Fragestellungen, die darüber hinausgehen, wie Hitler an die Macht kam, beziehen sich auf den Charakter, das Ausmaß und die Ausübung seiner Macht. Viele Zeitgenossen aus allen Bereichen des politischen Spektrums sowohl innerhalb als auch außerhalb Deutschlands waren sich 1933 sicher, daß Hitlers Herrschaft ein kurzlebiges Phänomen sein würde – daß er zwar das Zeug zu einem Volksverhetzer, nicht aber zu einem wirklichen Regierungschef habe und die traditionellen Machtgruppen ihn ausschalten und zur Seite drängen würden, sobald die unmittelbare Krise überwunden wäre. Das erwies sich freilich als verhängnisvolle Fehleinschätzung, wirft aber die Frage auf, wie es Hitler, nachdem er Reichskanzler geworden war, gelingen konnte, seine Macht zu festigen und auszudehnen. Diese Überlegungen führen wiederum zu Fragen nach den Grundlagen und Stützpfeilern seiner Macht, nach den Kräfteverschiebungen zwischen den ihn unterstützenden Machtgruppen in Deutschland und den sich daraus ergebenden Folgen für seine Machtausübung und seinen eigenen Machtspielraum sowie nach den Auswirkungen der von Hitler verkörperten eigenartigen Form politischer Autorität auf die bestehenden Regierungs- und Verwaltungsstrukturen. Eine Analyse dieser Probleme sollte es uns ermöglichen, besser zu beurteilen, in welcher Beziehung Hitlers Macht zu den sie prägenden und bedingenden unpersönlichen »sozialen Kräften« stand, wie autonom Hitler in der individuellen Ausübung seiner Macht war und welche Beziehung zwischen dieser personalisierten Macht und Deutschlands Weg in den Abgrund im Zweiten Weltkrieg bestand.

Bei dem Versuch der Beantwortung solcher Fragen müssen sich Historiker stets der schwierigen Aufgabe stellen, die relative Wichtigkeit der »Persönlichkeit« und der unpersönlichen »Strukturen« und Kräfte im historischen Entwicklungsprozeß gegeneinander abzuwägen. Obwohl dieses Problem bei jeder Interpretation historischer Epochen auftritt, hat es bei der Analyse des nationalsozialistischen Deutschlands zu einer besonders scharfen Trennungslinie geführt.

Die Betonung, die verschiedene Historiker entweder auf die »Persönlichkeit« oder auf entscheidende »unpersönliche Faktoren« legen, kennzeichnet die ganze Art ihrer jeweiligen Hitler-Interpretation[7].

Das eine Extrem bilden marxistisch-leninistische Erklärungsmuster, die in der Zwischenkriegszeit von Komintern-Mitgliedern aufgestellt und bis vor kurzem vor allem von ostdeutschen Historikern aufrechterhalten worden sind und die der Rolle der Persönlichkeit in der Geschichte tendenziell wenig Gewicht beimessen. Entsprechend wurde von ihnen auch die Bedeutung der persönlichen Rolle Hitlers heruntergespielt und die Existenz einer signifikanten individuellen, autonomen Machtausübung bestritten. Was immer Hitler auch an Macht ausgeübt hatte, war derartigen Interpretationen zufolge nichts anderes als die Macht der extremsten imperialistischen Gruppen des deutschen Großkapitals gewesen. Diese Gruppen hätten Hitler zur Macht verholfen, hätten ihm den Weg geebnet, damit er für sie als populäres Sprachrohr agiere, als ihr »Agent« die Macht der Arbeiterorganisationen zerschlage und die Rahmenbedingungen schaffe, in denen sich der Kapitalismus von seiner beispiellosen Krise erholen und schließlich expandieren könne, um so die Hegemonie des deutschen Kapitalismus in Europa und letztlich in der ganzen Welt zu sichern. Die »wahren« Machthaber in Deutschland waren, diesem Szenario zufolge, die Bosse der »Großkonzerne«. Ihre Interessen – die Interessen der großen kapitalistischen Unternehmen – hätten die nationalsozialistische Politik geformt. Nachdem Hitler auf ihr Geheiß Diktator geworden sei, hätten sie auch weiterhin seinen Handlungsrahmen bestimmt. Von einer solchen Interpretation her wäre Hitlers persönliche Macht nichts als ein Hirngespinst; als unabhängige Variable hätte es sie nie gegeben.

Westliche Historiker fanden eine solche Deutung wenig überzeugend. Auch wenn die ostdeutsche Geschichtsschreibung viel dazu beigetragen hat, die Komplizenschaft des »Großkapitals« mit den Nationalsozialisten offenzulegen, hafteten ihr doch insofern deutliche Mängel an, als sie die manipulativen Fähigkeiten der Industriebosse übertrieben

[7] Einen ausgezeichneten Überblick über die Geschichtsschreibung zu Hitler gibt Gerhard Schreiber, Hitler. Interpretationen 1923–1983. Darmstadt 1984.

darstellte und es versäumte zu untersuchen, wie es möglich war, daß eine personalistische Herrschaftsform unter bestimmten Bedingungen eine relativ weitreichende Unabhängigkeit von ökonomischen Interessen entwickelte und diese letzten Endes nichtwirtschaftlichen, ideologischen Prioritäten unterordnete.

In Ländern, in denen eine »liberale« Geschichtsschreibung dominiert, wird der Persönlichkeit im allgemeinen eine weit wichtigere und unabhängigere Rolle zugesprochen, als es für marxistische Analysen jedweder Ausrichtung akzeptabel ist. Während die Geschichtswissenschaftler der DDR nicht eine einzige Hitler-Biographie hervorgebracht haben, waren nichtmarxistische Autoren von der Person des deutschen Diktators schon zu dessen Lebzeiten fasziniert; damals erschienen bereits die ersten Biographien, und ein Ende dieser Faszination ist bisher nicht abzusehen. Hitlers Leben ist in seinen Einzelheiten erschöpfend erforscht, seine ideologische »Grundeinstellung« in ihre Bestandteile zerlegt und sorgfältig untersucht worden, und selbst seine »psychohistorische Motivationsstruktur« hat man spekulativ aufgedeckt. Doch trotz einer Fülle von Untersuchungen bleiben interpretative Probleme bestehen, die in mancher Hinsicht die Kehrseite derjenigen bilden, die durch die marxistisch-leninistische Geschichtsschreibung geschaffen worden sind.

In den ersten Jahren nach dem Krieg bezog man sich bei der Erklärung des Nationalsozialismus und seiner schrecklichen Folgen bisweilen so ausschließlich auf die Person Hitlers, daß der Eindruck entstehen konnte, die ansonsten normale Entwicklung einer ganzen Nation sei durch den teuflischen Einfluß eines einzigen Mannes in eine verhängnisvolle Richtung gelenkt worden. Der frühere Rüstungsminister Albert Speer etwa nannte während seiner Zeit im Spandauer Gefängnis Hitler eine »dämonische Gestalt«, »eines jener unerklärlichen geschichtlichen Phänomene, die nur in großen Abständen von der Menschheit hervorgebracht werden«, und meinte, die Person Hitlers habe das Schicksal der Nation entschieden[8]. Eine derartige Dämonisierung Hitlers ist längst einem komplexeren Verständnis seines Platzes in der neueren deutschen Geschichte gewichen. Dabei laufen

[8] Nach H. R. Trevor-Roper, Hitlers letzte Tage. Zürich 1948, S. 47.

aber offenbar selbst die besten Biographien zuweilen Gefahr, Hitlers persönliche Macht so hoch anzusetzen, daß die Geschichte Deutschlands zwischen 1933 und 1945 auf kaum mehr als eine Manifestation des Diktatorwillens reduziert wird. Aus dieser Perspektive erscheint das Dritte Reich dann lediglich als eine altmodische persönliche Tyrannei in modernem Gewand.

Der Gegensatz zwischen dem biographischen Ansatz auf der einen und dem unpersönlichen marxistisch-leninistischen Ansatz auf der anderen Seite könnte kaum krasser sein. Während Hitler in der ostdeutschen Geschichtsschreibung im wesentlichen als bloße Chiffre innerhalb kapitalistischer Interessen erscheint, werden solche Interessen von der führenden westdeutschen Hitler-Biographie[9] praktisch ignoriert; sie gelten dort implizit, wenn nicht sogar explizit, als seinem politischen und ideologischen Diktat völlig untergeordnet. Bei diesen polarisierten Interpretationen ist Hitlers Macht, wie es scheint, entweder ein völlig vernachlässigbares Element oder aber ein derart übergeordneter Faktor, daß man das ganze nationalsozialistische Phänomen zusammenfassend als »Hitlerismus« beschreiben zu können glaubt. Die durch eine exzessive Beschäftigung mit den ideologischen Intentionen und Motiven Hitlers erfolgende Personalisierung des Nationalsozialismus ist auch weiterhin ein zentrales Thema der Debatte unter Historikern, die sich mit dem Dritten Reich befassen. Aus einer nichtdogmatischen und nichtleninistischen, marxistischen Position heraus ist inzwischen offen zugegeben worden, daß »wir bislang nicht einmal die Grundvoraussetzungen zu einer marxistischen Darstellung der persönlichen Macht des faschistischen Führers in den Zwischenkriegsjahren haben«[10]. Die Debatte über die Rolle Hitlers und über den Charakter und das Ausmaß seiner persönlichen Macht ist daher größtenteils nichtmarxistischen Wissenschaftlern überlassen geblieben.

Man geht jetzt allgemein davon aus, daß es im wesentlichen zwei Kategorien von Interpretationsansätzen gibt, die

[9] Joachim C. Fest, Hitler. Eine Biographie. Frankfurt a. M., Berlin 1973.

[10] Tim Mason, Open Questions on Nazism. In: Raphael Samuel (Hrsg.), People's History and Socialist Theory. London 1981, S. 205.

man mit den – nicht ganz befriedigenden – Begriffen »intentionalistisch« und »strukturalistisch« (beziehungsweise »funktionalistisch«) zu fassen versucht. Die »intentionalistische« Interpretation setzt Hitlers absolute Macht als »Herr und Meister im Dritten Reich«[11] wie selbstverständlich voraus und sieht die Geschichte der nationalsozialistischen Herrschaft als Geschichte der programmgemäßen und folgerichtigen Umsetzung von Hitlers ideologischen Intentionen. So formulierte etwa ein führender Vertreter dieser Richtung: »Letztlich gab Hitlers sehr eigene ›Weltanschauung‹ und nichts anderes den Ausschlag.«[12] Demzufolge wird Hitler als klassische Verkörperung der Macht in einem totalitären Staat interpretiert.

Durch den entgegengesetzten Interpretationsansatz ist andererseits erhellt worden, wie sehr politische Entscheidungen durch »strukturelle« Zwänge (beispielsweise ökonomisch bedingte Einschränkungen der Handlungsfreiheit) oder durch die spezifische »Funktionsweise« von Schlüsselelementen der nationalsozialistischen Herrschaft (zum Beispiel Hitlers instinktives Bemühen, jede Handlung zu vermeiden, die seiner Stellung und seinem Prestige gefährlich werden könnte) determiniert wurden. Hitlers Ideologie wird hier nicht so sehr als konsequent umgesetztes »Programm« gesehen, sondern als lockerer Handlungsrahmen, der erst allmählich und keineswegs geradlinig die Gestalt realisierbarer Ziele annahm. Diese Überlegungen haben zu einer Betonung des unklaren Entscheidungsprozesses innerhalb eines chaotischen Herrschaftssystems geführt. Dementsprechend wird Hitlers angeblicher Handlungsspielraum, der Grad seiner persönlichen Unabhängigkeit von einengenden Faktoren und das behauptete Ausmaß, in dem er aktiv in die Gestaltung der Politik eingegriffen hat, ernstlich in Zweifel gezogen. In diesem Lichte wird Hitler als »entscheidungsunwillig, häufig unsicher, ausschließlich auf Wahrung seines Prestiges und seiner persönlichen Autorität bedacht [und] aufs stärkste von der jeweiligen Umgebung beeinflußt« beschrieben. Man müsse Hitler, der von einer uneingeschränkten

[11] Norman Rich, Hitler's War Aims. 2 Bde. London 1973/74, Bd. 1, S. 11.

[12] Karl Dietrich Bracher, Zeitgeschichtliche Kontroversen um Faschismus, Totalitarismus, Demokratie. München 1976, S. 88.

persönlichen Macht weit entfernt gewesen sei, wohl eher als »in mancher Hinsicht schwachen Diktator« ansehen[13].

Heuristisch betrachtet, ist die Polarisierung der Debatte oft nützlich gewesen, auch wenn sie manchmal unfruchtbar erschienen sein mag. In jedem Fall ist es nun wohl an der Zeit, weiterzugehen und zunächst einmal eindeutig zu akzeptieren, daß Hitler im Lauf der deutschen Geschichte zwischen 1933 und 1945 eine einzigartige Rolle gespielt hat. Wäre ohne den Regierungschef Hitler ein terroristischer Polizeistaat unter Himmler und der SS errichtet worden? Hätte Deutschland unter einem anders gestalteten autoritären Regime Ende der dreißiger Jahre einen großen Krieg angezettelt? Hätte die Diskriminierung der Juden unter einem anderen Staatsoberhaupt in einem Genozid geendet? Das scheint doch höchst unwahrscheinlich. So kann man davon ausgehen, daß Hitler an diesen Entwicklungen entscheidenden Anteil hatte. Bei einer historischen Erklärung sind jedoch *sowohl* die Intentionen der führenden Akteure *als auch* die äußeren Bedingungen, durch die diese Intentionen gefördert oder zunichte gemacht werden, von zentraler Bedeutung. Aber obwohl die Motive, Ziele und Absichten von mächtigen politischen Führern tatsächlich von größter Wichtigkeit sind, schweben sie nicht im luftleeren Raum, sondern sind von Umständen abhängig, die über die Kontroll- und Manipulationsmöglichkeiten einer einzelnen geschichtlichen Persönlichkeit hinausgehen, so groß deren politische Macht auch sein mag.

Am Beginn dieses Buches steht deshalb die Prämisse, daß Hitlers persönliche Macht tatsächlich vorhanden und kein Phantasieprodukt war. Das Ausmaß und der Ausdruck dieser Macht werden dann aber großteils als Produkt der Mitwirkung und Tolerierung, der Fehleinschätzungen und Schwächen von anderen Menschen mit Macht und Einfluß interpretiert. Es spricht vieles dafür, daß der fortschreitende Machtzuwachs, den Hitler erlebte – und der schließlich an dem Punkt anlangte, wo sein rein destruktives Potential alles mit sich riß und der Erhaltung rationaler politischer Autori-

[13] Hans Mommsen, Nationalsozialismus. In: C. D. Kernig (Hrsg.), Sowjetsystem und demokratische Gesellschaft. Eine vergleichende Enzyklopädie. 7 Bde. Freiburg, Basel, Wien 1966–1972, Bd. 4, Spalte 702.

tät völlig zuwiderlief – im wesentlichen aus Konzessionen und Kapitulationen folgte, zu denen andere Machtträger bereit waren. Die Untersuchung der Macht des Diktators kann daher nicht bei Hitler stehenbleiben. Die Handlungen anderer Personen und die Bedingungen, durch die sie geprägt sind, sind ebenfalls äußerst wichtig.

Ein führender Nationalsozialist erklärte 1934, im Dritten Reich habe jeder die Pflicht, »zu versuchen, im Sinne des Führers ihm entgegen zu arbeiten«[14]. Fanatische Anhänger Hitlers nahmen das wörtlich. Aber auch viele der weniger Engagierten arbeiteten durch das, was sie taten, absichtlich oder unabsichtlich, subjektiv oder objektiv dem Führer in die Hände, indem sie die Verhältnisse förderten, in denen seine Macht schließlich keiner Einschränkung mehr unterlag und seine vagen oder »utopischen« ideologischen Maßgaben Umsetzung als Regierungspraxis erfuhren. So deutet vieles darauf hin, daß seine Machtausübung in starkem Maße von seiner *symbolischen* Macht als Führer abhing. Ein zentraler Gegenstand unserer Untersuchung ist daher die Bereitschaft, ein für moderne Staatssysteme höchst außergewöhnliches Maß an personalisierter Macht zu akzeptieren und dem Träger solcher Macht in die Hände zu arbeiten.

»Macht« bedeutet, abstrakt definiert, »jede Chance, innerhalb einer sozialen Beziehung den eigenen Willen auch gegen Widerstreben durchzusetzen«[15]. Der komplexe moderne Staatsorganismus enthält eine ganze Reihe von miteinander verbundenen, dabei aber relativ autonomen Machtbasen. Abgesehen vom Bereich der (im engeren Sinne) politischen Macht, die dem Regierungs-, Justiz- und Verwaltungsapparat des Staates selbst innewohnt, kann die jeweils bestehende politische Herrschaftsform durch teilautonome militärische, ökonomische und/oder ideologische Machtbereiche aufrechterhalten oder untergraben werden[16]. »Herrschaft« ist

[14] Werner Willikens, Staatssekretär im Reichsernährungsministerium, in einer Rede am 21. Februar 1934. Niedersächsisches Staatsarchiv, Oldenburg, Best. 131 Nr. 303, f. 131v.

[15] Max Weber, Wirtschaft und Gesellschaft. 5. revid. Aufl. Tübingen 1972, S. 28.

[16] Siehe Michael Mann, The Sources of Social Power. Cambridge 1986, Bd. 1, Kap. 1.

»die Chance, für einen Befehl bestimmten Inhalts bei angebbaren Personen Gehorsam zu finden«[17].

In der hier gebrauchten Definition ist »Macht« ein relativer und kein absoluter Begriff. Der Herrschaftsgewinn der einen Person oder Gruppe geht zu Lasten der Macht einer anderen Person oder Gruppe. Damit ist natürlich nicht die Möglichkeit – oder sogar Wahrscheinlichkeit – ausgeschlossen, daß zwei oder mehr Personen oder Gruppen ihre eigene Macht zumindest zeitweilig auf Kosten einer dritten Partei ausdehnen. Im Falle des Dritten Reichs könnte dies heißen, daß nicht nur Hitler und die NSDAP, sondern auch die traditionellen Machteliten – die durch das Bündnis mit dem Nationalsozialismus ihre eigene Machtbasis in gewissem Maße zu stärken vermochten – vom Machtverlust der demokratischen Institutionen profitierten.

Bei fortschreitender Zerstörung von »rationalen« Machtverteilungsstrukturen ist es wahrscheinlich, daß sich ein Machtelement auf Kosten anderer weiter konsolidiert. Im Dritten Reich fanden innerhalb des anfänglichen »Machtkartells« zwischen nationalsozialistischen Gruppen und den aus traditionellen, nationalkonservativen Eliten stammenden Gruppierungen in den folgenden Jahren endlose Machtkämpfe statt, aus denen bestimmte radikale Gruppen als stärkste Kraft hervorgingen. Ihr Erfolg hing zu einem Großteil davon ab, wie sehr sie von Hitler protegiert wurden. Umgekehrt wurde Hitlers eigene Machtstellung gerade durch den Erfolg jener Elemente im »Machtkartell«, die ihm viel verdankten und seine ideologischen Vorgaben am radikalsten politisch umsetzten, sehr gestärkt. Mit anderen Worten: Eine genaue Vorstellung von der Machtverteilung kann helfen, jenen Prozeß gedanklich zu erfassen, durch den Hitlers Macht auf Kosten anderer Elemente innerhalb der Machtgleichung im nationalsozialistischen Deutschland *schrittweise* absolut wurde.

Ein Schlüssel zum Verständnis der allmählichen Machtausweitung Hitlers ist auch in einem anderen Begriff von Max Weber zu finden – dem der »charismatischen Herrschaft«. Bei diesem in den folgenden Kapiteln wiederholt auftauchenden Terminus (der von Max Weber übernommen

[17] Weber, Wirtschaft und Gesellschaft, S. 28.

und, wo nötig, ergänzt wurde) wird »Charisma« in einem speziellen Sinne verstanden, der nicht mit der lockeren Anwendung dieses Wortes etwa auf demokratische Politiker oder auf andere Personen, die im Rampenlicht der Öffentlichkeit stehen und ein beeindruckendes oder anziehendes Wesen besitzen, gleichzusetzen ist. Im Gegensatz zu Herrschaftsformen, die auf der »traditionalen Herrschaft« ererbter Titel oder der (die meisten modernen politischen Systeme kennzeichnenden) »legalen Herrschaft« unpersönlicher Bürokratien beruhen, gründet »charismatische Herrschaft« darauf, daß die gläubige Anhängerschaft bei dem erklärten »Führer« Heldentum, Größe und Sendungsbewußtsein wahrnimmt. Anders als die beiden anderen Herrschaftsformen ist die »charismatische Herrschaft« von sich aus instabil. Sie taucht meist in Krisenmomenten auf und bricht hauptsächlich aus zwei Gründen wieder zusammen: entweder aufgrund unerfüllter Erwartungen oder aufgrund zur Routine erstarrter Integration in ein System, das sich nur durch die Eliminierung oder Unterordnung der »charismatischen« Substanz reproduzierem kann[18].

Obwohl Max Weber seine Gedanken zu Papier brachte, bevor Adolf Hitler die politische Bühne betrat, ergeben sich aus seinem Begriff der »charismatischen Herrschaft« Implikationen sowohl für die Quellen als auch die Ausübung der Macht bei Hitler. Webers Konzept hilft, den Charakter der Hitlerschen Machtbasis innerhalb der NS-Bewegung zu verstehen und zu erkennen, welche zerstörerische Wirkung diese Macht hatte, als sie einer entgegengesetzten Herrschaftsform – dem legal-bürokratischen Rahmen des deutschen Staatsapparats – übergestülpt wurde.

Von einem marxistischen Standpunkt aus ist gesagt worden, daß sich die Vorstellung von einer »charismatischen Herrschaft« nur schwer mit der Existenz eines modernen kapitalistischen Staates vertrage[19]. Und die Ausübung »charismatischer Herrschaft« scheint in der Tat zu den geregelten Formen des Regierens, die für die *Reproduktion* des Kapitalismus erforderlich sind, im Widerspruch zu stehen. Das Auftreten von »charismatischen« Machtansprüchen und die

[18] Siehe Weber, Wirtschaft und Gesellschaft, S. 140ff.
[19] Mason, Open Questions, S. 207.

Art und Funktion der »charismatischen« Ausprägung der Macht läßt sich jedoch ohne Schwierigkeiten im Kontext eines kapitalistischen Staatssystems begreifen, das sich in einer *Krise* befindet. Insofern haben Max Webers Erkenntnisse – obwohl sie sich zum größten Teil auf Beispiele »charismatischer Autorität« beziehen, die von den politischen Systemen des zwanzigsten Jahrhunderts weit entfernt sind – auch für die eigentümlichen Charakteristika der faschistischen Herrschaftsformen und der instabilen Machtbasis faschistisch geprägter Staaten Relevanz.

Im modernen kapitalistischen Staatssystem beruht die politische Macht für gewöhnlich auf der Ausübung eines bestimmten Amtes und der Funktion, der dieses Amt dient. Dabei handelt es sich im wesentlichen um *unpersönliche* Macht. Die bürokratische, unpersönliche Machtausübung auf der Grundlage ebenso unpersönlicher Gesetzesnormen bildet den Kern des von Max Weber skizzierten legal-rationalen Herrschaftsrahmens. Im Kontext einer sozio-ökonomischen Krise in der Größenordnung, wie sie Deutschland Anfang der dreißiger Jahre durchmachte und die sich – in einem politischen System, das von Anfang an von wichtigen Teilen der deutschen Gesellschaft nie ganz akzeptiert worden war – rasch zu einer *Staatskrise* entwickelte, konnte gerade diese unpersönliche Basis der funktionalen Machtausübung unter schweren Beschuß geraten und von denen in Verruf gebracht werden, die unter ihr am meisten gelitten zu haben glaubten. Die Folge waren gewalttätige Auseinandersetzungen und – in der krisengeschüttelten Endphase der Weimarer Republik – die weitverbreitete (wenn auch längst nicht durchgängig vorhandene) Bereitschaft, ein völlig anderes Regierungssystem zu akzeptieren, das auf *persönlicher* Machtausübung verbunden mit *persönlicher* Verantwortung beruhte[20]. Ein solches putatives System läßt sich mit dem Begriff der »charismatischen Herrschaft« beschreiben.

Es scheint klar, daß diese Herrschaftsform in einem modernen Staatssystem nur die Folge denkbar schlimmster Krisenbedingungen sein und keine moderne Bürokratie ersetzen konnte, sondern ihr übergestülpt werden mußte. Es ist auch schwer vorstellbar, wie auf diesem Wege eine dauerhaf-

[20] Siehe André Gorz, Abschied vom Proletariat. Reinbek 1983, S. 50f. und 54f.

te Struktur zur beständigen Aufrechterhaltung personalisierter Herrschaft hätte geschaffen werden können. Deren Kurzlebigkeit als letztlich zum Scheitern verurteilter Versuch einer Krisenlösung kann allerdings nicht über die Tatsache hinwegtäuschen, daß sich diese Herrschaftsform unter Bedingungen, wie sie Anfang der dreißiger Jahre in Deutschland existierten, zu einer Kraft mit außergewöhnlichem Vernichtungs- und ungewöhnlich dynamischem Zerstörungspotential entwickeln und etablieren konnte.

Der Begriff der »charismatischen Herrschaft« sagt für sich genommen noch nichts über den *Inhalt* eines spezifischen Führungsanspruchs und die Gründe für dessen Akzeptanz aus. Diese sind je nach den Umständen und der jeweiligen »politischen Kultur« verschieden. Ein psychologischer Faktor von allgemeiner Bedeutung für die weite Verbreitung von faschistisch geprägten »charismatischen« Formen des Führungsanspruchs in den zwanziger und dreißiger Jahren war der damals erst relativ kurz zurückliegende Zusammenbruch verschiedener Monarchien, der in manchen Teilen der Gesellschaft allerdings von Resten einer quasi religiösen Sehnsucht nach einer »gottgegebenen« Form höchster Autorität begleitet wurde, welche nun in einem neuen und mehr volksnahen Gewand zum Ausdruck kam. Darüber hinaus waren durch die traumatischen Auswirkungen des Krieges und die mit ihm einhergehenden übersteigerten militaristisch-chauvinistischen Wertvorstellungen Bedingungen entstanden, in denen »heroische« Führungsansprüche Gehör finden konnten.

Die spezifischen Merkmale der deutschen Variante »charismatischer Herrschaft« – die sie zum Beispiel vom Duce-Kult um Mussolini oder vom Personenkult um Stalin und andere Führer in den unterschiedlich strukturierten kommunistischen Systemen unterscheiden – rühren von dem Zusammenspiel der umfassenden Krise, die Deutschland nach dem Ersten Weltkrieg (und insbesondere Anfang der dreißiger Jahre) erlebte, mit speziellen Eigenarten der deutschen politischen Kultur her. Eine »nationale« Geschichte, die oft als langwierige Vorgeschichte einer verspätet und nur partiell erlangten nationalen Einheit gesehen wird und großteils durch (sieg- oder verlustreiche) Kriege auf »deutschem« Boden geprägt und stark durch Diskontinuitäten und Uneinigkeit gekennzeichnet ist, hat dazu geführt, daß viele Menschen – insbesondere, aber nicht nur, in bürgerlichen Kreisen – schließlich zu einer Heroisierung der Politik neigten. Im Pantheon deutscher Nationalhelden tummelten sich – abgesehen von Kulturgrößen wie Goethe oder Beethoven – mehr oder weniger mythische oder mythologisierte Gestalten, die berühmte Siege erfochten und dadurch dem höchsten Ideal eines vereinten Deutschen Reiches gedient hatten[21].

Die mit der Herrschaft Kaiser Wilhelms II. verbundenen Enttäuschungen, das Trauma der Kriegsniederlage, der Revolution und der Eroberung des Staates durch die verhaßten Sozialisten, die »nationale Schande« von Versailles, das traurige Schauspiel einer von Inflation und Wirtschaftskrise gequälten ehemals mächtigen Nation und der Umstand, daß die Weimarer Demokratie als ein von Zwist und parteipolitischen Streitereien geschütteltes System wahrgenommen wurde, ließen die heroischen Bilder von Friedrich dem Großen oder Bismarck nur um so schärfer hervortreten. Schon bevor Hitler Prominenz erlangte, war in den zwanziger Jahren in der deutschen Rechten die Sehnsucht nach einem neuen großen Führer – den sich manche als eine Mischung aus Krieger, Hohempriester und Staatsmann vorstellten – weit verbreitet. Ein solcher Führer, so glaubte man, würde Deutschland aus seiner Zersplitterung herausführen und das Reich – ein Begriff, der mystische Bedeutung erlangt hatte – in alter Einigkeit und Größe wiederherstellen.

Mit Beginn der Krise Anfang der dreißiger Jahre, die für eine weitere Verbreitung solcher Ideen sorgte, war ein Anwärter zur Hand, der marktschreierisch die für eine »charismatische« Führerschaft erforderlichen »heroischen« Qualitäten propagierte und von einer Organisation gestützt wurde, die alle Kennzeichen einer »charismatischen Gemeinschaft« in sich vereinigte.

Die »charismatische Gemeinschaft« umfaßte zunächst einmal die Personen, die Hitler am nächsten standen – die unmittelbare Anhängerschaft innerhalb der nationalsozialistischen Führungselite, die den ersten Transmissionsriemen für

[21] Siehe Norbert Elias, Studien über die Deutschen. Frankfurt a.M. 1989, S. 425, 412–452.

den ihn umgebenden Personenkult bildete. Ihre Beziehung zu Hitler war nicht durch irgendein unpersönliches, offizielles Amt bedingt, das er als Parteiführer innehatte, sondern durch archaische, quasi feudale persönliche Treuebande, die daher rührten, daß diese Anhänger seine »Sendung« und seine »Leistungen« anerkannten, und die auch von Hitler erwidert wurden, weil er selbst in hohem Maße von seinen getreuesten »Paladinen« abhängig war.

Außerhalb der engeren Gruppe der NS-Führer bildeten die Aktivisten der »Bewegung« die Hauptträger des Hitlerschen »Charismas« als die wesentlichen Überbringer und Lieferanten der Botschaft von seinen »Großtaten«. Weitere wichtige Träger und Nutznießer des Hitlerschen »Charismas« waren die Führer und Funktionäre jener Organisationen – darunter als wichtigste die SS –, die ihre Existenz und Machtausweitung ihrer engen Verbindung zu Hitler verdankten. Hinter ihnen stand die Masse der »Hitler-Gläubigen« aus allen Teilen der Bevölkerung, die Hitler verherrlichten; durch diese Popularität wurde seine Machtstellung enorm gestärkt. Selbst die Menschen, die ihn nur widerstrebend bewunderten oder die ohne große Begeisterung mitmachten, weil sie keine Alternative sahen, und die Opportunisten, die bereit waren, lauter als alle anderen »Heil Hitler« zu schreien, wenn ihnen das Vorteile brachte, trugen objektiv gesehen zur Stärkung des »charismatischen« Führerkults bei.

Zur Erstellung eines Machtprofils von Hitler ist es erforderlich, die Erlangung, Festigung und Ausweitung »charismatischer Macht«, ihre doppelte Basis aus Repression und Akklamation und ihre Ausprägung und Wirkung im Moment ihrer größten relativen Autonomie und Absolutheit zu untersuchen. Dabei müssen auch die Zugeständnisse an die »charismatische Herrschaft« berücksichtigt werden, welche von nichtnationalsozialistischen Eliten gemacht wurden, die zwar kaum daran glaubten, aber aus anderen Gründen bereit waren, sie zu akzeptieren oder zumindest zu tolerieren, bis ihre eigenen Machtambitionen von ihr geschluckt, überrannt oder umgangen wurden. Als letztes gilt es, die destruktive Kraft »charismatischer« Macht zu untersuchen und aufzudecken, wie durch sie sämtliche »rationalen« Regierungs- und Verwaltungsstrukturen und -muster untergraben wurden und wie es während des Zusammenbruchs der Machtbasis schließlich zum »Amoklauf«[22] der »charismatischen Gemeinschaft« kam.

Der rote Faden, der unserer Untersuchung über die Etablierung, die Zunahme und den Zerfall von Hitlers Macht durchzieht, liegt in der inhärent zerstörerischen Wirkung, die die »charismatische Herrschaft« auf die legal-rationale Basis der politischen Autorität ausübt oder, anders gesagt, in dem destruktiven Einfluß, den willkürliche, personalisierte Macht auf unpersönliche, geregelte Herrschaftsformen hat.

Wenn wir den Prozeß erforschen wollen, der dazu führte, daß eine derart merkwürdige Figur wie Hitler eine so außergewöhnliche, personalisierte Macht ausüben konnte, müssen wir zunächst erörtern, wie es dazu kam, daß ihm »charismatische« Qualitäten zugeschrieben wurden. Ein entscheidender Punkt ist hierbei fraglos, daß seine persönlichen Eigenschaften als den Erfordernissen der Situation angemessen empfunden wurden und seine Heilsversprechungen den Erwartungen an eine Krisenlösung entsprachen. Diesen Heilsversprechungen müssen wir uns daher als erstes zuwenden. Welches »Sendungsbewußtsein« hatte Hitler, und warum sah seine erste kleine Anhängerschar in ihm die Antwort auf Deutschlands Probleme?

[22] Hans Mommsen gebraucht diesen Ausdruck in: Hitlers Stellung im nationalsozialistischen Herrschaftssystem. In: Gerhard Hirschfeld und Lothar Kettenacker (Hrsg.), Der Führerstaat. Mythos und Realität. Stuttgart 1981, S. 70.

Erstes Kapitel
Die Macht der »Idee«

Hitlers Persönlichkeit sollte als Faktor seiner Macht nicht überbewertet, aber auch nicht ignoriert werden. Die größte Wirkung erzielte sie auf den »inneren Kreis«, der aus seinen frühesten, engagiertesten und ihm am fanatischsten ergebenen Anhängern bestand. Sie waren auf der Suche nach einem Ziel und einem Führer, bis sie dann den Nationalsozialismus und Hitler »fanden«; sie bildeten den Kern der »charismatischen Gemeinschaft«, die in Hitler etwas Großes sah.

Das »Charisma« der Persönlichkeit Hitlers, das so stark auf seine nächsten Anhänger ausstrahlte, wurzelte in der Macht, die – für diejenigen, die ohnehin dafür empfänglich waren – ein Ausfluß seiner »Idee«, seines politischen Kredos, sowie der bemerkenswerten und vom ersten Moment seines politischen Handelns an sichtbaren Fähigkeit war, die Massen zu beeinflussen. Daher ist es notwendig zu fragen, woraus sich dieser »Politiker aus Überzeugung« entwickelte und wie seine frühen Anhänger, aus deren Reihen einige der führenden Köpfe des Dritten Reichs hervorgingen, auf seine Persönlichkeit und seine Ideen reagiert haben.

Von seiner körperlichen Erscheinung her war Hitler nicht besonders einnehmend[1]. Er war mittelgroß und hellhäutig. Sein Kopf schien seinen ganzen Körper zu dominieren. Seine hohe Stirn war durch die herunterhängende Haartolle verdeckt. Der Mittelpunkt seines Gesichts schien sein gestutzter Schnurrbart zu sein. Er wirkte niemals elegant gekleidet. Er hatte schlechte Zähne, und in späteren Jahren nahm sein ehemals gutes Sehvermögen schließlich so weit ab, daß er eine Lesebrille tragen mußte (auch wenn er darauf bedacht war, mit ihr nicht in der Öffentlichkeit gesehen zu werden). Seine leicht hervorstehenden Augen und sein starrer Blick waren an ihm die auffallendsten Merkmale.

[1] Die folgende Beschreibung beruht auf Percy Schramms Einleitung (vor allem den Seiten 29–34) in: Henry Picker, Hitlers Tischgespräche im Führerhauptquartier. 2. Aufl. Stuttgart-Degerloch 1963, sowie auf Pickers eigenen Bemerkungen in der 3. Auflage von 1976, S. 25.

Hitlers Lebensgewohnheiten waren eintönig und konservativ, dabei aber ziemlich schrullig. Er folgte soweit als möglich einem festen, routineartigen Tagesablauf, lebte nahezu abstinent, war (seit Anfang der dreißiger Jahre) Vegetarier, rauchte nicht, trank keinen Kaffee und wusch sich aufgrund eines Sauberkeitsticks ungewöhnlich oft. Er brauchte wenig Schlaf, las gern und viel (wenn auch unsystematisch) und besaß ein außergewöhnliches Faktengedächtnis. Mit seinen auf ein breites Themenspektrum bezogenen, rechthaberischen Ansichten dominierte er jede Unterhaltung. Bei allem, was mit Geschichte, Kunst und Architektur zu tun hatte, hielt er sich für einen ausgesprochenen Experten. Außerdem interessierte er sich besonders für Medizin und Biologie. Mit seinem Vertrauen auf das Selbstgelernte ging eine tiefe Verachtung für »Intellektuelle« und ihre Abhängigkeit von formaler Bildung einher. Es besteht aber kein Zweifel, daß er bei all seinem einseitigen und dogmatisch sturen Halbwissen doch intelligent und scharfsinnig war.

Obwohl Hitler in menschlicher Hinsicht sogar seinen nächsten Gefolgsleuten gegenüber distanziert und unnahbar blieb, konnte er in trivialen Dingen auch sehr aufmerksam sein und sich zum Beispiel Gedanken darüber machen, was er seinen Sekretärinnen zum Geburtstag schenken könnte. Er hatte gerne Frauen um sich und gab sich ihnen gegenüber ausnahmslos höflich und gütig, besonders wenn sie gut aussahen. Mit seinem ätzenden Humor und mimischen Talent vermochte er die Menschen um sich herum zum Lachen bringen. Und er fühlte sich den Kameraden, die ihn schon in der Anfangszeit aufopfernd unterstützt hatten, treu verbunden.

Diese Persönlichkeitsmerkmale hätten nicht ausgereicht, um derartige Aufmerksamkeit auf Hitler zu lenken, wenn sie isoliert von seiner politischen Weltsicht und seiner rednerischen Fähigkeit zur Beeinflussung von Zuhörermassen existiert hätten. In rein persönlicher Hinsicht, losgelöst von seiner politischen Weltanschauung, war Hitler in der Tat ein kleines Licht. Sein politisches Kredo und die Überzeugung, mit der er es vertrat, ließen ihn jedoch zu einer Persönlichkeit von ganz außergewöhnlicher Dynamik werden.

Noch lange nach dem Zusammenbruch des Dritten Reiches glaubte man allgemein, daß die Hitlersche Botschaft aus nichts als den hohlen Phrasen eines machthungrigen Demagogen bestanden hätte und daß der Mann hinter der Botschaft – ähnlich den klassischen Tyrannen früherer Zeiten – selbst keine ernsthaften Gedanken gehabt hätte. Inzwischen wird jedoch allgemein anerkannt, daß hinter dem vagen missionarischen Appell eine Reihe miteinander verbundener Ideen steckte – so widerwärtig und irrational diese auch waren –, aus denen Hitler bis Mitte der zwanziger Jahre eine zusammenhängende Ideologie entwickelt hatte. Seine fixen Ideen, die bis zu seinem Tod im Jahre 1945 in den wichtigsten Punkten unverändert blieben, bildeten eine ungewöhnlich starke treibende Kraft, auch wenn sie für sich genommen kaum eine Erklärung für Hitlers Anziehungskraft auf die Massen oder für das Anwachsen der NSDAP liefern können. Aus ihnen bezog er seine umfassende Weltanschauung und damit die – für alle sich selbst absolut setzenden Ideologien typische – Möglichkeit, jeden Gedanken innerhalb seiner Gesamtsicht einzuordnen und sämtliche alternativen Vorstellungen als völlig unhaltbar auszuschließen. Diese fixen Ideen gaben ihm auch den »missionarischen« Eifer des Führers, der nach außen seine Vision mit der Gewißheit verbindet, daß sein Weg der richtige – ja, der einzig gangbare – sei.

Trotz häufiger Unentschlossenheit im konkret politischen Handeln schwankte Hitler nie in bezug auf die Gewißheit seiner Ideen. Im Hinblick auf die Menschen in seiner unmittelbaren Umgebung, die seine allgemeinen Vorurteile teilten, spielten die Stärke und Gewißheit seiner Überzeugung – die über diejenige eines durchschnittlichen Eiferers oder Spinners hinausging und eine grandiose, unwiderrufliche Formel für eine glorreiche Zukunft bildete – bei der Festigung seiner persönlichen Vormachtstellung eine ganz wesentliche Rolle. Die Einfachheit seiner dualistischen Weltsicht, die von einem manichäischen Kampf zwischen Gut und Böse ausging und alles auf ein absolutes »Alles oder Nichts« reduzierte, paßte zu dem fanatischen Ingrimm und der unnachgiebigen Hartnäckigkeit, mit denen er seine Ansichten aufrechterhielt. Derartige Attribute machten ihn in den Kreisen der völkischen Rechten, in denen er Anfang der zwanziger Jahre verkehrte, zu einer auffallenden Erscheinung. Und die Tatsache, daß er durch seine öffentlichen Auftritte rasch zum tonangebenden Propagandisten solcher Ansichten wurde und Kontakte zu führenden Kreisen des Münchner Besitzbürgertums bekam, ließ ihn unersetzlich werden und brachte ihm die Unterstützung anderer Vertreter der extremen Rechten ein.

Hitlers persönliche Weltanschauung setzte sich im wesentlichen zusammen aus einem radikalen Antisemitismus, aus dem Glauben, die Geschichte sei von Rassenkämpfen bestimmt, aus der Überzeugung, Deutschlands Zukunft lasse sich nur durch die Eroberung von »Lebensraum« auf Kosten Rußlands sichern, und aus der Bündelung dieser verschiedenen Stränge in der Vorstellung vom Kampf auf Leben und Tod zur Zerschlagung des Marxismus – den er am konkretesten im »jüdischen Bolschewismus« der Sowjetunion verkörpert sah. Diese ineinandergreifenden Ideen waren nicht nur insofern bedeutsam, als er an ihnen mehr als zwanzig Jahre lang mit außergewöhnlicher Hartnäckigkeit festhielt, sondern vor allem im Hinblick darauf, daß die aus ihnen hervorgegangenen ideologischen Ziele während des Zweiten Weltkriegs schließlich tatsächlich umgesetzt wurden. Man muß sie deshalb bei der Beurteilung von Hitlers Macht ernstnehmen und zunächst ihre Entstehung, Entwicklung und ihre Inhalte betrachten.

Wann, wie und warum genau die so fanatisch vertretenen Ideen von Hitler Besitz ergriffen haben, ist alles andere als klar. Doch war die allmähliche Herausbildung einer aus seinen verschiedenen Gedankensträngen zusammengesetzten Ideologie zum Zeitpunkt der Niederschrift von ›Mein Kampf‹ im Jahre 1924 bereits abgeschlossen und veränderte sich danach kaum noch. Eine für Hitler wichtige, prägende Zeit waren die Jahre 1905 bis 1906 nach dem Schulabgang und vor allem sein Aufenthalt in Wien in den Jahren 1907 bis 1913. Noch stärkeren Einfluß übten auf Hitler das Kriegserlebnis und die – ziemlich traumatisch empfundene – Niederlage Deutschlands aus. Zwischen 1920 und 1924 erfuhren seine Ideen schließlich noch einige entscheidende Modifikationen – nicht zuletzt unter dem Eindruck des russischen Bürgerkriegs.

Den Juden begegnete Hitler mit einem besonders tiefen Haß. Über die Wurzeln und Ursachen seines eingefleischten Antisemitismus ist viel diskutiert worden, ohne daß man sie mit absoluter Gewißheit benennen könnte. Manche Theorien sind geradezu abstrus. Die These, Hitlers antijüdische Paranoia lasse sich darauf zurückführen, daß er selbst zu einem Teil jüdischer Abstammung sei, entbehrt jeglicher Grundlage[2]. Daß er fürchtete oder glaubte, der Vater seines Vaters sei Jude gewesen, ist zwar plausibler, läßt sich aber nicht beweisen[3]. Noch spekulativer ist der Versuch, Hitlers pathologischen Judenhaß auf das hysterische Trauma zurückzuführen, das er am Ende des Ersten Weltkriegs aufgrund einer Senfgasvergiftung erlitt, welche er angeblich mit dem Tod seiner Mutter in Verbindung brachte, die im Jahre 1907 nach einer von einem jüdischen Arzt verabreichten Gasnarkose gestorben war[4]. Abgesehen davon, daß Hitler dem Arzt damals immerhin so dankbar gewesen war, daß er ihm einige seiner Aquarelle schenkte[5], übergeht diese Theorie die Hinweise darauf, daß Hitler schon während seiner Zeit in Wien eindeutig antisemitisch eingestellt war.

Tatsächlich ist bislang im dunkeln geblieben, warum Hitler ein manischer Antisemit wurde. Psychologische Erklärungen, bei denen sexuelle Phantasien und Verfolgungskomplexe eine Rolle spielen, erscheinen zwar in unterschiedlichem Maße plausibel, bleiben letztlich aber reine Vermutungen. Mit einiger Wahrscheinlichkeit läßt sich höchstens sagen, daß Hitler seine Frustration über die Diskrepanz zwischen seiner Selbsteinschätzung und seiner gesellschaftlichen Randexistenz als verkrachter Künstler und sozialer Außenseiter auf ein noch stärker negatives Bild konzentrierte, welches ihm eine »Erklärung« für sein Scheitern bot und ihm außerdem den »Beweis« dafür lieferte, daß er die geschichtliche Entwicklung letztlich auf seiner Seite hatte[6].

Hitler selbst schrieb in ›Mein Kampf‹, er sei zum Antisemiten geworden, nachdem er in den Straßen Wiens einer

[2] Siehe Werner Maser, Adolf Hitler. Legende, Mythos, Wirklichkeit. 3. Aufl. München 1976, S. 16–38 und 265.

[3] Siehe Joachim C. Fest, Hitler. Eine Biographie. Frankfurt a. M., Berlin 1973, S. 31–32.

[4] So zumindest Rudolf Binion, Hitler among the Germans. New York 1976. Siehe dazu die treffenden Bemerkungen von William Carr, Hitler. A Study in Personality and Politics. London 1978, S. 124–125 und 148.

[5] Maser, Hitler, S. 97.

[6] Siehe Fest, Hitler, S. 65.

»Erscheinung in langem Kaftan mit schwarzen Locken« begegnet sei[7]. Das war wahrscheinlich eine Erfindung, denn Hitler hatte bereits in Linz alldeutsche, antisemitische Zeitschriften gelesen und den österreichischen Antisemiten und alldeutschen Führer Georg von Schönerer bewundert[8]. Zweifellos scheint er aber durch seine Zeit in Wien in seinen bereits vorhandenen Ansichten über Juden ungeheuer bestärkt worden zu sein. Damals zeigte er sich auch stark von dem vehement antisemitischen Volksverhetzer Karl Lueger beeindruckt, dem Bürgermeister der Stadt, den er später den »gewaltigsten deutschen Bürgermeister aller Zeiten« nannte[9], obwohl er sonst nur selten Bewunderung für andere Menschen äußerte. Wenn Hitler die Geschichte vom »Kaftanjuden« auch effektvoll ausgeschmückt hat, so spiegelt sich in ihr doch wahrscheinlich ein aufschlußreiches Erlebnis, das er zu dieser Zeit hatte, als er offensichtlich antisemitische Literatur verschlang und dadurch seine bereits im Keim vorhandenen Vorurteile bestätigte und schärfte. Jedenfalls scheint diese Geschichte den Zeitpunkt zu markieren, an dem sich Hitler von dem »normalen« Antisemiten der Linzer Jahre zu jenem manisch besessenen Antisemiten wandelte, der er dann zeit seines Lebens blieb. »Wo immer ich hinging, sah ich nun Juden«, schrieb Hitler, »und je mehr ich sah, um so schärfer sonderten sie sich für das Auge von den anderen Menschen ab«[10].

Auch für die Entwicklung von anderen Aspekten der Hitlerschen Weltanschauung waren die Wiener Jahre prägend. Seiner eigenen – plausibel klingenden, wenn wohl auch nicht detailgetreuen – Aussage zufolge erlebte er durch seine unstete Existenz in den Reihen der Unterprivilegierten Wiens hautnah die krassen sozialen Ungerechtigkeiten der bürgerlichen Gesellschaft und begann notgedrungen, über die »soziale Frage« nachzudenken. Seine Begegnung mit der Wiener Sozialdemokratie führte bei ihm allerdings zu einer heftigen Ablehnung ihrer klassenkämpferischen, antinationalistischen Lehre. Die Abscheu, die er für die Habsburger

[7] Adolf Hitler, Mein Kampf. 78.–84. Aufl. München 1933, S. 59.
[8] Maser, Hitler, S. 251.
[9] Mein Kampf, S. 59.
[10] Ebenda, S. 60.

Monarchie empfand, war Teil seines bereits prononcierten, fanatischen deutschen Hypernationalismus, den er seit seiner Begeisterung für die Schönerer-Bewegung seinerzeit in Linz in sich aufgesogen hatte[11]. Als er dann noch den Juden als »Schuldigen« für all diese Übel ausgemacht hatte und diese »Erkenntnis« bei ihm zum beherrschenden Gedanken geworden war, waren schließlich die wesentlichen Bestandteile einer Ideologie beisammen, deren Basis ein heftiger Ekel gegenüber der bestehenden Gesellschaft und die utopische Vision einer zukünftigen Ordnung bildete, die von der starken und gnadenlosen Autorität eines volksdeutschen Nationalstaates geschaffen werden müsse.

Hitlers Weltanschauung war also bereits zu einem gut Teil ausgebildet, als er seinen Dienst im Schützengraben versah. Ein Kernelement seiner Ideologie – die sozialdarwinistische Sicht der Geschichte als Kampf zwischen einzelnen Rassen, bei dem die stärkste, gesündeste und rücksichtsloseste schließlich siegt – scheint spätestens ab 1914–18 den Mittelpunkt seiner Weltanschauung eingenommen zu haben[12]. Als er, nach einem Gasangriff geblendet, im Pasewalker Lazarett die Nachricht vom Triumph jener Kräfte erhielt, die er zutiefst haßte, reagierte er hysterisch. Die bei ihm schon vorhandene dualistische Weltsicht scheint sich dadurch weiter verstärkt zu haben – vor allem die Überzeugung, daß die allgegenwärtigen Juden schuld an der Katastrophe seien, in die er und alles, woran er glaubte, gestürzt worden war[13].

Hitler hatte anscheinend schon an der Front mit einem seiner Kameraden darüber diskutiert, ob er nach dem Krieg besser Architekt oder Politiker werden solle[14]. Im Lazarett, so sagte er später, habe er sich dann zu letzterem entschlossen[15]. In Wirklichkeit kam der »Entschluß«, in der Politik aktiv zu werden, auf weniger bewußte und eher indirekte Weise zustande. Hitler war immer noch Soldat, als er nach München zurückkehrte, das im Vergleich zu der Stadt, die er 1914 verlassen hatte, kaum wiederzuerkennen war. Es

[11] Ebenda, Kap. 2.
[12] Maser, Hitler, S. 166.
[13] Mein Kampf, S. 221–225.
[14] Maser, Hitler, S. 149.
[15] Mein Kampf, S. 225.

herrschten chaotische politische Verhältnisse. Nach der Revolution hatte zunächst Kurt Eisner, ein Linkssozialist und Jude, an der Regierungsspitze gestanden. Seine Ermordung im Februar 1919 durch einen rechtsgerichteten jungen Adeligen löste politische Wirren aus. Im April wurde eine Räterepublik ausgerufen, zu deren führenden Köpfen mehrere Juden gehörten; diese Räteregierung wurde in blutigen Kämpfen innerhalb weniger Wochen durch von der Reichsregierung entsandte Freikorps-Verbände gestürzt.

Hitler beteiligte sich nicht aktiv an den Kämpfen, sondern beobachtete die Ereignisse aus der Distanz der Kaserne und las zahlreiche rechtslastige Schriften, die ihn in seiner Bewertung der Vorgänge vermutlich bestärkten. Seine Haltung während der Räterepublik blieb unklar, bis er Anfang Mai 1919 Mitglied einer Untersuchungskommission seines Regiments wurde, die das Verhalten von zur Entlassung anstehenden Soldaten während der kommunistischen Räteherrschaft überprüfen sollte[16]. Im späten Frühjahr und im Sommer nahm er an Schulungskursen der Reichswehr teil. Diese bildeten für ihn einen Anstoß zu weitergehenden Überlegungen über die Funktion internationaler Kapitalverflechtungen – Überlegungen, bei denen er von den Ideen Gottfried Feders, des wirtschaftspolitischen »Gurus« in der Frühphase der nationalsozialistischen Partei, beeinflußt wurde. Außerdem besuchte er Vorträge und Seminare, die sich mit deutscher Geschichte, dem Sozialismus in Theorie und Praxis, der wirtschaftlichen Lage und den Friedensbedingungen sowie Fragen der Preispolitik befaßten und darüber hinaus Themen wie »Rußland unter bolschewistischer Herrschaft« und »Bayern und die Einheit des Reiches« behandelten. Er wurde dafür bekannt, daß er seine Ansichten leidenschaftlich und selbstherrlich vertrat.

Der erste Schritt zur Politik bestand für Hitler darin, daß er sich der Wirkung bewußt wurde, die er als Redner in diesen Kreisen hatte. Nachdem er eine Weile in einem »Aufklärungskommando« gewirkt hatte, hieß es von ihm, er sei »ein geborener Volksredner, der durch seinen Fanatismus und sein populäres Auftreten ... die Zuhörer unbedingt zur

[16] Anton Joachimsthaler, Korrektur einer Biographie. Adolf Hitler 1908–1920. München 1989, S. 212–218.

Aufmerksamkeit und zum Mitdenken zwingt«[17]. »Mit einem Male«, so notierte Hitler, »bot sich mir [...] die Gelegenheit vor einer größeren Zuhörerschaft zu sprechen; und was ich früher immer, ohne es zu wissen, aus dem reinen Gefühl heraus einfach angenommen hatte, traf nun ein: ich konnte ›reden‹«[18]. Der Weg in die Politik – wenn zunächst auch nur auf der Ebene der Wirtshaussäle – eröffnete sich ihm dann vor allem im Herbst 1919, als er mit der kurz zuvor gegründeten »Deutschen Arbeiter-Partei« in Berührung kam und erkannte, welche Wirkung er auf eine Zuhörerschaft haben konnte.

Zu der Zeit, als Hitler sich als populärer Demagoge in Münchner Bierkellern einen Namen zu machen begann, entsprachen seine politischen Ansichten – auch wenn sie von ihm mit außergewöhnlichem Fanatismus vertreten wurden – dem, was man von der extremen Rechten gewohnt war. Sie unterschieden sich in nichts von den Ansichten der Alldeutschen oder anderer stark rassistisch-nationalistischer Gruppen, von denen es damals in München wimmelte. Bei seinen ersten Reden dominierte die Agitation gegen den Versailler Vertrag. Wie alle Alldeutschen forderte auch er die Rückgabe der verlorenen Kolonien und die Vereinigung von Deutschland und Österreich. Die Hauptfeinde Deutschlands waren in seinen Augen Frankreich und England – und nicht Rußland. Und die Juden wurden vor allem als Agenten des Kapitals attackiert. Hitler selbst behauptete, daß seine Weltanschauung schon vor dem Krieg ihre wesentliche Prägung erfahren habe. Doch Anfang der zwanziger Jahre hatte er einige entscheidende Schritte zur Vervollständigung seiner Ideologie erst noch vor sich. Insbesondere seine Vorstellungen über die zukünftige Richtung der deutschen Außenpolitik, über die Juden und nicht zuletzt über seine eigene zukünftige Führungsrolle veränderten sich zwischen dem Zeitpunkt seines Eintritts in die Politik und dem der Niederschrift von ›Mein Kampf‹ in signifikanter Weise.

Neben der umfangreichen – wenn auch unsystematischen und einseitigen – Lektüre, zu der auch bekannte sozialdarwinistische und geopolitische Schriften gehörten, wurde

[17] Zitiert nach Maser, Hitler, S. 165.
[18] Mein Kampf, S. 235.

Hitlers Denken in diesen Jahren in entscheidendem Maße von dem bayerischen Dichter Dietrich Eckart und den beiden Deutschbalten Max Erwin von Scheubner-Richter und Alfred Rosenberg beeinflußt. Eckart steuerte seine eigene Kampfphilosophie bei: Die Überwindung des »seelenlosen Jüdischen« sei die Voraussetzung für eine echte Revolution – im Gegensatz zur »falschen« von 1918 -, aus der neue Führer und wahrer Sozialismus hervorgehen würden. Einen noch größeren Einfluß übten Rosenberg und Scheubner-Richter aus, indem sie Hitlers Gedankenwelt auf das »jüdische« Element im russischen Bolschewismus zu konzentrieren verstanden. Sie hatten die russische Revolution erlebt, waren beide extreme Antisemiten, und sie standen beide mit stark antibolschewistisch eingestellten Kreisen in Verbindung. In der Anfangszeit hatten weder Rußland, noch der Bolschewismus in der Ideologie der NSDAP eine große Rolle gespielt. Nun aber brachte Rosenberg unter Hinweis auf die – in Wirklichkeit gefälschten – »Protokolle der Weisen von Zion« Hitler die Idee einer »jüdischen Weltverschwörung« nahe. Und die beiden Balten hatten entscheidenden Anteil daran, daß sich in Hitlers Kopf die Vorstellung von dem »jüdischen« Wesen des Bolschewismus festsetzte. Diese Vorstellung bildete einen der Grundpfeiler des Hitlerschen Ideologiegebäudes. Als er dann ›Mein Kampf‹ schrieb, war für ihn die Ausrottung des »jüdischen Bolschewismus« gleichbedeutend mit der Zerstörung der Sowjetunion auf der Suche nach »Lebensraum« für das deutsche Volk geworden.

In welcher Weise sich Hitlers Weltanschauung zwischen 1919 und 1924 änderte, läßt sich aus seinen Reden und schriftlichen Veröffentlichungen jener Jahre ersehen. Unter dem Einfluß von Rosenberg und Scheubner-Richter verschob sich in diesem Zeitraum das Verhältnis von Antisemitismus und Antimarxismus in Hitlers Denken. Zwar waren beide Gedankenstränge schon lange vorher bei ihm vorhanden gewesen – wobei der Antisemitismus dominierte –, wurden aber erst zu dieser Zeit, beschleunigt durch das Bild vom bolschewistischen Rußland, systematisch zusammengeführt.

Vor der Verschmelzung mit dem Antimarxismus war der in den öffentlichen Reden Hitlers zum Ausdruck kommende brutale Antisemitismus zunächst stärker antikapitalistisch ausgerichtet gewesen. Der erste Beleg für eine öffentliche Äußerung Hitlers zur »Judenfrage« datiert vom August 1919, als er von der Reichswehr zur politischen Indoktrination von »unzuverlässigen«, aus der Gefangenschaft heimkehrenden Soldaten abgestellt war und in diesem Rahmen einen »Vortrag« über den Kapitalismus hielt[19]. In seiner Eigenschaft als Mitglied eines »Aufklärungskommandos« wurde er ein paar Wochen später außerdem von seinem Vorgesetzten gebeten, eine Anfrage zum »Judenproblem« zu beantworten. Seine schriftliche Antwort ist die erste, noch erhaltene Stellungnahme Hitlers zu diesem Thema. Er spricht darin von den Juden als einer »Rasse« und keiner »Religionsgenossenschaft« und von der Notwendigkeit, sie mit rationalen Mitteln, und nicht einfach nur emotional, zu bekämpfen. Dazu halte er die Beseitigung ihrer »Vorrechte« und letzten Endes die »Entfernung der Juden überhaupt« für erforderlich[20]. Die Macht der Juden war für ihn die Macht des Geldes, das verführerische Glitzern des Goldes. Den Marxismus erwähnte Hitler in diesem Zusammenhang nicht, obgleich er die Juden als treibende Kraft hinter der Revolution und der Sozialdemokratie ansah. Während das nationalsozialistische Parteiprogramm vom Februar 1920 an herausragender Stelle die Beseitigung der Rechte für Juden forderte, fand in ihm weder der Marxismus, noch der Bolschewismus Erwähnung.

Daß Hitler sich in seinen ersten Reden so sehr auf das »jüdische Börsenkapital« konzentrierte, hing mit seiner Behauptung zusammen, die Juden seien für den Krieg, die Niederlage und den Tod von Millionen von Deutschen verantwortlich. Dieser Punkt spielte eine so grundlegende Rolle für sein Denken, daß er später in ›Mein Kampf‹ in einer berüchtigten Passage erklärte, man hätte einer Million an der Front gefallener Deutscher vielleicht das Leben retten können, wenn man vorher »zwölf- oder fünfzehntausend dieser hebräischen Volksverderber [...] unter Giftgas gehalten« hätte[21]. Viele seiner frühen Reden waren von der Wut auf

[19] Eberhard Jäckel und Axel Kuhn (Hrsg.), Hitler. Sämtliche Aufzeichnungen 1905–1924. Stuttgart 1980, Dokument 60.

[20] Ebenda, Dok. 61.

[21] Mein Kampf, S. 772.

»jüdische« Kriegsgewinnler beherrscht. Immer wieder sprach er erregt über Wucherer, Schieber und Schmarotzer, die man hängen müsse[22]. Echte Sozialisten hatten seiner Meinung nach unbedingt auch Antisemiten zu sein[23]. Beeinflußt von Feder, unterschied Hitler zwischen dem – im wesentlichen als gesund zu betrachtenden – »Wirtschaftskapital« und dem – das eigentliche Übel darstellenden – blühenden jüdischen »Börsenkapital«. Nachdem der »jüdische Bolschewismus« Eingang in seine Gedankenwelt gefunden hatte, meinte er, das internationale Kapital und das »internationale Element in Sowjetrußland« würden sich auf Kosten nationaler deutscher Interessen gegenseitig in die Hände arbeiten[24].

In seinen Reden belegte Hitler die Juden immer wieder mit den schlimmsten Ausdrücken. Er sprach sich dabei – wie schon in seinem Brief vom September 1919 – zwar gegen Pogrome und gegen »Gefühlsantisemiten« aus, meinte allerdings, die Deutschen müßten zur Ausrottung des jüdischen Übels notfalls auch zu einem Pakt mit dem Teufel bereit sein[25]. Als grundlegende Lösung forderte er die »Entfernung der Juden aus unserem Volke«[26] und vertrat die Auffassung, daß sich die jüdische »Wühlarbeit« gegen das deutsche Volk dadurch verhindern lasse, daß man die Juden in Konzentrationslager einsperrt[27]. In seiner extrem brutalen Sprache tauchten zunehmend biologische Ausdrücke auf, als ginge es darum, Bazillen zu beseitigen.

Im August 1920 erklärte er: »Denn denken Sie nicht, daß Sie eine Krankheit bekämpfen können, ohne nicht den Erreger zu töten, ohne den Bazillus zu vernichten, und denken Sie nicht, daß Sie die Rassentuberkulose bekämpfen können, ohne zu sorgen, daß das Volk frei wird von dem Erreger der Rassentuberkulose. Das Wirken des Judentums wird niemals vergehen, und die Vergiftung des Volkes nicht enden, solange nicht der Erreger, der Jude, aus unserer Mitte entfernt ist.«[28]

[22] Jäckel und Kuhn, Hitler, zum Beispiel Dok. 87, 109, 138, 139, 184.

[23] Ebenda, S. 200.

[24] Ebenda, S. 337.

[25] Ebenda, S. 119f. sowie S. 128 und 184 zur Ablehnung von »Gefühlsantisemiten«.

[26] Ebenda, S. 201.

[27] Ebenda, S. 348.

[28] Ebenda, S. 176f.

Auf einer SA-Versammlung führte Hitler im Februar 1922 in einer Rede aus, daß man sich seiner Meinung nach »einzig, restlos und ausschließlich« mit der »Judenfrage« beschäftigen müsse, und ein paar Monate später brachte er das ganze Parteiprogramm auf den einen Nenner, daß kein Jude Volksgenosse sein könne[29]. Sein Antisemitismus kam jetzt aber in etwas veränderter Weise zum Ausdruck. Unter dem Eindruck der Ereignisse in Rußland bildeten nicht mehr die Juden als Exponenten der internationalen Hochfinanz Hitlers Hauptzielscheibe – nicht daß er dieses Element seines Antisemitismus je vergessen oder ignoriert hätte –, sondern die Juden als Macht, die hinter dem Marxismus und insbesondere seinem politischen Erscheinungsbild im Sowjetbolschewismus stünde. In jedem Fall aber gab die Vorstellung von der »jüdischen Weltverschwörung« Hitler das Bild eines unbezähmbaren Feindes an die Hand – ob nun in Gestalt des Kapitalisten oder des bolschewistischen Marxisten. Denn anders als die als dekadent empfundene bürgerliche Demokratie stellte der Marxismus in seiner bolschewistischen Erscheinungsform letztlich eine Weltanschauung dar, die Hitler in ihrer schonungslosen Brutalität als gewaltige Kraft begreifen konnte, deren zukünftiger Einfluß sich in seinen Augen nur durch den Rassenkampf unter Deutschlands Führung noch verhindern ließ.

Als es nach dem fehlgeschlagenen Putschversuch vom 8./9. November 1923 – bei dem er in der Hoffnung, die Reichsregierung stürzen zu können, im Münchner Bürgerbräukeller eine nationale Revolution ausgerufen hatte – im Frühjahr 1924 zum Hochverratsprozeß kam, sagte Hitler vor Gericht aus, er habe »der Zerbrecher des Marxismus« werden wollen, und versicherte, daß die nationalsozialistische Bewegung nur einen Todfeind kenne: den Marxismus und dessen Internationalismus[30]. Die Juden erwähnte er an dieser Stelle mit keinem Wort. Als die »Judenpresse« daraufhin von einer Einstellungsänderung Hitlers berichtete und er auf dieses Thema angesprochen wurde, erwiderte er in für ihn typischer Weise, er habe in der Tat seine Ansicht geändert: Bei der Arbeit an ›Mein Kampf‹ habe er erkannt,

[29] Ebenda, Dok. 357, 421.

[30] Ebenda, S. 1210, 1226, 1232.

daß er bislang »viel zu milde« gewesen sei und daß die »Judenfrage« nicht nur das deutsche Volk, sondern alle Völker angehe, »denn Juda ist die Weltpest«[31]. Der Kampf könne folglich erst dann siegreich beendet werden, wenn die internationale Macht des Judentums vollständig vernichtet sei.

Durch die gedankliche Verknüpfung von Bolschewismus und Judentum änderte sich der Ton seiner Äußerungen ganz entscheidend. Im Frühjahr und Frühsommer 1920 vertrat Hitler bei mehreren Gelegenheiten die Ansicht, daß der Bolschewismus für Rußland katastrophale Folgen habe und dieses Land durch die Juden zerstört werde. Ab Juli 1920 konzentrierte er seine Vorstellungen vom Bolschewismus, Marxismus und von der Sowjetunion explizit in dem Bild von der brutalen Herrschaft der Juden, für die die Sozialdemokratie in Deutschland den Weg ebne[32].

Mit dem Thema des bolschewistischen Rußland befaßte sich Hitler in den folgenden Monaten bei zahlreichen Anlässen. Im Juni 1922 redete er von einem Kampf zweier Ideologien, der idealistischen und der materialistischen; daran werde die Mission des deutschen Volkes im Kampf gegen den Bolschewismus deutlich, vereint mit den Kräften des Guten gegen den jüdischen Todfeind vorzugehen. Der Staat sei nur Mittel zum Zweck der Erhaltung der Rasse[33]. Und im August 1922 hatte seine Vorstellung von der absolut zentralen Beziehung zwischen Antisemitismus und Antibolschewismus jenen Entwicklungsstand erreicht, der seine politische Mission dann bis zum Ende dominierte. Im Oktober schrieb er von einem Kampf auf Leben und Tod zwischen zwei Weltanschauungen, die nicht nebeneinander existieren könnten. Bei diesem Kampf könne es »nur Sieger und Vernichtete« geben. Was das heiße, habe das Beispiel Rußland gezeigt. »Ein Sieg der marxistischen Idee bedeutet die vollständige Ausrottung der Gegner. [...] Die Bolschewisierung Deutschlands [...] bedeutet die Vernichtung der gesamten christlich-abendländischen Kultur überhaupt.« Das Ziel der NSDAP lasse sich deshalb auf den einfachen Punkt bringen:

[31] Ebenda, Dok 654, S. 1242.
[32] Ebenda, Dok. 96, 106, 121.
[33] Ebenda, S. 646.

»Vernichtung und Ausrottung der marxistischen Weltanschauung.«[34]

Hitlers außenpolitische Ansichten wurden ganz offensichtlich davon beeinflußt, welche (sich wandelnde) Bedeutung das bolschewistische Rußland für seine Rassenphilosophie hatte. Es ist insofern bemerkenswert, daß sich gerade um das Jahr 1922, als er seine Mission als tödlichen Kampf gegen den »jüdischen Bolschewismus« zu verstehen begann, seine Vorstellung von der zukünftigen deutschen Außenpolitik veränderte: An die Stelle einer traditionellen, alldeutschen, kolonialistischen Sichtweise trat der Gedanke einer kontinentalen Expansionspolitik auf Kosten Rußlands. Unter dem Eindruck der Erfolge des »jüdischen Bolschewismus« im russischen Bürgerkrieg und der Gefahr einer »Bolschewisierung« Deutschlands verschmolzen Antisemitismus und Antibolschewismus bei Hitler zu der zwanghaften Entschlossenheit, den »jüdischen Bolschewismus« zu vernichten, und bildeten für die Neuordnung seiner außenpolitischen Ziele einen viel entscheidenderen Faktor als irgendwelche konventionellen diplomatischen Überlegungen.

In seinen frühen Reden sprach Hitler kaum über zukünftige außenpolitische Intentionen. Er äußerte sich wiederholt negativ darüber, daß in der nach-Bismarckschen Ära versäumt worden sei, den Frieden mit Rußland zu sichern, und man sich statt dessen auf die Seite Österreich-Ungarns gestellt habe, und er sprach von der zwangsläufig feindseligen Haltung Englands und Frankreichs. Seine Hauptzielscheibe bildete natürlich die Außenpolitik der Weimarer Regierungen, gegen die er bei jeder sich bietenden Gelegenheit geißelte.

Bis 1922 blieb Hitler im wesentlichen antiwestlich gesonnen, auch wenn ihm klare Vorstellungen von einer zukünftigen Bündnisstrategie fehlten. Gegenüber Rußland nahm er eine ignorante und ambivalente Haltung ein. Seine Sichtweise war weiterhin dualistisch – positiv gegenüber dem russischen Volk und negativ gegenüber den »jüdisch-bolschewistischen« Herrschern –, und er hätte es gern gesehen, wenn er sich mit einem nichtbolschewistischen Rußland gegen England hätte verbünden können. Gegen Ende des Jahres

[34] Ebenda, S. 703f.

1922 wurde er sich zunehmend der Tatsache bewußt, daß zwischen Frankreich und England wesentliche Interessenunterschiede bestanden. Vor allem aber war er damit beschäftigt, die zukünftige Politik gegenüber Rußland zu überdenken.

Bis zum Dezember 1922 hatte Hitler die außenpolitischen Ziele formuliert, die in ›Mein Kampf‹ umrissen sind und die bis zum Ende im Mittelpunkt seines Denkens standen. In einem vertraulichen Gespräch rückte er damals von der alten Politik einer ökonomischen und kolonialen Rivalität zwischen Deutschland und England ab, da er Englands Unterstützung für eine gegen Rußland gerichtete Kontinentalpolitik zu gewinnen hoffte.

»Außenpolitisch [so erklärte er] müßte sich Deutschland auf reine Kontinentalpolitik unter Vermeidung der Verletzung englischer Interessen einstellen. Es wäre die Zertrümmerung Rußlands mit Hilfe Englands zu versuchen. Rußland gäbe genügend Boden für deutsche Siedler und ein weites Betätigungsfeld für die deutsche Industrie. Bei der Abrechnung mit Frankreich würde uns dann England nicht dazwischenreden.«[35]

Zwei Jahre bevor Hitler ›Mein Kampf‹ schrieb, war seine Weltanschauung also im Grunde genommen komplett. Der Kampf zur Zerstörung der Macht des internationalen Judentums, der Kampf zur Vernichtung des Marxismus und der Kampf zur Erringung von »Lebensraum« für Deutschland auf Kosten Rußlands waren im Endeffekt drei Ausdrucksformen desselben Gesamtgedankens, der in ein bestimmtes Geschichtsverständnis eingebettet war und aus ihm seine Rechtfertigung bezog. Das Hitlersche Geschichtsverständnis stellte den Marxschen Glauben an die zentrale Bedeutung der sozioökonomischen Antriebskräfte auf den Kopf und hielt dogmatisch an einer Sichtweise fest, die die geschichtliche Entwicklung als einen ständigen Kampf zwischen den Rassen – den Völkern in einem ethnisch-biologischen Sinne – begriff. Hitler schrieb:

»Alle großen Kulturen der Vergangenheit gingen nur zugrunde, weil die ursprünglich schöpferische Rasse an Blutsvergiftung abstarb. [...] Die Blutsvermischung und das da-

[35] Ebenda, Dok. 452.

durch bedingte Senken des Rassenniveaus ist die alleinige Ursache des Absterbens alter Kulturen [...]. Alles weltgeschichtliche Geschehen ist aber nur die Äußerung des Selbsterhaltungstriebes der Rassen im guten oder schlechten Sinne.«[36]

Obwohl für Hitler die Juden rassisch das genaue Gegenteil der Arier, der in seinen Augen höchsten Rasse, verkörperten, meinte er, daß bei ihnen der Selbsterhaltungstrieb stärker als bei anderen Völkern entwickelt sei und es dem Juden ermögliche, als »Parasit im Körper anderer Völker« zu gedeihen.[37] Seine schließliche Vorherrschaft werde der Jude durch die Schwächung und Zerstörung anderer, reiner Rassen erlangen. Nachdem er die liberale Demokratie unter seine Kontrolle gebracht habe, sei das nächste Stadium »in der organisierten Masse des Marxismus« zu sehen, die dem Juden gestatte, »die Völker diktatorisch mit brutaler Faust zu unterjochen und zu regieren«[38]. Wie der »jüdische Bolschewismus« gezeigt habe, gipfle das Ganze schließlich in »wahrhaft fanatischer Wildheit« und »unmenschlichen Qualen«. »Das Ende aber ist nicht nur das Ende der Freiheit der vom Juden unterdrückten Völker, sondern auch das Ende dieses Völkerparasiten selber. Nach dem Tode des Opfers stirbt auch früher oder später der Vampir.«[39] Bevor es jedoch dazu komme, werde das Judentum in einer verheerenden Machtprobe mit den verjüngten Rassenkräften des deutschen Volkes unterliegen und für immer zerstört werden.

Erst in einem der letzten Kapitel von ›Mein Kampf‹ wird eine Verbindung zwischen diesem entscheidenden Wendepunkt in der Weltgeschichte und der deutschen Außenpolitik hergestellt. Der »Lebensraum«, den Deutschland für seine Weltmachtspläne benötige, sei in Rußland zu finden. Dort habe der »jüdische Bolschewismus« die germanische Oberschicht verdrängt und vernichtet. Als »Ferment der Dekomposition« habe der Jude das russische Reich geschwächt, das nun »reif zum Zusammenbruch« sei. »Und das Ende der Judenherrschaft in Rußland wird auch das En-

[36] Mein Kampf, S. 316 und 324.
[37] Ebenda, S. 334.
[38] Ebenda, S. 357.
[39] Ebenda, S. 358.

de Rußlands als Staat sein.«[40] Die NS-Bewegung habe das deutsche Volk auf diese Aufgabe vorzubereiten. Ein »germanische[r] Staat deutscher Nation«[41] müsse das deutsche Volk wieder zu einer solchen Stärke führen, daß es in der Lage sei, die Vernichtung des »jüdischen Bolschewismus« zu vollenden. Der Staat selbst sei dabei nur Mittel zum Zweck[42]. Dieses Ziel könne aber nur unter der Führung eines für die Aufgabe besonders geeigneten Genies erreicht werden. Während seiner Haft in der Landsberger Festung – Hitler war wegen Hochverrats zu fünf Jahren Festungshaft verurteilt worden, von denen er allerdings nur neun Monate absitzen mußte – begann er, in sich den großen Führer zu sehen, auf den das deutsche Volk die ganze Zeit gewartet hatte.

Anfang der zwanziger Jahre war in der extremen Rechten in Deutschland die Vorstellung von einem heldenhaften, quasi messianischen Führer und einem neuen Reich weit verbreitet. Zunächst hatte Hitler sich selbst nur in der Rolle des »Trommlers« für den kommenden großen Führer gesehen. Die Erfolge, die Mussolini zu dieser Zeit in Italien errang, empfand er als mitreißendes Vorbild. 1922 und 1923 redete Hitler immer häufiger davon, daß es auf die Persönlichkeit und eine heldenhafte Führung ankomme, die dem Volke verantwortlich sei, von ihm aber gleichzeitig bedingungslosen Gehorsam für die durchzuführende historische Mission verlange. Noch im Mai 1923 sprach Hitler davon, daß er einem kommenden Diktator nur den Weg bereite, um ihm ein Volk geben zu können, das für ihn »reif« sei[43]. Zwei Monate später erklärte er, daß Rettung nur aus dem Wert der Persönlichkeit kommen könne und daß er als Führer der NSDAP seine Aufgabe in der »Übernahme [von] Verantwortung« erblicke[44]. Als ihm 1924 der Prozeß gemacht wurde, gelang es ihm vor Gericht, aus dem Fiasko des Putsches einen persönlichen Triumph zu machen. Parallel dazu entwickelte sich seine Vorstellung von der eigenen Rolle langsam zu jenem Selbstbild vom heldenhaften

[40] Ebenda, S. 743.
[41] Ebenda, S. 362.
[42] Ebenda, 431–434.
[43] Jäckel und Kuhn, Hitler, S. 924.
[44] Ebenda, S. 946.

Führer, das bei ihm ab 1925, nach seiner Entlassung aus dem Gefängnis und seiner Rückkehr in die Politik, zu finden ist.

Mitte der zwanziger Jahre besaß Hitler also eine abgerundete Philosophie, die ihm eine komplette Weltanschauung lieferte und ihm quasi ein Patentrezept dafür gab, wie die großen Übel der Welt zu überwinden seien. An ihr änderte sich bis zu seinem Tod nichts Wesentliches mehr. Als Hitler in den vierziger Jahren bei den monologartigen Tischgesprächen seinen Spießgesellen des langen und breiten seine Gedanken zu allen möglichen Themen erläuterte, dominierten bei seinen Ausführungen immer noch dieselben Glaubenssätze, die er schon Anfang der zwanziger Jahre entwickelt hatte. Auch in dem letzten, uns bekannten Monolog, den Hitler vor seinem Selbstmord hielt, beschäftigte er sich wie immer mit dem Kampf gegen die »jüdisch-bolschewistische« Bedrohung. Unverändert war er der Überzeugung, daß »in einer moralisch mehr und mehr durch das jüdische Gift verseuchten Welt [...] ein gegen dieses Gift immunes Volk schließlich und endlich die Oberhand gewinnen« müsse. Und er bekräftigte, daß man »so gesehen [...] dem Nationalsozialismus ewig dafür dankbar sein« werde, »daß ich die Juden aus Deutschland und Mitteleuropa ausgerottet habe«[45]. Mit den letzten Worten seines politischen Testaments, das er am Tag vor seinem Tod verfaßte, beschwor Hitler »die Führung der Nation und die Gefolgschaft« zur »peinlichen Einhaltung der Rassengesetze und zum unbarmherzigen Widerstand gegen den Weltvergifter aller Völker, das internationale Judentum«[46].

Hitler betrachtete sich selbst als eine seltene Mischung aus »Programmatiker« (oder »Theoretiker«) und »Politiker« – als Verfechter der »Idee«[47]. Die kombinierte Tätigkeit des »Programmatikers« und »Politikers« war in seinen Augen ein Kampf »für Ziele, die nur die wenigsten begreifen«[48]. Seine »Doktrin« war deshalb nichts, was sich einfach passiv aufnehmen und verstehen ließ. Seiner Weltanschauung wohnte eine starke Dynamik inne. Hitler redete wiederholt

[45] Hitlers politisches Testament. Die Bormann-Diktate vom Februar und April 1945. Hamburg 1981, S. 122.

[46] Werner Maser, Hitlers Briefe und Notizen. 2. Aufl. Düsseldorf 1988, S. 374f.

[47] Mein Kampf, S. 229–232.

[48] Ebenda, S. 232.

von seiner »Mission«; in wachsendem Maße glaubte er bei seiner Arbeit die Hand der »Vorsehung« im Spiel; in ›Mein Kampf‹ behauptete er, durch sein Vorgehen gegen die Juden für das »Werk des Herrn«[49] zu kämpfen. Er sah sich selbst einen Kreuzzug vorbereiten. Als der »Endkampf« gegen den »jüdischen Bolschewismus« mit dem Einmarsch in die Sowjetunion im Juni 1941 schließlich grausame Wirklichkeit wurde, war das für Hitler – und nicht nur für ihn – der Höhepunkt dieser Kreuzzugsidee.

Hitlers quasi messianische Verpflichtung auf eine »Idee«, ein Glaube, der keine Alternativen duldete, gab ihm eine Willensstärke, der man in seiner Gegenwart nur schwer widerstehen konnte. Hitler war Autodidakt, hatte von Jugend an viel, aber unsystematisch gelesen und dadurch seine Vorurteile noch verstärkt, statt sie einer kritischen Begutachtung zu unterziehen. Sein Dogmatismus half ihm instinktiv, viele der Menschen zu dominieren, die ihm begegneten. Durch sein detailliertes Erinnerungsvermögen beeindruckte er seine Umgebung und nahm gleichzeitig denjenigen, die ihn vielleicht gerne herausgefordert oder auf die Probe gestellt hätten, den Wind aus den Segeln. Für ihn gab es in jeder Situation nur Schwarz oder Weiß, und eine dieser beiden Alternativen ließ sich jeweils ganz und gar lächerlich machen. Und die rhetorische Ausdruckskraft, mit der Hitler komplexe Sachverhalte entweder verächtlich abtun oder mit Hilfe scheinbar unwiderlegbarer »Grundwahrheiten« auf einen ganz einfachen Nenner bringen konnte, machte es beinahe unmöglich, sich ihm mit Erfolg direkt entgegenzustellen.

Diejenigen unter Hitlers Gefolgsleuten, die noch zögerten oder zweifelten, wurden durch die Gewißheit seines Glaubens bestärkt, während andere, die zynisch waren oder seine Überzeugung ablehnten beziehungsweise nicht teilen konnten, niemals eine Chance hatten, ins eigentliche Machtzentrum vorzustoßen. In jedem Fall hielt Hitler sich an den Kreis seiner treu ergebenen Anhänger, an Menschen seines eigenen Schlages.

Diese Mischung aus »Prophet« und Propagandist bedeutete für Hitler ab den frühen zwanziger Jahren einen entscheidenden Vorteil vor allen anderen möglichen Bewerbern

[49] Ebenda, S. 70.

um die Führungsposition. Den anderen zur Parteispitze zählenden Nationalsozialisten fehlten seine demagogische Brillianz, sein Mobilisierungsvermögen und die »Schlüssigkeit« und allumfassende »Erklärungskraft« seiner ideologischen Vision.

Im Vergleich zu Hitlers Talent für vulgäre Vereinfachungen und seiner Anziehungskraft auf die Massen erscheinen die ideologischen Beschäftigungen früher nationalsozialistischer »Denker« wie Gottfried Feder und Alfred Rosenberg unklar und begrenzt; sie hatten sich mehr um einzelne verschlungene Ideen als um deren politische Wirksamkeit oder Mobilisierungspotential gekümmert. Feder war schon bald relativ bedeutungslos. Rosenbergs Führungsschwäche zeigte sich überdeutlich, als er 1924 an Stelle von Hitler, der seine Haftstrafe antreten mußte, die Verantwortung für die Geschäfte der NSDAP übernahm.

Rudolf Heß, ein anderer führender Kopf aus der Anfangsphase der NSDAP, war introvertiert, hatte kein demagogisches Talent und betrachtete sich vom ersten Tag an als bloßer Gefolgsmann Hitlers. Julius Streicher war nichts anderes als ein vulgärer rassistischer Demagoge mit beschränkter Intelligenz, der gar nicht erst in der Lage war, aus seinem zwanghaften Judenhaß eine umfassende Ideologie zu machen. Hermann Göring war ein Tatmensch, der sich wenig mit Ideen befaßte; während er zunächst vorübergehend die SA kommandierte, verschwand er nach dem fehlgeschlagenen Putsch vier Jahre lang völlig von der Bildfläche und übernahm danach keine Parteiämter mehr. Ernst Röhm, der sich vom Reichswehroffizier zum Freikorpskämpfer gewandelt hatte, war ein fähiger Organisator, dem allerdings sowohl ideologische Vorstellungskraft als auch rhetorisches Talent fehlten. Auch Gregor Straßer hatte organisatorische Fähigkeiten, vermochte aber kaum eine mitreißende Wirkung auf die Massen zu erzielen. Sein Bruder Otto kann für eine Reihe von anfänglich führenden Köpfen der »Bewegung« als typisch gelten, die versuchten, eine abstrakte »Idee« des Nationalsozialismus von deren Verkörperung im Parteiführer zu lösen, und sich dadurch Hitler entfremdeten. Joseph Goebbels war eher Ministrant als Hoherpriester und fungierte im wesentlichen als Stimme seines Herrn. Heinrich Himmler war ein guter Administrator, hatte aber etwas Kaltes, Unmenschliches und Verrücktes an sich und daher keinerlei populäre Anziehungskraft. Der Rechtsexperte der Partei, Hans Frank, war charakterlich schwach, unentschlossen, emotional und unterwürfig. Die unterschiedlich gewichteten Vorstellungen und persönlichen Ambitionen dieser und anderer prominenter Köpfe der »Bewegung«, ihre Rivalitäten und tiefen Animositäten schlossen jeden einzelnen von ihnen als potentiellen Anwärter auf die Parteiführung aus; versöhnt und zusammengehalten wurden sie nur von der ungenauen und um so unwiderlegbareren Zukunftsvision, die in der Person des immer stärker gepriesenen obersten Führers, Adolf Hitler, ihre Verkörperung fand.

Der beginnende Personenkult um Hitler zeichnete sich bereits in den Jahren 1922/23 ab. Von anderen prominenten Mitgliedern der noch kleinen nationalsozialistischen Bewegung wurde er in der Öffentlichkeit verherrlicht und heroisiert; sie nannten ihn einen deutschen Mussolini, einen von Millionen Menschen sehnsüchtig erwarteten Führer, und behaupteten, nur er wäre in der Lage, Deutschlands Größe wiederherzustellen. Durch die Übernahme der vollen Verantwortung für den Putsch vom November 1923 gelang es Hitler dann, den an sich operettenhaften Fehlschlag in einen werbewirksamen Triumph für die radikale Rechte zu verwandeln. Durch diesen Schachzug gewann Hitler in völkischen Kreisen ganz enorm an Bedeutung. Sodann verstand er es, die unvermeidliche Haft in Landsberg optimal zu nutzen. In Begleitung von rund zwei Dutzend Leibwächtern und Rudolf Heß als seinem Sekretär machte Hitler, der außerdem häufig Besuch von zahlreichen weiteren Anhängern empfing, aus der Festung eine nationalsozialistische Ideenschmiede. Während er ›Mein Kampf‹ schrieb, hielt er den anderen Gefangenen jeden Morgen Vorträge über seine Ideen, die dann des langen und breiten diskutiert wurden; die Gefangenschaft wurde zum nationalsozialistischen Seminar umfunktioniert.

Im inneren Kreis der Partei wuchs Hitlers Ruf als »Programmatiker« und herausragender Exponent der nationalsozialistischen Idee. Nach einer seiner Reden, in der er zum erstenmal wesentliche außenpolitische Überlegungen angesprochen hatte, zeigte sich ein örtlicher, nicht aus Bayern stammender Parteiführer, der zunächst skeptisch gewesen war, höchst beeindruckt. Er schrieb, daß Hitler, der sich bei der Rede auch ausführlich über den Unterschied zwischen »Programmatiker« und »Politiker« ausgelassen hatte, ihn mehr und mehr überzeuge.

»Es ist meine felsenfeste Überzeugung, daß Hitler von seinem eigentlichen nationalsozialistischen Denken auch nicht ein Jota aufgeben wird [...] Und wenn es trotzdem manchmal so erscheint, dann geschieht es um größerer Ziele willen. Denn er vereinigt in sich den Programmatiker und den Politiker. Er kennt sein Ziel, sieht aber auch die Wege. Mein Aufenthalt hier hat das, was ich in Göttingen noch bezweifelte, den Glauben an den politischen Instinkt Hitlers, befestigt.«[50]

Viele Menschen in der unmittelbaren Umgebung des »Führers«, die spätestens ab dieser Zeit regelmäßig oder wiederholt längeren Kontakt zu ihm hatten, wurden von einem weltlichen Glauben an einen politischen Messias erfaßt: Sie waren in zunehmendem Maße davon überzeugt, daß Hitler der kommende Retter Deutschlands sei. Es gab zwar auch führende Parteimitglieder wie die Gebrüder Straßer, die dem entstehenden Personenkult keineswegs erlagen, aber sie wurden in die Defensive gedrängt. Mit dem inneren Kreis gläubiger Gefolgsleute war die Basis für eine »charismatische Gemeinschaft« gelegt.

Rudolf Heß, ein von Anfang an äußerst fanatischer und unterwürfiger Anhänger Hitlers, sprach von der »Macht der Persönlichkeit«, die »ein Etwas« ausstrahle, »das die Umgebung in seinen Bann zwingt und immer weitere Kreise zieht«[51]. Erst während der Zeit in Landsberg, so bemerkte er in einem Brief, habe er die »gewaltige Bedeutung« dieser Persönlichkeit ganz erfaßt[52]. Alfred Rosenberg bestätigte nach dem Krieg, als er in Nürnberg in Haft saß, daß er Hitler von Anfang an bewundert und in ihm den »Schöpfer« der NSDAP und ihrer politischen Ziele gesehen hatte; bei ihm habe er vom ersten Tag an »eine feste geistige Grundla-

[50] Zitiert nach Albrecht Tyrell, Vom »Trommler« zum »Führer«. München 1975, S. 170.

[51] Zitiert nach Joachim C. Fest, Das Gesicht des Dritten Reiches. Profile einer totalitären Herrschaft. München 1964, S. 262.

[52] Albrecht Tyrell (Hrsg.), Führer befiehl ... Selbstzeugnisse aus der »Kampfzeit« der NSDAP. Dokumentation und Analyse. Düsseldorf 1969, S. 84f.

ge, aber zugleich ein ständiges Reiferwerden bei der Behandlung der zahlreichen Probleme« erlebt und außerdem einen »große[n] Glaube[n] an sein Volk und dessen Sendung« sowie »schöpferische Antriebskraft« und einen »eisenhart gewordene[n] Wille[n]« festgestellt[53]. Und Hans Frank erklärte, er habe, als er Hitler im Januar 1920 zum erstenmal reden hörte, das Gefühl gehabt, daß nur dieser Mann Deutschland retten könne[54]. Fasziniert von Hitlers Persönlichkeit trat er 1923 in die SA ein; als er 1929 eine wissenschaftliche Laufbahn einschlagen wollte, nahm er auf Hitlers persönliche Bitte davon wieder Abstand, wie er später erzählte. »Und der neue, starke, strahlend-leuchtende Weg in die Welt Adolf Hitlers war betreten.«[55] Joseph Goebbels fragte, nachdem er ›Mein Kampf‹ gelesen hatte: »Wer ist dieser Mann? Halb Plebejer, halb Gott! Tatsächlich der Christus, oder nur der Johannes?« Er hielt Hitler für ein Genie, wünschte ihn sich zum Freund und notierte am 19. April 1926 in seinem Tagebuch: »Adolf Hitler, ich liebe Dich.«[56] Als Baldur von Schirach, der spätere »Reichsjugendführer«, Hitler im Jahre 1925 zum erstenmal öffentlich reden hörte, war er vom Klang seiner Stimme fasziniert. Damals sei er wie gebannt gewesen und davon überzeugt, daß Hitler der »kommende Retter Deutschlands« sei, erinnerte sich Schirach viele Jahre später[57]. Für Göring, der später stolz darauf war, der »treueste Paladin unseres Führers« genannt zu werden, kam die vollständige Kapitulation erst, als er 1928 zur Partei zurückkehrte, nachdem er sich im Anschluß an den gescheiterten Putsch mehrere Jahre lang im Ausland aufgehalten hatte. Dann unterwarf er sich Hitler allerdings vollständig. In späteren Jahren fühlte er sich vor Audienzen bei Hitler hin und wieder beinah körperlich krank. Er erklärte, kein eigenes Gewissen mehr zu haben; sein Gewissen heiße Adolf Hitler. Und er meinte, in diesem Mann habe »die seltene Vereinigung stattgefunden [...] zwischen dem schärfsten logischen

[53] Alfred Rosenberg, Letzte Aufzeichnungen. Göttingen 1955, S. 86, 316f., 342.
[54] Hans Frank, Im Angesicht des Galgens. München, Gräfelfing 1953, S. 39–42.
[55] Zitiert nach Fest, Das Gesicht, S. 291.
[56] Helmut Heiber (Hrsg.), Das Tagebuch von Joseph Goebbels 1925/26. Stuttgart 1960, S. 34, 72, 74.
[57] Baldur von Schirach, Ich glaubte an Hitler. Hamburg 1967, S. 18–22.

Denker und wahrhaft tiefgründigen Philosophen und dem eisernen Tatmenschen«[58].

Diese hochrangigen NS-Größen erlebten Hitler aus nächster Nähe und hatten zu ihm einen direkten und regelmäßigen Kontakt. Sie alle waren zur NS-Bewegung gestoßen, schon lange bevor diese aus ihrem politischen Schattendasein hervortreten und reale Machtansprüche geltend machen konnte. Politischer Opportunismus kann daher kaum als Hauptmotiv ihres Einsatzes für die nationalsozialistische Sache gesehen werden, auch wenn diese NS-Führer schließlich Karriere machten und materielle Vorteile genossen. Entscheidend ist, daß ihr Glaube und ihre Treue schon zu einer Zeit ihren lebhaften Kristallisationspunkt in der Person Hitlers fanden, als der Führerkult noch nicht institutionalisiert und weit verbreitet war. So fielen sie dem »Hitler-Mythos« nicht nur früh zum Opfer, sondern gehörten auch zu denjenigen, die in wesentlichem Maße für dessen Verbreitung sorgten.

Das zentrale Element dieses Kerns der »charismatischen Gemeinschaft« war die Macht der Hitlerschen Persönlichkeit. Dominiert wurde diese Persönlichkeit von der Unbeirrbarkeit eines Fanatikers, der glühenden Überzeugung eines selbsternannten Propheten und der ideologischen Selbstgewißheit eines Missionars. Indem er behauptete, daß er in sich den »Programmatiker« und »Politiker« vereine, verschaffte er sich gegenüber seinen nächsten Gefolgsleuten einen unanfechtbaren Status, da er für sie sowohl die »Idee« als auch deren organisierenden Genius verkörperte.

Im Hinblick auf praktische Dinge und alltägliche Entscheidungen war Hitler häufig alles andere als selbstsicher. Und für den dringend notwendigen Wiederaufbau der Partei waren die Urgründe der Hitlerschen Ideologie in der politisch mageren zweiten Hälfte der zwanziger Jahre im einzelnen von geringer Bedeutung. Tatsächlich erwies sich gerade die Flexibilität einzelner Ideen innerhalb eines festgefügten Gesamtrahmens als äußerst vorteilhaft. Selbst die Nationalsozialisten, die von Hitler unmittelbar abhängig waren, gewichteten bestimmte ideologische Gesichtspunkte häufig unterschiedlich und betonten je nach den Umständen einzel-

[58] Zitiert nach Fest, Das Gesicht, S. 108.

ne Punkte zwangsläufig stärker als andere. Entscheidend war bei allen jedoch die Überzeugung, daß »die Zukunft uns gehört« und daß Hitlers – wie auch immer interpretierte – »Vision« eines Tages Wirklichkeit werden würde.

Zweites Kapitel
Die Erlangung der Macht

Bei der Untersuchung der Frage, wie Hitler die Macht im deutschen Staate in seine Hand bekam, müssen drei Entwicklungen unterschieden werden. Zunächst gilt es zu fragen, wie es Hitler gelang, eine unangefochtene Machtposition innerhalb der NSDAP einzunehmen – in einer Partei also, in der bis Ende der zwanziger Jahre verschiedene Gruppen der völkischen Rechten aufgegangen waren und in der aufgrund von Hitlers vermeintlicher historischer Mission zur Rettung Deutschlands das Führerprinzip zum organisatorischen Ideal und Grundsatz erhoben worden war. Zum zweiten geht es um die Frage, wie Hitler es Anfang der dreißiger Jahre schaffte, weit über die Kreise hinaus, die bis dahin die radikale völkische Rechte unterstützt hatten, auf Widerhall zu stoßen und schließlich mehr als ein Drittel aller Wahlberechtigten zu erreichen, so daß er mit der Behauptung, nur er allein könne die Massen »befreien«, Machtansprüche geltend machen konnte. Als drittes muß untersucht werden, warum nichtnationalsozialistische Elitegruppen, die Einfluß auf die Mächtigen in der Weimarer Republik hatten, sich für Hitler zu interessieren begannen, obwohl sie seinen »charismatischen«, missionarischen Behauptungen ausgesprochen nüchtern gegenüberstanden, und wie es dazu kam, daß sich diese einflußreichen Kräfte bereitfanden, ihn zu einem Zeitpunkt auf den Kanzlerposten zu hieven, als seine Zukunft alles andere als triumphal aussah. Die persönliche Rolle, die Hitler in diesen drei Bereichen spielte, wird größtenteils von Dingen und Ereignissen überlagert, die außerhalb seiner Kontrolle lagen.

Seit Hitler am 30. Januar 1933 zum Reichskanzler ernannt wurde, hat man immer wieder gefragt, wie gerade dieser Mensch an die Macht kommen konnte, und ganz unterschiedliche Antworten darauf gegeben. Die Antwort, die die Nationalsozialisten gaben, orientierte sich ganz an der Version Hitlers, der das ganze Dritte Reich über zahlreichen seiner größeren Reden eine ausufernde Beschwörung der »Parteigeschichte« voranstellte. Ihm zufolge war die Entwicklung des Nationalsozialismus von den bescheidenen Anfängen bis zur »Machtergreifung« allein dem »Triumph des Willens« zu verdanken. Durch unablässigen, wenn auch zunächst aussichtslos erscheinenden kämpferischen Einsatz – in diesem Zusammenhang wurde immer von der »Kampfzeit« gesprochen – und angefeuert durch den fanatischen Glauben einer sich ständig vergrößernden Anhängerschar, die die »gerechte Sache« unterstützte, habe man schließlich alle Widrigkeiten überwunden, mächtige Feinde besiegt und die nationale Einheit verwirklicht, um Deutschland vor der Zerstörung durch den Bolschewismus zu bewahren.

Diese heroische Parteilegende war reine Propaganda. Es war keine zwangsläufige Entwicklung, die zu Hitlers Triumph im Januar 1933 führte. Fünf Jahre zuvor war die NSDAP innerhalb der deutschen Politik nicht mehr als eine irritierende Randerscheinung gewesen. Die Wahlen von 1928 hatten ihr nur 2,6 Prozent der Wählerstimmen und zwölf Sitze im Reichstag eingebracht. Erst äußere Ereignisse – der Young-Plan zur Regelung der deutschen Reparationszahlungen, der New Yorker Börsenkrach und Brünings völlig unnötiger Beschluß, im Sommer 1930 Wahlen abzuhalten – verschafften den Nationalsozialisten politische Bedeutung. Auch wenn die Zukunft der Demokratie zu dem Zeitpunkt schon kaum noch vielversprechend aussah, schien eine NS-Diktatur doch weit weniger wahrscheinlich als manch andere Form autoritärer Herrschaft – wie etwa eine Militärdiktatur oder auch die Rückkehr zu einer Bismarckschen Regierungsform, eventuell sogar unter einer restaurierten Monarchie. Für Hitlers Machterlangung spielten zufällige Ereignisse sowie Fehlkalkulationen auf konservativer Seite eine größere Rolle als irgendwelche Handlungen des »Führers«.

Die Bewegung

Verfolgt man die Geschichte autoritärer Bewegungen in der Zwischen- und Nachkriegszeit, so zeigt sich deutlich, daß sie von Natur aus in starkem Maße zu Spaltungen und innerparteilichen Machtkämpfen neigen. Auch die NS-Bewegung bildete in den ersten Jahren ihrer Existenz in dieser Hinsicht keine Ausnahme. Als sie 1919 als Deutsche Arbeiter-Partei ins Leben gerufen wurde, war sie eine von über siebzig rechtsextremen politischen Sekten, mit denen sie eine im wesentlichen sehr ähnliche völkische Ideologie teilte, die auf einem radikal-rassistischen Nationalismus beruhte. Diese politischen Splittergruppen schossen innerhalb eines Jahres nach Ende des Ersten Weltkriegs wie Pilze aus dem Boden; sie gediehen in einer stark konterrevolutionären Atmosphäre, wie sie vor allem in Bayern herrschte.

Heftige Meinungsverschiedenheiten über Fragen der richtigen Taktik und Strategie, Auseinandersetzungen über ideologische Streitpunkte und das Aufeinanderprallen von unterschiedlichen Persönlichkeiten waren von Anfang an untrennbar mit der Entwicklung der unzähligen Strömungen innerhalb der völkischen Bewegung verbunden. In der noch jungen NSDAP war es Hitler selbst, der 1921 den ersten Machtkampf provozierte und dadurch seine Position als Parteiführer verankern konnte. Als Ende 1923 der im Bierkeller ausgeheckte Putsch fehlschlug, brach die Einheitsfront zusammen, die sich auf der extremen Rechten vorübergehend gebildet hatte, und die NSDAP selbst zerfiel in mehrere rivalisierende Gruppen. Diese fanatischen Rivalitäten und Spaltungstendenzen blieben auch nach der Neugründung der Partei im Jahre 1925 bestehen und stellten für Hitlers Vormachtstellung eine gefährliche Bedrohung dar, die erst Anfang 1926 unter erheblichen Schwierigkeiten beseitigt werden konnte.

Selbst nach 1930, als Hitler seine Führungsposition bereits gefestigt hatte und die NS-Bewegung weiter erstarkte, sah sich die NSDAP durch ihren rebellischen paramilitärischen Flügel, die SA, wiederholt in ihrem Bestand bedroht. Weitere schwierige Situationen mußte die Partei überstehen, als sich prominente Mitglieder von ihr lossagten – so zum Beispiel im Jahre 1930 Otto Straßer und zweieinhalb Jahre später sogar der zweitmächtigste Mann in der Partei, sein Bruder Gregor Straßer. Außerdem war bei den Mitgliedern eine erhebliche Fluktuation zu verzeichnen. Bis zum Jahre 1933 zeigt die Geschichte der NSDAP deutlich, daß es sich hier um eine äußerst instabile Bewegung handelte, die sich aus ganz verschiedenen Gruppen mit höchst unterschiedlichen

Interessen zusammensetzte und starke auseinanderstrebende, spalterische Kräfte aufwies.

Autoritäres »Führertum« allein war insofern noch keine Garantie für eine innere Einheit. Es gibt jedoch gute Gründe anzunehmen, daß die Partei durch die Fraktionierungstendenzen auseinandergerissen worden wäre, wenn es nicht diesen ungewöhnlich starken Personenkult um Hitler gegeben hätte und er nicht als höchste Autorität in der Bewegung anerkannt gewesen wäre. So aber bildete Hitler weiterhin den größten Aktivposten der Partei: Er wirkte auf die Volksmassen wie ein Magnet, holte für die NSDAP die meisten Wählerstimmen, und den meisten führenden Mitgliedern der Partei war bewußt, daß die Chance, an die Macht zu kommen, letztlich mit ihm stand oder fiel. Insofern sahen sich die führenden Köpfe der einzelnen Fraktionen genötigt, wenigstens nach außen hin Einheit zu demonstrieren. Und im inneren Kreis der Partei hielt man es für das beste, den Führerkult zu akzeptieren und weiter auszubauen, so daß Hitler schließlich als über jede Kritik erhaben galt, ideologische Richtlinien ausgeben und blinden Gehorsam erwarten konnte. Am Auf- und Ausbau des Führerkults waren ab Mitte der zwanziger Jahre nicht nur Personen beteiligt, die – wie Rudolf Heß – Hitler verehrten, sondern auch führende Köpfe wie Gregor Straßer, die trotz mancher Bedenken gegenüber Hitler bereit waren, an der Instrumentalisierung des Führerkults mitzuwirken. Als sich dieser Personenkult gegen Ende der zwanziger Jahre durchgesetzt und durch die Wahlerfolge der Jahre 1930–1932 weiteren Auftrieb erhalten hatte, entwickelte er seine eigene Dynamik: Hitlers Position wurde gestärkt, indem jegliche Oppositionsversuche im Keim erstickt wurden und sich die Partei immer fester an seine »Alles oder Nichts«-Strategie band.

Der Führerkult war also für die Entwicklung der Hitlerschen Machtbasis innerhalb der NS-Bewegung und für die Entfaltung des spezifischen Charakters und der besonderen Dynamik der NS-Organisation vor 1933 von zentraler Bedeutung. Die »charismatische« Autorität wurde geradezu zur organisatorischen Basis der Bewegung. Hitler bekam dadurch ein ganz anderes Verhältnis zu seiner Partei als andere damalige Parteiführer. Der Nimbus der »Größe«, der ihn umgab, ermöglichte es ihm – als Verkörperung der messianischen Mission vom Aufbau eines »neuen Deutschlands« – seinen Anspruch auf absolute Treue vom inneren Kreis der Getreuen auf eine größere Anhängerschar auszudehnen, aus der sich die somit stark angewachsene »charismatische Gemeinschaft« rekrutierte. Daraus leitete sich für ihn innerhalb der Partei die Berechtigung zum Kampf gegen die Spaltungstendenzen ab, die ein typisches Merkmal der »Bewegung« bildeten.

Wie wir gesehen haben, erregte Hitler zuerst als Agitator, Propagandist und ungewöhnlich talentierter Demagoge die Aufmerksamkeit seiner Umgebung. Innerhalb weniger Monate wurde er zum Starredner der noch jungen Nationalsozialistischen Deutschen Arbeiterpartei (wie sich die Deutsche Arbeiter-Partei ab Februar 1920 nannte). Es war Hitler, der am 24. Februar 1920 das Parteiprogramm verkündete, das er zum Teil entworfen und überarbeitet hatte. Im gleichen Jahr hielt er mehr als dreißig öffentliche Reden vor jeweils mehreren hundert bis zu über zweitausend Zuhörern. Mit Hitler als »Aushängeschild« stiegen die Mitgliederzahlen der Partei bis Ende 1920 auf 2000 und bis zum August des folgenden Jahres auf 3300[1] – eine enorme Zunahme seit September 1919, als man ihn als 55. Mitglied aufgenommen hatte[2]. Obwohl die meisten Menschen, die sich von Hitlers Phrasendrescherei angezogen fühlten, aus Münchens unterer Mittelschicht stammten, zeigten sich auch einige gutsituierte und einflußreiche Persönlichkeiten aus den maßgebenden gesellschaftlichen und politischen Kreisen der Stadt an ihm und dem Aufsehen, das er erregte, interessiert.

Ernst Röhm, der seit 1919 in der Partei war und später zum Chef der SA avancierte, verschaffte Hitler innerhalb der radikalen Rechten wichtige Kontakte zu Freikorpsmitgliedern und Reichswehroffizieren. Hauptmann Karl Mayr, Hitlers ehemaliger Vorgesetzter im Aufklärungskommando, sorgte dafür, daß die Reichswehr 3000 Broschüren über den

[1] Albrecht Tyrell, Vom »Trommler« zum »Führer«. München 1975, S. 33.

[2] Hitler war in der Deutschen Arbeiter-Partei, der Vorläuferin der NSDAP, als siebtes Mitglied des Arbeitsausschusses registriert, nicht aber, wie er in ›Mein Kampf‹ (S. 244) behauptet, als siebtes Parteimitglied. Er hatte die Mitgliedsnummer 555 (wobei 501 aus »Image«-Gründen die niedrigste Mitgliedsnummer war). Siehe Werner Maser, Adolf Hitler. Legende, Mythos, Wirklichkeit. 3. Aufl. München 1976, S. 173, 462 Anm. 225.

Versailler Vertrag finanzierte, die 1920 von der Partei verteilt wurden. Mayr setzte in Hitler und seine Bewegung große Hoffnungen, wie aus einem Brief hervorgeht, den er im September 1920 an den rechtsradikalen Putschisten Wolfgang Kapp ins schwedische Exil schickte[3]. Und Dietrich Eckart, einer der »intellektuellen« Mentoren Hitlers, machte sich als Spendenbeschaffer nützlich und stellte Kontakte zu reichen Gönnern aus dem völkischen Lager her. Mit Hilfe von 60000 Mark, die Röhm und Mayr aus Reichswehrmitteln besorgt hatten, und dank einer Bürgschaft Eckarts war die NSDAP Ende 1920 in der Lage, sich eine eigene Zeitung zu kaufen: den ›Völkischen Beobachter‹. Man kann daher mit einiger Berechtigung sagen, daß diese drei – Röhm, Eckart und Mayr – die »Geburtshelfer der politischen Karriere Hitlers« waren[4].

1921 hatte Hitler den ersten Vorsitzenden (und Mitbegründer) der Partei, Anton Drexler, längst in den Schatten gestellt. Zwischen den beiden mußte es über kurz oder lang zu einem Zusammenstoß kommen; Anlaß dazu boten Bemühungen Drexlers, die NSDAP mit rivalisierenden Teilen der völkischen Bewegung zu vereinen. Hitler sperrte sich gegen derartige Pläne – wohl aus Angst, ein Zusammenschluß könnte seinen Einfluß innerhalb der Partei schwächen und die Aufgabe torpedieren, die er – bestärkt durch die Wirkung seiner demagogischen Auftritte – schon für sich ins Auge gefaßt hatte: als »Trommler« für die nationalistische Rechte Propaganda zu machen. Als Drexler in Abwesenheit seines Rivalen Verhandlungen über einen Zusammenschluß aufnahm, erklärte Hitler wutentbrannt seinen Austritt. Die Krise, die er dadurch in der Partei auslöste, konnte erst beigelegt werden, nachdem Eckart sich um die Rückkehr der Redner-»Primadonna« bemühte und diese schließlich unter Zugeständnissen erreichte, die Hitler innerhalb der Bewegung absolute Macht einräumten.

[3] Zitiert in Dirk Stegmann, Zwischen Repression und Manipulation. Konservative Machteliten und Arbeiter- und Angestelltenbewegung 1910–1918. In: Archiv für Sozialgeschichte 12 (1972), S. 413.

[4] Hellmuth Auerbach, Hitlers politische Lehrjahre und die Münchener Gesellschaft 1919–1923. In: Vierteljahrshefte für Zeitgeschichte 25 (1977), S. 18. – Dieser ausgezeichnete Überblick über die ersten Jahre, die Hitler in München verbrachte, liegt obigem Abschnitt in wesentlichen Teilen zugrunde.

Es deutet alles darauf hin, daß Hitler in dieser Krise hitzig und spontan auf Umstände reagierte, die er nicht in der Hand hatte, und daß seiner Handlungsweise kein strategischer Plan zur Erringung diktatorischer Macht zugrunde lag. Da die Partei seine Propagandakünste jedoch für unentbehrlich hielt, schadete es ihm nicht, daß er hart blieb und sich weigerte, über einen Kompromiß nachzudenken; es gelang ihm vielmehr, aus der Krisensituation Kapital zu schlagen und seine Position innerhalb der NSDAP wesentlich zu stärken.

Die Partei wuchs rasch. Ende 1922 hatte sie rund 20000 Mitglieder; zum Zeitpunkt des Putsches waren es bereits 55000, von denen die meisten aus Bayern und aus überwiegend kleinbürgerlichen Verhältnissen stammten. Ab 1921 besaß die NSDAP eine eigene paramilitärische Organisation, die sogenannte Sturmabteilung (SA). Dennoch war die NS-Bewegung bis zum Hitler-Ludendorff-Putsch bei weitem nicht die größte unter den »patriotischen«, rechtsextremen, militanten Organisationen in Bayern. Der anhaltende Zulauf zur Partei ließ sich bis dahin zu einem gut Teil Hitlers Talent als Agitator zuschreiben: In seinen Reden geißelte er das Weimarer »System«, und gleichzeitig schien angesichts der enormen Inflation, der instabilen Regierungsverhältnisse und der Besetzung des Ruhrgebiets durch französische und belgische Truppen alles auf einen unmittelbar bevorstehenden Sturz der Demokratie hinzudeuten.

Wer schon eine gewisse Anfälligkeit für solche Phrasen mitbrachte, reagierte auf Hitlers Reden wie elektrisiert. Über die eigene Reaktion auf eine dieser Reden im Jahre 1922 schrieb ein früher Bewunderer, Kurt Lüdecke, rückblickend, seine Kritikfähigkeit sei wie weggeblasen gewesen und er habe sich durch Hitlers Überzeugungskraft wie hypnotisiert gefühlt. Hitlers Willensstärke und echte Leidenschaft hätten auch ihn ergriffen, und er könne das Ganze nur mit einem religiösen Konversionserlebnis vergleichen[5]. Solche Schilderungen der unmittelbaren Wirkung von Hitlers Reden sind keine Seltenheit. Doch obgleich Hitler unter den Verhältnissen, die Anfang der zwanziger Jahre in Bayern herrschten, mit seiner Demagogie weiterhin Zuhörerscharen

[5] Kurt Lüdecke, I Knew Hitler. London 1938, S. 13f.

aus dem völkischen Lager anzog, wäre er ohne Unterstützung von außen und ohne einflußreiche Kontakte ein bloßer Bierkeller-Agitator geblieben.

Frühe Konvertiten aus wohlhabendem Hause wie Lüdecke und der Harvard-Absolvent und Münchner Kunsthändlerssohn Putzi Hanfstaengl führten Hitler in die großbürgerlichen Salons der bayerischen Großstadt ein und sorgten dafür, daß sein Ansehen wuchs. Einflußreiche Männer wie der Verleger Julius Lehmann (der schon lange mit der Partei sympathisierte), Hugo Bruckmann und der Klavierfabrikant Carl Bechstein protegierten diesen etwas ungewöhnlichen Gast bei ihren Soirées. Auch General Ludendorff, die Galionsfigur der extremen Rechten, nutzte seinen Einfluß, um Hitler in gesellschaftlichen Kreisen zu empfehlen, die ihm sonst verschlossen geblieben wären.

Noch wichtiger war die Protektion, die der »Führer« und seine Bewegung durch die bayerischen Behörden erfuhren. In einem Staat, der sich als rechts-patriotische Bastion gegen den in Preußen, Sachsen, Thüringen und anderswo grassierenden Sozialismus betrachtete, konnten die Nazis die nationalistischen Sympathien der bayerischen Justiz, Polizei- und Armeeführung für sich nutzen. Mit ihren wachsenden Kontakten zu den Kreisen um Ludendorff und zu anderen paramilitärischen Organisationen, bei denen Röhm eine wichtige Mittlerrolle spielte, profitierte die NS-Bewegung in zunehmendem Maße von den Geldern, die der »patriotischen« Rechten in ihrem Kampf gegen die »rote Gefahr« zuflossen. Von entscheidender Bedeutung war darüber hinaus Röhms Zugang zu Munition und Kriegsgeräten, die die Reichswehr von aufgelösten konterrevolutionären Bürgerwehrverbänden eingezogen hatte; dadurch konnte er die SA 1923 unter anderem mit Waffen und Fahrzeugen ausrüsten. Röhm war es auch, der im September 1923 erreichte, daß Hitler die Führung des »Deutschen Kampfbundes« an sich ziehen konnte – der radikalsten und aggressivsten militanten Organisation in Bayern, zu der sich die NSDAP, der »Bund Oberland« und die »Reichsflagge« zusammengeschlossen hatten.

Ohne die Protektion und Unterstützung durch die Münchner Bourgeoisie und durch maßgebliche politische und militärische Kreise hätte Hitler innerhalb der bayerischen radikalen Rechten kaum eine so prominente Stellung einnehmen können. Und obwohl diese Phase der Parteigeschichte im Bürgerbräukeller-Debakel vom November 1923 gipfelte, konnte Hitler, nachdem er bei den Gerichtsverhandlungen im Februar und März 1924 Ludendorff die Schau gestohlen hatte, für sich beanspruchen, als neuer führender Kopf der völkischen Bewegung zu gelten (die zu diesem Zeitpunkt ihre beste Zeit allerdings schon hinter sich zu haben schien). Durch sein agitatorisches Kunststück vor den ihm wohlgesonnenen Münchner Richtern gelang es Hitler, seine Vormachtstellung zu festigen.

Wie unentbehrlich seine Führung für die Partei war, wurde daran deutlich, daß die mit einem Verbot belegte NS-Bewegung während seiner Haft immer mehr zerfiel. Und die zersplitterten nationalsozialistischen Gruppierungen hatten trotz aller Differenzen ein verbindendes Element: die Verehrung ihres inhaftierten ehemaligen Anführers. Außerdem hatte Hitler durch seinen Auftritt vor Gericht den Ruf, den er bei den Anhängern der radikalen Rechten außerhalb Bayerns genoß, weiter zu stärken vermocht. Obwohl die mit beträchtlicher Erbitterung und bemerkenswertem Haß geführten Flügelkämpfe auch mehr als ein Jahr nach der Entlassung Hitlers aus der Haft und der Neugründung der Partei im Februar 1925 noch anhielten, war seine Position durch seinen nun höheren Status und durch den Zusammenbruch der NS-Bewegung nach dem Putsch sehr gefestigt worden. Als es im Februar 1926 in der NSDAP zu einem heftigen Streit über Ziel- und Strategiefragen kam, hatte Hitler das Nervenzentrum der Partei in München unter seiner Kontrolle und war mächtig genug, die Krise abzuwenden.

Die für ihn und die NSDAP bedrohliche Situation war teilweise durch persönliche Zwistigkeiten entstanden (die von den erbitterten Auseinandersetzungen nach dem fehlgeschlagenen Putsch und der anschließenden Spaltung der Partei herrührten), hing aber auch damit zusammen, daß einige der in der Partei dominanten Kräfte im bayerischen Kernland unbeliebt waren – insbesondere der damalige Propagandachef Hermann Esser und der fränkische Gauleiter Julius Streicher. Vor allem wurde die Krise jedoch durch den unverhohlenen Verdruß einiger führender Parteigenossen in Nord- und Westdeutschland heraufbeschworen (darunter, als bekanntester, Gregor Straßer, der sich nach der Auflösung der alten NSDAP im Jahre 1924 einer norddeutschen Parteigruppe angeschlossen hatte). Diese Parteimitglieder zeigten sich enttäuscht darüber, daß das Parteiprogramm von 1920 zu vage formuliert war und daß in den politischen Verlautbarungen aus München die »sozialistischen« Forderungen des Programms weitgehend fehlten; außerdem stimmten diese Mitglieder nicht mit der von der Parteizentrale vorgegebenen politischen Strategie überein. Zu den strittigen Themen gehörten Fragen wie die, ob man sich an Wahlen beteiligen und gemäß der neuen Hitlerschen Strategie die Macht nicht durch einen Aufstand, sondern mit Hilfe der Wahlurne gewinnen solle, ob es richtig sei, ein von linken Kräften initiiertes Referendum zur Enteignung der ehemaligen Fürstenhäuser zu unterstützen, und ob die zukünftige Außenpolitik darauf gerichtet sein solle, sich mit Rußland gegen den Westen zu verbünden oder aber dieses Land als von Deutschland benötigten »Lebensraum« zu erobern. Der entscheidende Faktor, der Hitler zum Handeln zwang, war jedoch die Forderung nach einem neuen Parteiprogramm. Die Verabschiedung eines neuen Programms hätte nicht nur die weitere Verhandelbarkeit der »Parteidoktrin« bedeutet, sondern auch – und das war der springende Punkt – deutlich gemacht, daß der »Führer« selbst durch das Parteiprogramm gebunden war. Hitlers Machtstellung innerhalb der Partei, die sich nicht aus dem Programm, sondern aus seiner Verkörperung der »Idee« im Rahmen seiner »Mission« herleitete, wäre dadurch in starkem Maße untergraben und die »charismatische« Substanz der Partei durch ein papierenes Programm ersetzt worden.

Bis Anfang 1926 unternahm Hitler nichts. Durch seine charakteristische Laisser-faire-Haltung gegenüber der alltäglichen Parteiarbeit hatte er die Leitung der Partei anderen Kräften überlassen und sich statt dessen ganz auf die Vollendung des zweiten Bandes von ›Mein Kampf‹ konzentriert. Die drohende Krise schien ihn zunächst kaum zu berühren. Die norddeutschen Parteiführer hatten – mit seiner ausdrücklichen Erlaubnis – gerade eine eigene »Arbeitsgruppe« gebildet, rebellierten dabei aber nicht gegen Hitler selbst. Anfang 1926 wurde allerdings deutlich, daß mit dieser Krise die Grundlage seiner Autorität als Führer in Frage gestellt war.

Wie üblich handelte Hitler auch in diesem Fall erst, als er sich dazu gezwungen sah. Auf einem Treffen der Parteiführer, das für den 14. Februar 1926 nach Bamberg einberufen wurde, machte er mit seiner Rede die Hoffnungen der »Reformgruppe« (die ohnehin von Anfang an in sich zerstritten gewesen war) zunichte. Er bekräftigte, daß es nicht darum gehe, auf ein Bündnis mit Rußland hinzuarbeiten, sondern daß die Mission der Partei gerade darin bestehe, den »jüdischen Bolschewismus« zu zerschlagen (ein Punkt, der im Programm von 1920 gar nicht aufgetaucht war), wobei Italien und Großbritannien Deutschlands natürliche Verbündete seien. Außerdem sprach er sich gegen eine Enteignung der Fürsten aus[6]. Am entscheidendsten war jedoch, daß er sich völlig mit dem bisherigen Parteiprogramm identifizierte. Er erklärte, dieses Programm sei die Grundlage »unserer Religion, unserer Weltanschauung«; daran zu rütteln, bedeute »Verrat an denen, die im Glauben an diese Idee gefallen« seien[7]. Wer das Programm von 1920 ablehne, lehne auch den »Führer«, die »Idee« und das Andenken der »Märtyrer« der Partei ab, die beim Putsch von 1923 ihr Leben gelassen hatten.

Dieser Loyalitätsappell tat seine Wirkung. Die »Opposition«, die als solche weder Hitler, noch die »Idee« abgelehnt, sondern ihr eigenes Entstehen gerade der Schwammigkeit der »Idee« verdankt hatte, löste sich in Luft auf. Es folgte eine Straffung der zentralen Parteiorganisation. Die norddeutschen Parteiführer nahmen ihre Niederlage hin und zogen sich zurück. Goebbels, der auf die Bamberger Versammlung mit Bestürzung reagiert hatte, wurde von Hitler nach München eingeladen, umgarnt und wie eine Berühmtheit behandelt. Er kapitulierte. »Hitler ist groß«, notierte er in seinem Tagebuch. »Er gibt uns allen herzlich die Hand. Schwamm drüber! [...] Ich beuge mich dem Größeren, dem

[6] Helmut Heiber (Hrsg.), Das Tagebuch von Joseph Goebbels 1925/26. Stuttgart 1960, S. 60.

[7] Hinrich Lohse, Der Fall Strasser, Ms. o D. [ca. 1960], S. 5, Forschungsstelle für die Geschichte des Nationalsozialismus in Hamburg, Akte 9014 »NSDAP, Berichte«.

politischen Genie!«[8] Schon kurze Zeit darauf kam es in Weimar auf dem Parteitag vom Mai 1926 – dem ersten, der nach dem Putsch abgehalten wurde – zu einer öffentlichen Loyalitätsbezeugung für Hitler; das Programm von 1920 wurde endgültig festgeschrieben. Damit war jeder Gedanke an eine innerparteiliche Demokratie aus den Köpfen verbannt. Es wurde akzeptiert, daß bei ideologischen und organisatorischen Angelegenheiten alle Entscheidungsmacht bei Hitler lag. Der vollentwickelten »Führerpartei« stand nichts mehr im Wege. Die Krise war überwunden.

All dies schien damals im Gesamtkontext der deutschen Politik kaum von Belang zu sein. Die Demokratie hatte in der Krise nach dem Krieg ihre Feuertaufe bestanden. Drei Jahre nach der großen Inflation von 1923 war die Währung stabil, und in der Wirtschaft machte sich ein Aufschwung bemerkbar. Kulturell gesehen erlebte die Weimarer Republik ihre »goldenen Jahre«. In der politischen Szene war es im Vergleich zu den unmittelbaren Nachkriegsjahren so ruhig wie schon lange nicht mehr, und die extreme Rechte fand nur noch bei einer kleinen Wählerschicht Anklang. Die Zukunft sah vielversprechend aus. Und ohne die 1929 einsetzende Weltwirtschaftskrise wäre sie es vielleicht auch geblieben.

Doch ausgerechnet zu einem Zeitpunkt, als die NSDAP gegen Ende der zwanziger Jahre im politischen Abseits stand, wurde der organisatorische Rahmen geschaffen, der es der Partei ermöglichte, die nachfolgende Wirtschaftskrise weit effektiver für ihre Zwecke zu nutzen, als es den vielfältigen Strömungen der radikalen Rechten während der Inflationskrise der Jahre 1922/23 gelungen war. Eine Reihe vor sich hindümpelnder völkischer Gruppierungen gaben ihre Selbständigkeit auf und wurden von der NS-Bewegung geschluckt. Wenn auch das Wählerpotential der NSDAP vor 1929 recht klein war, hatte die Partei selbst doch beträchtlichen Zulauf, so daß sie bei Ausbruch der Krise mehr als 100000 Mitglieder zählte.

In dieser Phase wurde der mit Hitler verknüpfte Führerkult innerhalb der NS-Bewegung endgültig institutionalisiert und somit die Basis dafür geschaffen, daß mit diesem

8 Heiber, Tagebuch, S. 71 f.

Personenkult Anfang der dreißiger Jahre eine größere Wählerschaft angesprochen werden konnte. Ein wichtiges äußeres Symbol der Herrschaft Hitlers war die Einführung einer verbindlichen Grußformel: Alle Parteigenossen hatten sich mit »Heil Hitler« zu grüßen. Gregor Straßer, die prominenteste Persönlichkeit innerhalb der »Reformgruppe« von 1925/26, förderte die Hitler-Verehrung nun ganz offen und schrieb in einer Parteizeitung, daß »die innerliche Hingabe an die Idee des Nationalsozialismus« mit einer »tiefen Liebe zu der Person unseres Führers«, dem »leuchtenden Herzog [...] der neuen Freiheitskämpfer«, verbunden sei[9]. Goebbels, dessen Glaube an Hitler 1926 kurzzeitig erschüttert worden war, verbreitete sich in seinem Wochenblatt ›Der Angriff‹ nun wiederholt in überschwenglichem Ton über den Führerkult.

Das, wonach Hitler gestrebt hatte, war jetzt Realität: Das Parteiprogramm ging ganz in seiner Person auf. Dieses »Programm« hatte allerdings nicht die Form eines regelrechten Parteimanifests mit klar definierten politischen Zielen. Und außer in indirektem Sinne bedeutete das »Programm«, von dem die weiterhin in sich zerstrittene Partei zusammengehalten wurde, auch noch keineswegs, daß jeder Teilaspekt der personalisierten Ideologie bewußt so akzeptiert worden wäre, wie Hitler sie in ›Mein Kampf‹ dargelegt hatte.

Hitler selbst war nie der Überzeugung gewesen, daß die Geschlossenheit der »Bewegung« durch ein verbindliches Programm zu gewährleisten sei. Das ließe sich vielmehr durch die bedingungslose, blind vertrauende Übernahme einiger vage definierter, dabei aber starr festgelegter Glaubenssätze erreichen, die von der Person Hitlers verkörpert wurden: In der Welt kämpfen schwache und starke Rassen gegeneinander; durchsetzen können sich nur die Starken; Deutschland muß wieder mächtig werden; die Juden müssen verschwinden; es wird mehr »Lebensraum« benötigt. Strittige Punkte wurden soweit wie möglich heruntergespielt. Hitler verband feste Grunddogmen mit größtmöglichem politischen Pragmatismus und hielt sich aus parteiinternen Streitereien möglichst heraus. Und er hielt zu den stärker sozialra-

[9] Albrecht Tyrell (Hrsg.), Führer befiehl ... Selbstzeugnisse aus der »Kampfzeit« der NSDAP. Dokumentation und Analyse. Düsseldorf 1969, S. 163.

dikalen Kräften innerhalb der NS-Bewegung Abstand, da sie seiner Meinung nach eher abschreckend als anziehend auf jene Kreise wirkten, deren Unterstützung die Partei benötigte, um das erstrebte Ziel zu erreichen, das die Voraussetzung für alles andere bildete: die Kontrolle über die staatliche Macht.

Gegenüber dem »Führer« übertrafen sich die untereinander zerstrittenen Nazigrößen mit Bezeugungen ihrer Ehrerbietung und Treueschwüren – teils weil sie selbst von Hitlers Größe überzeugt waren und an seine »Mission« glaubten, teils weil sie erkannten, daß sie bei ihren eigenen ehrgeizigen Karrierebestrebungen auf den »Führer« angewiesen waren, zum Teil aber auch, weil sie sich lieber von Hitler als von anderen Aspiranten auf den Posten des obersten Führers dominieren lassen wollten. Es ließ sich allerdings nicht vermeiden, daß unterschiedliche Persönlichkeiten und Strategievorstellungen aufeinanderprallten, vor allem solange es keine greifbaren politischen Erfolge gab. Derartige Auseinandersetzungen endeten aber immer wieder damit, daß die Beteiligten Hitler ihrer Treue und Ergebenheit versicherten.

So wurde zum Beispiel 1927 nach einem erbitterten Streit zwischen Goebbels und Gregor Straßer öffentlich Geschlossenheit demonstriert. Die »Einheitsfront Hitler-Straßer-Goebbels«, so hieß es, sei »untermauert [...] von dem gemeinsamen Glauben an eine hohe heilige Mission und von dem Gefühl der Treue, das sie der gemeinsamen Idee gegenüber verpflichtet, aber auch gegenüber dem gemeinsamen Führer in der Person Adolf Hitlers«. In der NS-Bewegung hätten sich »die zwei Hauptvoraussetzungen des kommenden Sieges in idealer Einheit« gefunden: »die Autorität der Idee und die Autorität des Führers«, die »eins geworden sind in der Person Adolf Hitlers«[10].

Während die Partei nach außen hin Geschlossenheit demonstrierte, setzten sich die internen Konflikte fort; bis Ende 1932 begehrten verschiedene NS-Größen immer wieder einmal auf. Hitlers Stellung war inzwischen jedoch weit stärker gefestigt, als sie es zur Zeit der Flügelkämpfe 1925/26 gewesen war. Als Otto Straßer im Jahre 1930 Hitlers Autorität in Frage stellte, weil die »Idee« einen höheren Stellenwert

[10] Tyrell, Führer befiehl, S. 187f.

habe als der »Führer«, wurde Straßer ohne größeres Aufheben aus der Partei gedrängt. Und als es im selben Jahr in der SA gärte und dann im Frühjahr 1931 zu einer ernsten Revolte kam, gelang es Hitler, die SA-Mitglieder durch Loyalitätsappelle auf sich einzuschwören. Mit der bedrohlichsten Krise war er schließlich im Dezember 1932 konfrontiert, als der zweitmächtigste Mann in der Partei, Gregor Straßer, nach grundlegenden Meinungsverschiedenheiten in Strategiefragen seinen Austritt erklärte. Doch Hitler war auch diesmal mit seinen Loyalitätsappellen erfolgreich: Niemand schloß sich Straßer an; eine Spaltung der Partei, durch die Hitlers Position in Frage gestellt worden wäre, fand nicht statt. Nach einer Sitzung, bei der Hitler Straßers Verhalten anprangerte, besiegelten die anwesenden Gauleiter von neuem per Handschlag ihren »alten Bund« mit dem »Führer«[11]. In den folgenden Wochen wurde Hitler aus allen Teilen Deutschlands mit Loyalitätsbekundungen überschüttet.

Seine starke Position innerhalb der NSDAP geht im wesentlichen auf die Zeit der politischen Abseitsstellung der Partei in den Jahren 1925–1928 zurück. Als die Nationalsozialisten dann ab Herbst 1929 immer mehr Wählerstimmen auf sich vereinigen konnten, hatte sich die NSDAP längst zur »Führerpartei« entwickelt, bei der die »Idee« und die Organisation untrennbar mit dem »Führer« verbunden waren. Nicht umsonst wurde allgemein von der »Hitlerbewegung« gesprochen. Innerhalb der NSDAP verfügte Hitler über absolute Befehlsgewalt. Und die auf ihn eingeschworene »charismatische Gemeinschaft« verbreitete den »Führerkult« in weiten Teilen der Wählerschaft, in der bis dahin keineswegs nur überzeugte Hitler-Anhänger zu finden waren.

Die Massen

Die Anziehungskraft, die ein »charismatischer« Führer auf die Massen ausübt, steht in keinem direkten Verhältnis zu der eigentlichen Persönlichkeit und den tatsächlichen Cha-

[11] Hinrich Lohse, Der Fall Strasser, Abschnitt 28.

raktereigenschaften dieses Führers. Empfindungen sind hier wichtiger als die Realität. Nur wenige der 13 Millionen Deutschen, die 1932 für Hitler stimmten, waren ihm je persönlich begegnet. Der »Führer«, von dem sie gehört beziehungsweise in der Zeitung gelesen oder den sie auf Wahlkampfveranstaltungen und Massenkundgebungen gesehen hatten, entsprach einem Bild, das durch Propaganda geschaffen und ausgeschmückt worden war. Auf die Vermarktung dieses »Image« kam es an. Entscheidend war aber auch die vorhandene Bereitschaft, ein solches Bild zu akzeptieren. Die meisten Anhänger des Nationalsozialismus waren wohl schon zumindest halb von der Sache überzeugt, ehe ihnen Hitler leibhaftig begegnete oder ehe sie auf andere Weise seinem »Charisma« erlagen. Aber die meisten derjenigen, die schließlich für die Nationalsozialisten stimmten, waren keine ideologischen Eiferer, die sich von ganzem Herzen einer »missionarischen Idee« verschrieben hatten. Ihnen ging es wohl eher um ganz alltägliche Dinge wie Arbeit und Brot, die Durchsetzung örtlicher Interessen, den eigenen Vorteil; viele meinten vielleicht auch nur, daß Hitler es kaum schlechter machen könne als die anderen und man ihm deshalb eine Chance geben solle. (Da es damals keine repräsentativen Meinungsumfragen gegeben hat, werden wir die tatsächlichen Beweggründe allerdings nie mit absoluter Gewißheit kennen.) Wenn insbesondere Dorf- und Kleinstadtbewohner dazu übergingen, die Nationalsozialisten zu unterstützen, dann folgten sie häufig dem Beispiel der »Stützen der Gesellschaft« – der Honoratioren und geachteten Wortführer in den örtlichen Vereinen. Die vielfältigen, innerhalb der NS-Bewegung aktiven Interessengruppen, die praktisch alle Teile der Gesellschaft (von den Jugendlichen und Frauen, über die Arbeiter und Bauern, Studenten, Ärzte, Anwälte und Verwaltungsbeamten bis hin zu den Lehrern und Professoren) für die diversen Parteigliederungen zu vereinnahmen suchten, bezogen ab 1929/30 die »große Idee« des Nationalsozialismus auf spezifische Gruppen- und materielle Interessen. Daß die Menschen sich vom Nationalsozialismus angezogen fühlten, lag daher nicht einfach – oder auch nur in erster Linie – an Hitler selbst, sondern hatte vielfältige individuelle Gründe. Wenn die potentiellen Anhänger jedoch dem Einfluß des Nationalsozialismus erst einmal ausgesetzt waren, wirkte sich auch Hitlers »charismatisches Image« auf sie aus.

Darüber hinaus nahm der Hitlerkult, in dem die verschiedenen Stränge der nationalsozialistischen »Idee« zusammenliefen, unter den Beweggründen, aus denen sich die Menschen zum Nationalsozialismus hingezogen fühlten, eine ganz herausragende Stellung ein. Bei einer Untersuchung der wesentlichen ideologischen Themen, die den einfachen »Parteigenossen« am meisten beschäftigten, dominierte der Hitlerkult in fast einem Fünftel (18,1 Prozent) der betreffenden 739 Fälle[12]. Wenn es sich hierbei auch nicht um eine statistisch repräsentative Analyse handelt, so wirft dieses Ergebnis doch ein bezeichnendes Schlaglicht auf die damaligen Verhältnisse.

Die Vorzüge der »Idee« bestanden selbst für die oberen Ränge der Partei zu einem Großteil gerade in der Unschärfe ihrer Formulierung. Statt sich für spezifische Punkte eines ausgearbeiteten Aktionsprogramms einsetzen zu müssen, konnte man sich fanatisch für eine in weiter Ferne gelegene, utopische Zukunftsvision ereifern. Hitler verstand es besser als andere, die ähnliche Ansichten artikulierten, in Menschen, die ihm begegneten und eine gewisse Anfälligkeit für seine »Botschaft« mitbrachten, das Bild von der heroischen Zukunft eines erneuerten deutschen Volkes zu erwecken. Dazu müsse allerdings die alte Ordnung erst einmal völlig zerstört werden. Er riß Millionen von Menschen, die sich zu ihm hingezogen fühlten, durch die Überzeugung mit, daß er der einzige sei, der mit Hilfe seiner Partei die gegenwärtige Not beenden und Deutschland zu neuer Größe führen könne. Das Bild, das er von der Zukunft malte, versprach allen große Vorteile – solange sie »rassisch gesund« waren; gleichzeitig sollten jene »Schädlinge«, die das Volk bisher »ausgepreßt« hatten, nicht nur verjagt, sondern völlig vernichtet werden.

Für die Massenwirkung genügte es, dieses zentrale Doppelthema – nationale Erneuerung und Vernichtung der Volksfeinde – in verschiedenen Variationen zu wiederholen. »Volksfeinde« waren für die meisten Anhänger des Nationalsozialismus zu Beginn der dreißiger Jahre in erster Linie

[12] Peter Merkl, Political Violence under the Swastika. Princeton 1975, S. 453.

Marxisten. Obwohl Hitler seiner Weltanschauung gemäß »Juden« und »Bolschewisten« als synonyme Begriffe verwandte, diffamierte er in der Zeit, als die NSDAP nach der Macht strebte, in der Öffentlichkeit hauptsächlich den Marxismus. Damals verstanden sich die meisten Parteimitglieder – und erst recht viele nationalsozialistische Gelegenheitswähler – vor allem als Antimarxisten; das schloß jedoch keineswegs aus, daß sie – genau wie Hitler – gleichzeitig leidenschaftliche Antisemiten sein konnten. Gemessen an ihren hauptsächlichen Feindbildern waren bei der oben erwähnten Stichprobenanalyse nahezu zwei Drittel der befragten einfachen Parteimitglieder auf die eine oder andere Weise vor allem Antimarxisten[13]. Die bei dieser Untersuchung am häufigsten genannten ideologischen Themen spiegelten die verschwommen »positive« Seite der Anziehungskraft des Nationalsozialismus wider – die Hoffnung auf eine einige, solidarische »Volksgemeinschaft« (31,7 Prozent aller 739 Antworten) und den sehr betonten Nationalismus (22,5 Prozent), der mit einem starken, expansionistischen Deutschland in Verbindung gebracht wurde. Antisemitismus, ob ausgeprägt oder unterschwellig, dominierte nur bei 13,6 Prozent der Antworten[14].

An der allgemeinen Stoßrichtung derart vager Vorstellungen war nichts NS- oder Hitler-Spezifisches. Derartiges Gedankengut war in der extremen Rechten bereits allgemein verbreitet, bevor die NSDAP den völkisch-nationalistischen »Markt« eroberte. Entscheidend dafür, daß die NSDAP eine so große Anhängerschaft gewinnen konnte, war weniger eine spezifisch nationalsozialistische Lehre als die Art und Weise, in der jene Ängste, Phobien und nebulösen Erwartungen artikuliert und öffentlichkeitswirksam präsentiert wurden, die nicht nur unter den traditionellen Anhängern der völkischen Rechten, sondern in der Bevölkerung insgesamt weit verbreitet waren. Und in puncto öffentlichkeitswirksamer Darstellung reichte niemand an Hitler heran.

Seine Rhetorik war mehr gefragt denn je, nachdem es infolge der Wirtschaftskrise und des ökonomischen und politi-

[13] Ebenda, S. 522.
[14] Ebenda, S. 453.

schen Durcheinanders zu einer ausgewachsenen Staatskrise gekommen war. Hitler verstand es noch geschickter als Goebbels oder andere NS-Führer, dem Ärger der kleinen Leute und den weitverbreiteten Vorurteilen in primitivster Schwarzweißmalerei Luft zu machen. Durch seine Ausdruckskraft, seine simplen Alternativen, seine Sicherheit und Überzeugungskraft und die von ihm beschworene grandiose Zukunftsvision gab er denen, die es hören wollten und schon halb überzeugt waren, eine unwiderstehliche Botschaft mit auf den Weg. Ein kritischer Blick auf den Text seiner Reden entlarvt diese allerdings als bloße Aufzählung von Banalitäten und Platitüden. Durch die Atmosphäre und Inszenierung und durch den mystischen Nimbus messianischer Größe, von dem Hitler dank der gezielten NS-Propaganda inzwischen umgeben war, hatten seine Worte jedoch eine elektrisierende Wirkung auf die Zuhörermassen; das Publikum war nämlich bereits von den Vorrednern und dem Trubel, den man eher auf einer emotional aufgepeitschten Veranstaltung einer religiösen Erneuerungsbewegung als auf einer politischen Versammlung erwartet hätte, in die entsprechende Stimmung versetzt worden.

In ›Mein Kampf‹ befaßte sich Hitler in einigen Schlüsselpassagen mit Propaganda. Er schrieb, er hätte schon in der Deutschen Arbeiterpartei den Bereich der Propaganda für überaus wichtig gehalten[15]. Aufgabe der Propaganda sei es, »dafür zu sorgen [...], daß eine Idee Anhänger gewinnt«; sie »versucht eine Lehre dem ganzen Volke aufzuzwingen«. Die »Organisation« diene hingegen dazu, Mitglieder zu gewinnen – Menschen, die aktiv für die Sache eintreten und »den Sieg der Bewegung« erst ermöglichen[16]. Der Agitation schrieb er in bezug auf Führungsaufgaben eine größere Bedeutung zu als irgendeinem theoretischem Programm. Ein großer Theoretiker sei nur selten auch ein großer Führer. Führungsqualitäten seien hingegen häufiger beim Agitator zu finden. »Denn Führen heißt: Massen bewegen können.«[17]

Hitler hielt nichts von einer theoretischen Beschäftigung mit enggefaßten ideologischen Lehrsätzen, wenn man die

[15] Adolf Hitler, Mein Kampf. 78.-84. Aufl. München 1933, S. 649.

[16] Ebenda, S. 651f.

[17] Ebenda, S. 650.

Massen für sich gewinnen wollte. Das machte er auch in einem Vortrag deutlich, den er 1926 vor einer ausgewählten Zuhörerschaft im Hamburger Nationalclub hielt. »Vor allen Dingen«, erklärte Hitler, »muß mit der Meinung aufgeräumt werden, weltanschauliche Gebilde könnten die Menge befriedigen. Erkenntnis ist für die Masse eine schwankende Plattform. Was stabil ist, ist das Gefühl, der Haß. [...] Was die Masse fühlen muß, ist der Triumph der eigenen Stärke.« Der einzelne, so fügte er hinzu, fühle sich in der Masse als »kleiner Wurm« und empfinde allein die Stärke und das Recht der »Bewegung«. »Er sieht 200 000 Menschen, die alle für ein Ideal kämpfen, das er im einzelnen vielleicht gar nicht zu zerlegen vermag, dessen er sich gar nicht klarzuwerden braucht. Das ist sein Glaube, und der Glaube wird tagtäglich gestärkt durch die sichtbare Machtäußerung dieses Glaubens.«[18]

Ein zeitgenössischer Kommentator schrieb 1931: »Jede Propaganda, meint Hitler, hat ihr geistiges Niveau einzustellen nach der Aufnahmefähigkeit der Beschränktesten unter denen, an die sie sich zu richten gedenkt... Nur nicht kniff-lig, lieber banal! Schwarz gegen weiß! [...] Schon das Thema muß zünden [...] Nur keine Weisheit vom grünen Tisch, sondern angepackt, wo man Zorn, wo man Leidenschaft fühlt und geschürt, bis das Publikum rast.«[19]

Ein deutsch-russischer Aristokrat, der sich früh vom Nationalsozialismus hatte überzeugen lassen, erinnerte sich, daß er nach der ersten Hitler-Rede, die er 1926 in Mecklenburg hörte, Tränen in den Augen hatte. »Vom Weinen hatte ich einen Kloß im Hals. Die unerträgliche Spannung entlud sich dann in einem enthusiastischen, befreienden Schrei, während die anderen Zuhörer vor Begeisterung tobten.«[20] Menschen, die für Hitlers »Image« und seine »Botschaft« ideologisch empfänglich waren, hatten häufig ähnliche emotionale Erlebnisse.

Die Propagandatechniken, mit denen Hitler die Massen für sich zu gewinnen verstand, hätten jedoch kaum zu einem

[18] Zitiert nach Martin Broszat, Der Nationalsozialismus. Weltanschauung, Programmatik und Wirklichkeit. (Heft 8 der zeitgeschichtlichen Schriftenreihe der Niedersächsischen Landeszentrale für Politische Bildung) Hannover 1960, S. 29.

[19] Zitiert nach Broszat, Der Nationalsozialismus, S. 32f.

[20] Zitiert nach Merkl, Political Violence, S. 105f.

Erfolg geführt, wenn der Wähler-»Markt« den Nationalsozialisten und ihrer politischen »Alternative« nicht aufgrund äußerer Bedingungen zugefallen wäre. Ohne die Wirtschafts- und die immer kritischer werdende Regierungs- beziehungsweise Staatskrise und ohne die Auflösungstendenzen bei den liberal-konservativen bürgerlichen Parteien hätte dieses riesige »Marktsegment« nicht zur Verfügung gestanden; Hitler hätte weiterhin nur dem Geschmack einer Minderheit entsprochen und wäre im Bereich der Politik eine unbedeutende, verrückte Randerscheinung geblieben.

Wie bereits erwähnt, ließen sich selbst während der großen Wirtschaftskrise die »Massen« meist aus eher prosaischen Gründen für den Nationalsozialismus gewinnen und weniger deshalb, weil sie durch eine Rede Hitlers überwältigt worden wären. Hitler »predigte« auf seinen Kundgebungen größtenteils zu den bereits Bekehrten oder Halb-Bekehrten. Wer nicht in der NS-Bewegung engagiert war und ihm nur aus reiner Neugier zuhörte, empfand ihn oft alles andere als charismatisch. »Was er für einen Eindruck g'macht hat? Immer an'n verrückten, mit sei Frisur un sei'm Bärtle«, so hatte eine Hausfrau ihn als Mitvierzigerin erlebt. Und ein späterer Verlagslektor, der als Jugendlicher in München neugierig in ein Bierzelt gegangen und Hitler reden gehört hatte, berichtete seinen Eltern anschließend, sie bräuchten sich wegen dieses Mannes keine Sorgen zu machen: »Den wählt niemand, so ein Geschrei kann doch keinen überzeugen.«[21]

Hitler fand mehr Anhänger unter der überwiegend protestantischen Bevölkerung in Nord- und Ostdeutschland als unter den mehrheitlich katholischen Bewohnern Süd- und Westdeutschlands; er hatte auf dem Lande und in Kleinstädten (außer in katholischen Gegenden) einen stärkeren Rückhalt als in den Großstädten und wurde innerhalb der Städte von der Mittelschicht in den Vororten stärker getragen als vom Proletariat in den heruntergekommenen Arbeitervierteln. Unter denen, die die NSDAP unterstützten, waren unverhältnismäßig viele Selbständige, Bauern, Angestellte und Beamte. Hingegen liefen die meisten Arbeitslosen trotz der

[21] Walter Kempowski, Haben Sie Hitler gesehen? Deutsche Antworten. Hamburg 1979, S. 18.

Propagandaphrasen, die ihn zu ihrer »letzten Hoffnung« erklärten, nicht zu Hitler über. Die NS-Bewegung gab sich jugendlicher als jede andere politische Partei außer der KPD. Doch obwohl sich viele junge Deutsche von dem mit einem gefühlsbetonten Idealismus gekoppelten »Macho-Image« der überwiegend männlichen »Kampfbewegung« stark angezogen fühlten, blieb die Hitlerjugend im Vergleich zu sozialistischen, katholischen und bürgerlichen Jugendverbänden bis 1933 eine kleine Organisation. Die Nationalsozialisten verstanden es besser als ihre Gegner, Anhänger aus allen Schichten zu gewinnen und eine sozial heterogene Bewegung aufzubauen. Freilich gab es in diesem Muster von Gefolgschaft und begrenzter Durchdringung auch erhebliche Abweichungen.

Vor allem die sozialistische und kommunistische Linke sowie der politische Katholizismus waren bekanntlich bis 1933 und auch danach gegenüber Hitlers Anziehungskraft relativ immun. Rund zwei Drittel der deutschen Wähler hielten vor 1933 vom »Führer« nicht genug, um ihm ihre Stimme zu geben. Er eroberte die Massen erst richtig, nachdem die Nationalsozialisten die Opposition zum Schweigen gebracht hatten und die Medien völlig kontrollierten.

Dennoch waren sie mit ihrer politischen Mobilisierung außerordentlich erfolgreich: Zwischen 1929 und 1932 gelang es ihnen, ein Drittel der Wählerstimmen auf sich zu vereinen. Ab Herbst 1929 schwammen die Nationalsozialisten auf einer Erfolgswelle, die nach dem triumphalen Wahlergebnis vom September 1930 weiter anschwoll, als neue aktive Mitglieder in Scharen in die Partei drängten und eine noch stärkere Mobilisierung ermöglichten. Ein Erfolg führte zum anderen. Dank stark gewachsener Mitgliederzahlen konnten die gläubigen Parteianhänger nun einen regelrechten Agitationssturm entfesseln. Durch ständige Versammlungen, Kundgebungen, Märsche und nicht zuletzt durch den Kampf um die Vorherrschaft auf den Straßen der Städte und Großstädte gelangte die »Hitlerbewegung« immer wieder in die Schlagzeilen und strahlte Vitalität und Aktivität aus.

Nachdem die Leitung der Propagandamaschinerie von April 1930 an in Goebbels' Händen lag, wurde das öffentlichkeitswirksame Bild der Partei immer geschickter und zielgerichteter unters Volk gebracht. Parolen, Vortragsthemen, Redner und Werbemaßnahmen wurden zentral vorgegeben, ließen aber Raum für lokale und regionale Schwerpunktsetzung. Es kamen neue, verblüffende Mittel und Methoden zur Anwendung wie etwa vor dem zweiten Wahlgang zur Reichspräsidentenwahl im Frühjahr 1932, als unter dem Motto »der Führer über Deutschland« ein Flugzeug gemietet wurde, mit dem Hitler zu seinen Wahlkundgebungen flog. Den Wählern wurde dadurch suggeriert, die Partei stehe für eine moderne Welt der Technik, in der aber die wiederhergestellten »wahren deutschen Werte« überwiegen würden. Macht und Stärke, Dynamik und Jugend, ein unerbittlicher Marsch zum Erfolg, eine triumphale Zukunft, die man durch den Glauben an den »Führer« gewinnen könne – das war das Bild, das die NS-Propaganda unaufhörlich in der Öffentlichkeit verbreitete.

Im Sommer 1932 schien der Erfolg der Nationalsozialisten kaum noch aufzuhalten zu sein. Hitler hatte eine Massenbewegung von rund 800000 Parteimitgliedern hinter sich und verfügte außerdem über rund eine halbe Million SA-Männer, von denen allerdings bei weitem nicht alle der NSDAP angehörten. Dreizehn Millionen Wähler waren inzwischen mehr oder weniger bereit, ihr Vertrauen auf Hitler zu setzen.

Damit war die Massenbasis für die anschließende Hitler-Verehrung gelegt. Die akklamatorische Macht, die ihm dadurch zur Verfügung stand, sollte während des ganzen Dritten Reichs als wichtigstes Bindeglied im NS-Staat wirken. Jetzt gab ihm der Beifall der Massen aber erst einmal den Schlüssel in die Hand, mit dem sich das Tor zur Macht öffnen ließ: Kein anderer Parteiführer der Rechten hatte den konservativen Eliten etwas zu bieten, was auch nur im entferntesten mit Hitlers Masseneinfluß zu vergleichen gewesen wäre.

Seine Anhängerscharen allein genügten allerdings noch nicht, um den »Führer« an die Macht zu bringen. Nach zwei Präsidentschaftswahlkämpfen und einer Reihe von Landtagswahlen hatte Hitler den Höhepunkt seiner Wahlerfolge vor der »Machtergreifung« erreicht: Bei der Reichstagswahl vom 31. Juli 1932 stimmten 37,3 Prozent der Wähler für ihn. Als Führer der mit 230 Sitzen bei weitem stärksten Fraktion im Reichstag beanspruchte Hitler das Amt des Reichskanzlers für sich. Bei einer Unterredung am 13. August 1932 weigerte sich Reichspräsident Hindenburg jedoch ganz offen, ihn zum Kanzler zu ernennen. Das führte in den folgenden Monaten innerhalb der NS-Bewegung zu einer wachsenden Vertrauenskrise. Manche Mitglieder hatten genug und verließen die Partei. Zum erstenmal verlor die NSDAP auch Wählerstimmen: Bei der Reichstagswahl im November erhielt sie zwei Millionen Stimmen weniger und büßte dadurch 34 Sitze ein. Schon im April hatte Goebbels in sein Tagebuch geschrieben: »Wir müssen in absehbarer Zeit an die Macht kommen. Sonst siegen wir uns in Wahlen tot.«[22] Als Ende 1932 die Finanzmittel der Partei weitgehend erschöpft waren und Straßers Austritt ein allgemeines Stimmungstief auslöste, sah die Zukunft der NSDAP keineswegs rosig aus. Daß Hitler beim Griff nach der Kanzlerschaft alles auf eine Karte gesetzt hatte, schien ein Fehler gewesen zu sein. Die Partei drohte auseinanderzufallen. Hitlers überragende Stellung in der NSDAP und sein Einfluß auf die Massen hatten nicht genügt, um ihn an die Macht zu bringen. Die »Bewegung« war an einem Tiefpunkt angelangt. Jetzt mußte Hilfe von außen kommen. Und sie war schon unterwegs.

Die Eliten

Die Übergabe der Macht an Hitler am 30. Januar 1933 war der denkbar schlimmste Weg aus der verfahrenen Situation, in der die Weimarer Demokratie damals steckte. Dazu hätte es nicht kommen müssen. Die Machtübergabe war zu keinem Zeitpunkt unumgänglich. Durch Wahlerfolge allein ließ sie sich nicht herbeiführen. Denn es gab in der Weimarer Verfassung keine Klausel, die den Reichspräsidenten gezwungen hätte, den Führer der Partei, die bei einer Reichstagswahl die meisten Sitze gewann, zum Regierungschef zu

[22] Joseph Goebbels, Vom Kaiserhof zur Reichskanzlei. 21. Aufl. München 1937, S. 87.

ernennen. Wie schon erwähnt, verweigerte Hindenburg Hitler im August 1932 das Kanzleramt in einem Moment, wo sich die NSDAP im Aufwind befand. Doch als die Partei fünf Monate später – nach den Stimmenverlusten bei den Novemberwahlen und als Folge der Straßer-Affäre – in der Krise steckte, änderte der Reichspräsident seine Meinung. Rein technisch gesehen war die Ernennung Hitlers zum Reichskanzler verfassungsgemäß. Doch der eigentliche Geist der Verfassung war schon lange tot.

Seit Brüning im März 1930 Kanzler geworden war, war die parlamentarische Regierung bewußt umgangen und in zunehmendem Maße durch eine Präsidialregierung ersetzt worden, bei der der Reichskanzler durch den Erlaß sogenannter »Notverordnungen« regierte, die jeweils vom Reichspräsidenten unterzeichnet wurden. Ein solches Verfahren wurde durch Artikel 48 der Weimarer Verfassung ermöglicht. Während dieser Verfassungsartikel unter dem ersten Reichspräsidenten Friedrich Ebert dazu benutzt worden war, die Demokratie gegen antidemokratische Kräfte von rechts und links zu verteidigen, diente er nun unter Hindenburg dazu, die Demokratie zu untergraben. Seitdem aufgrund der Stimmgewinne der Kommunisten und Nationalsozialisten bei den Wahlen von 1930 im Parlament eine weitgehende Pattsituation herrschte und der Reichstag seine Arbeitsfähigkeit immer mehr einbüßte, kam dem Reichspräsidenten eine entscheidende Rolle zu, und so bedeutete der Zugang zu Hindenburg den Schlüssel zur Macht. Der Präsident wurde zur Zielscheibe von Intrigen. »Graue Eminenzen«, die keinen institutionellen Beschränkungen unterlagen, verstanden es, ihre eigenen Machtinteressen durch raffiniert eingefädelte Mauscheleien zu fördern. Und hinter ihnen standen wiederum wichtige Elitegruppen, die die Krise jeweils in ihrem Sinne politisch gelöst sehen wollten.

Aus einem Wirrwarr von Machtkämpfen ging Hitler schließlich als Sieger hervor. Nur wenige der nichtnationalsozialistischen Machteliten und Führungsspitzen in Industrie, Handel, Banken, Landwirtschaft, Verwaltung und Militär betrachteten den »Führer« freilich als ihre erste Wahl. Als im Januar 1933 jedoch andere Optionen erschöpft schienen, fanden sich die meisten – mit den Großgrundbesitzern an der Spitze – schließlich bereit, es mit einer Hitler-Regierung zu versuchen. Ohne ihr direktes oder indirektes Einverständnis wäre eine Kanzlerschaft Hitlers undenkbar gewesen. Der »Führer« brauchte die Eliten, um an die Macht zu kommen. Und sie brauchten ihn im Januar 1933, weil nur er die Massenunterstützung mobilisieren konnte, die zur Durchsetzung einer autoritären Lösung der Kapitalismus- und Staatskrise in Deutschland vonnöten war. Dieser Umstand bildete die Grundlage der Übereinkunft, durch die Hitler am 30. Januar 1933 an die Macht kam.

Bevor der Nationalsozialismus seine riesige Massenbasis erlangte und zu einer Kraft wurde, die sich bei Wahlverhandlungen kaum ignorieren ließ, war er für die Eliten nur am Rande von Interesse. Natürlich hätte Hitler ohne die Protektion der Münchner Oberschicht vor dem Putsch in Bayern nicht zum »Trommler« der Rechten werden können. Für die »Industriekapitäne«, Junker und hohen Militärs bestand in den »goldenen« Jahren nach der Währungsstabilisierung jedoch kaum ein Grund, an Hitlers Partei – einer bloßen Randerscheinung der politischen Szene – mehr als nur marginales Interesse zu zeigen.

Zweifellos fanden sich aber selbst in der kurzen Blütezeit der Weimarer Republik bei prominenten Elitegruppen autoritäre Tendenzen und eine zunehmend antidemokratische Haltung. Und die Nationalsozialisten wurden nicht müde, um ihre Unterstützung zu werben. Hitler redete bei Gelegenheit vor Unternehmerkreisen, traf sich mit manch einem auch privat und bemühte sich um ihre politische und finanzielle Hilfe. Einige entsprachen seiner Bitte; doch das waren zunächst Ausnahmen. Ganz abgesehen von der abschreckenden antikapitalistischen Rhetorik der NSDAP sahen die meisten Wirtschaftsbosse wahrscheinlich kaum einen Sinn darin, eine Partei zu unterstützen, die keinen Einfluß besaß und kaum Chancen hatte, an die Macht zu kommen. In ihrer Mehrheit waren sie wohl ähnlicher Ansicht wie der Verfasser eines vertraulichen Berichts für das Reichsinnenministerium: Die Partei, so hieß es unter dem Datum vom 15. Juli 1927, komme »nicht vorwärts« und stelle sich dem Berichterstatter »als eine zahlenmässig unbeträchtliche [...] radikalrevolutionäre Minderheitsgruppe dar, die auf die grossen Massen der Bevölkerung und auf den Gang der politischen

Ereignisse keinen merkbaren Einfluss auszuüben vermag«[23]. So war es kaum verwunderlich, daß die meisten »Industriekapitäne« und Großgrundbesitzer damals bürgerlich-liberale und konservative Parteien unterstützten.

Dabei blieb es im wesentlichen selbst während der großen Wirtschaftskrise. Die NSDAP profitierte in nur relativ geringem Maße von Spenden des »Großkapitals«; diese flossen weiterhin überwiegend in die Parteikassen ihrer Konkurrenten innerhalb der konservativen Rechten. Die Gelder der NSDAP stammten hauptsächlich aus Mitgliedsbeiträgen und Sammlungen bei Kundgebungen etc.[24] Je größer die Partei wurde, desto größer waren folglich die Summen, die aus diesen Quellen zusammenkamen. Dennoch war es um die Parteifinanzen nach wie vor schlecht bestellt. Zwar hatte die NSDAP Sympathisanten und Förderer, die ihr finanzielle oder andere materielle Hilfe zukommen ließen (zum Beispiel die Nutzung von Gebäuden als SA-»Herbergen« oder die Überlassung von Fahrzeugen zum Transport von SA- und SS-Truppen); aber solange passendere Alternativen vorstellbar waren, spielte Hitlers Partei in den Machtplänen der dominierenden Elitegruppen keine besondere Rolle.

1929 begann die »Hitlerbewegung« im politischen Kalkül der traditionellen Machteliten dann doch eine bedeutsamere Rolle zu spielen, auch wenn die meisten ihr gegenüber immer noch Vorbehalte hatten. Die Kampagne gegen die vom Young-Plan vorgesehene Neuregelung der Reparationszahlungen bot der Partei eine erste Gelegenheit, ihre Kräfte mit denen der anderen nationalistischen Organisationen zu vereinen und vor allem davon zu profitieren, daß in den Zeitungen des Pressezaren und Vorsitzenden der DNVP, Alfred Hugenberg, nun oft über sie berichtet wurde. Damit war auch der Weg zu besseren und einflußreicheren Kontakten in der Industrie und Geschäftswelt geebnet. Bei einer Reihe von Kommunalwahlen, die im Herbst abgehalten wurden, konnte die NSDAP bereits beträchtliche Stimmengewinne verbuchen, und zwar vor allem in Gegenden, in denen die

[23] Lagebericht vom 15. Juli 1927, Bundesarchiv Koblenz, R43I/2696.

[24] Siehe Henry A. Turner, Die Großunternehmer und der Aufstieg Hitlers. Berlin 1985, S. 139ff.

Gemeinden unter wachsenden Schwierigkeiten in der Landwirtschaft zu leiden hatten. Nach dem New Yorker Börsenkrach im Oktober 1929, der rasch wachsenden Wirtschaftskrise im folgenden Jahr und dem – in dieser Größenordnung selbst für die NS-Führung überraschenden – triumphalen Wahlerfolg der NSDAP im September 1930 war der Untergang der Weimarer Demokratie so gut wie besiegelt. Als es im Juli 1931 dann zum Bankenkrach kam, hatte man die Demokratie längst zu Grabe getragen. 1932 wurden die Reparationszahlungen praktisch abgeschrieben; damit war eine der Hauptfesseln des Versailler Vertrags beseitigt.

Während dieser ganzen Zeit hatten die zutiefst antidemokratischen deutschen Eliten nach einem autoritären Ersatz für die Weimarer Republik Ausschau gehalten. Unter Brüning waren eine restaurierte Monarchie und ein Bismarcksches Regierungssystem im Gespräch gewesen. Die Großgrundbesitzer konnten Hindenburg jedoch davon überzeugen, Brüning zu entlassen und von Papen zum Nachfolger zu ernennen – ihren eigenen Kandidaten, der aber auch vielen Unternehmern nicht unangenehm war. Der neue Reichskanzler hätte beinahe sogar einen Bürgerkrieg riskiert: Er erwog, politische Parteien mit Hilfe von Polizei und Militär zu unterdrücken und eine neue autoritäre Verfassung durchzusetzen. Seine Absichten wurden spätestens bei der Absetzung der gewählten preußischen Regierung im Juli 1932 deutlich. Dieser Schachzug war um so bedeutsamer, als Preußen – das zwei Drittel des Reichsgebiets umfaßte und damit das bei weitem größte der deutschen Länder war – bis dahin noch von einer Koalition aus SPD und Zentrumspartei regiert wurde. Nachdem auch von Papen durch Intrigen gestürzt worden war, bemühte sich General von Schleicher als Nachfolger darum, seiner Politik eine Massenbasis zu verschaffen, indem er mit den Gewerkschaften verhandelte und – über Gregor Straßer als Vizekanzler – auch versuchte, die NS-Bewegung in seine Regierung einzubinden. Als diese Absicht fehlschlug, weil Straßer Hitler unterlag und seine Parteiämter niederlegte, waren auch von Schleichers Amtstage gezählt.

Hitler hatte seine Kontakte zu führenden Unternehmern und Großagrariern inzwischen vertiefen können, auch wenn die meisten von ihnen bis dahin nicht davon überzeugt waren, daß man zur Lösung der Krise eine nationalsozialistische Diktatur benötigte. Mit der Bildung der »Harzburger Front« (so genannt nach einer Versammlung nationalistischer Organisationen im niedersächsischen Städtchen Bad Harzburg im Oktober 1931) wurde die Verbindung Hitlers zu Hugenberg erneuert. Unter den dort anwesenden Vertretern der Wirtschaft befand sich auch Hjalmar Schacht; mit seiner Begeisterung für den »Führer« bildete er damals in Unternehmerkreisen allerdings noch eine Ausnahme. Im Januar 1932 hielt Hitler auf eine Einladung hin im einflußreichen Düsseldorfer Industrieklub einen Vortrag, der ihm einige neue Anhänger einbrachte, bei vielen Zuhörern aber doch noch nicht zu der Überzeugung führte, daß er »ihr Mann« war. Neben Hjalmar Schacht ließ auch Wilhelm Keppler, der aus der Chemieindustrie kam und nun als Hitlers Verbindungsmann zu Wirtschaftskreisen fungierte, seine Drähte zugunsten der Partei spielen. Von noch größerer Bedeutung war, daß es der NS-Führung gelang, enge Kontakte zu ostelbischen Junkern herzustellen, die sich über von Papen beim Reichspräsidenten Gehör zu verschaffen verstanden und außerdem den Umstand auf ihrer Seite wußten, daß Hindenburg als Grundbesitzer ähnliche Interessen hatte wie sie. Den Nationalsozialisten gelang es darüber hinaus, ihre Verbindungen zum Militär auszubauen. Es blieb auf manche Offizierskorps nicht ohne Eindruck, daß sich die NS-Führung einer massiven Aufrüstung verschrieben hatte und daß sie die politische Polarisierung durch die Unterdrückung der Linken beenden wollte, ohne die Reichswehr in einen etwaigen Bürgerkrieg mit hineinzuziehen. Doch wie aus diesem Szenario schon ersichtlich wird, bildete für jede auf Dauer angelegte autoritäre Herrschaftsform die Zerschlagung der Linken und die Gewinnung einer Massenbasis auf der Rechten eine notwendige Voraussetzung. Im Januar bestand keine Aussicht mehr darauf, daß von Schleicher jene Massenbasis aufbieten könnte, um die sich Brüning und von Papen vergeblich bemüht hatten. Allein Hitler hatte die Massen auf der politischen Rechten zur Hand.

Schacht war im November 1932 Erstunterzeichner einer Petition, mit der sich eine Gruppe von Unternehmern an Präsident Hindenburg wandte und ihn bat, Hitler zum

Reichskanzler zu ernennen[25]. Hindenburg sperrte sich jedoch nach wie vor gegen einen solchen Schritt. Aber in diesen Kreisen ging die Angst vor endlosen innenpolitischen Kämpfen um, nachdem die Kommunisten bei den Wahlen Stimmengewinne verbucht hatten und die Nationalsozialisten Stimmenverluste hatten hinnehmen müssen. Viele führende Großunternehmer – vor allem im Bereich der Schwerindustrie – teilten von Schleichers Vorliebe für staatliche Arbeitsbeschaffungsprogramme nicht und waren durch seine Versuche beunruhigt, die Gewerkschaften in seine autoritäre Regierungsform einzubinden. Verhängnisvoll war, daß der Reichskanzler durch seine Pläne zur Ansiedlung von Landarbeitern auf heruntergewirtschafteten ostdeutschen Gütern gleichzeitig die Großagrarier auf Distanz gehen ließ. In dieser Situation konnte der ehrgeizige und egoistische von Papen im Januar 1933 als Hauptverbindungsmann und Vermittler zwischen der Gruppe von Großunternehmern um Schacht (die allerdings längst nicht alle unterschiedlichen industriellen und unternehmerischen Interessen repräsentierte), der NS-Führung und der Kamarilla um Reichspräsident von Hindenburg (mit ihren guten Kontakten zur Reichswehr und zur preußischen Junkerkaste) fungieren. Von Papen war nun bereit, Hitler als Kanzler zu akzeptieren, forderte aber im Gegenzug, daß das Kabinett stark nationalkonservativ und nicht nationalsozialistisch ausgerichtet sein müsse. Außer Hitler durften nur zwei Nationalsozialisten beteiligt werden (Frick als Reichsinnenminister sowie Göring als Reichsminister ohne Geschäftsbereich und amtierender preußischer Innenminister); er selbst wollte den Posten des Vizekanzlers übernehmen. Auf dieser Basis war von Papen, der immer noch Hindenburgs uneingeschränktes Vertrauen genoß, schließlich in der Lage, den Reichspräsidenten davon zu überzeugen, daß Hitler zum Kanzler ernannt werden müsse.

Die verhängnisvolle Fehlkalkulation der konservativen Rechten bestand darin, daß sie sich einbildete, Hitler durch die Beteiligung an der Regierung soweit »zähmen« zu können, daß die ganze NS-Bewegung bald wie eine Seifenblase

[25] Die Petition ist abgedruckt in Eberhard Czichon, Wer verhalf Hitler zur Macht? 4. Aufl. Köln 1976, S. 69ff.

zerplatzen würde. Auf besorgte Einwände und Hinweise auf Hitlers Absichten erklärte Hugenberg beschwichtigend: »Wir rahmen [...] Hitler ein«, folglich könne nichts passieren. Und von Papen meinte lakonisch: »Wir haben ihn uns engagiert.«[26] Nachdem die konservativen Eliten die Weimarer Demokratie also erfolgreich untergraben hatten, dann aber selbst nicht in der Lage waren, dem gewünschten autoritären System eine Massenbasis zu geben, waren sie bereit, einen Außenseiter, der nicht den üblichen Machtzirkeln entstammte, in das höchste Regierungsamt im Staat zu hieven. Sie meinten, der »Führer« werde eine Zeitlang ihren Interessen dienen. Daß er aber auch dazu übergehen könnte, mehr zu tun, als nur die für ihn vorgesehene Rolle auszufüllen, hatten sie nicht bedacht.

[26] Theodor Duesterberg, Der Stahlhelm und Hitler. Wolfenbüttel, Hannover 1949, S. 38f; Lutz Graf Schwerin von Krosigk, Es geschah in Deutschland. Tübingen, Stuttgart 1951, S. 147.

Drittes Kapitel
Repression und Macht

In den ersten Jahren nach dem Ende des NS-Regimes wurden von den Veröffentlichungen, die sich mit der Herrschaft Hitlers befaßten, der extreme Terror und die Unterdrükkung als Hauptmerkmale des Nationalsozialismus herausgestellt. Von Deutschen, die im Land geblieben waren, war oft die Behauptung zu hören, in einem derart repressiven, totalitären Staat sei jede oppositionelle Anstrengung vergeblich. Und diejenigen, die unter dem Nationalsozialismus schwer gelitten hatten oder durch ihre Emigration den Klauen des Regimes gerade noch entkommen waren, schilderten mit bewegenden Worten, welchem brutalen Terror der einzelne ausgesetzt gewesen war. Die besondere Betonung dieses Aspekts wurde außerdem durch wissenschaftliche Totalitarismusanalysen gestützt, die unter dem Eindruck des Kalten Kriegs entstanden waren und die Brutalität des Stalinismus mit der des Nationalsozialismus verglichen. Von verschiedenen Blickwinkeln her betrachtet, schien Hitlers Macht außer dem Hinweis auf die Zwangsmittel des totalitären Polizeistaates keiner weiteren Erklärung zu bedürfen.

Wenn nun Angehörige der Nachkriegsgenerationen, die glücklicherweise nicht unter der nationalsozialistischen Barbarei haben leiden müssen, von der einseitigen Betonung des Terrors wegzukommen versuchen, so ist das nur mit gebührender Demut möglich. Und in der Tat müßte man jede Erklärung der Macht Hitlers, die den Zwang und die Unterdrückung im nationalsozialistischen Reich nicht hervorhebt, als eindeutig fehlerhaft bezeichnen. Dennoch sind hier zunächst einige Einschränkungen zu treffen, die gleichzeitig dazu dienen, die Konturen dieser Studie klar herauszuarbeiten.

Die These, Hitlers Macht habe auf »totalitärem Terror« beruht – wobei die Probleme mit dem Totalitarismusbegriff einmal außer acht bleiben sollen –, trifft nur einen Teil der Wahrheit. Wenn man einmal den grenzenlosen Terror ausklammert, der in den im Krieg besetzten Gebieten (vor allem in Polen und der Sowjetunion) entfesselt wurde, und sich auf

Deutschland selbst konzentriert, dann fällt auf, daß Terror und Unterdrückung höchst selektiv angewandt wurden. Arbeiter, die man mit Linksparteien in Verbindung brachte, wurden – vor allem in der ersten Zeit nach der Machtübernahme – zu Tausenden in Konzentrationslager gesteckt. Industrielle, Großgrundbesitzer (außer denen, die der Beteiligung am Attentat vom Juli 1944 verdächtig waren) und Bankiers ließ man hingegen in Ruhe. Die Juden wurden als ungeliebte, kleine Minderheit terrorisiert. Zigeuner, Homosexuelle, Bettler und andere »asoziale Elemente« wurden ebenfalls gewaltsam unterdrückt. Doch trotz des »Kirchenkampfes« wurde kein deutscher Bischof in ein Konzentrationslager gesperrt. In den Großstädten waren Bewohner von Arbeitervierteln weit häufiger Polizeischikanen ausgesetzt als Angehörige der Mittelschicht in »besseren« Wohngegenden. Auf dem Lande fanden keine Angriffe auf Bauern und kleine Grundbesitzer statt. Beim Militär gab es keine Säuberungswelle außer den Maßnahmen im Zusammenhang mit der Entlassung von Blomberg und Fritsch im Jahre 1938 und den Racheakten gegen Wehrmachtsangehörige, die in das Attentat von 1944 verwickelt waren. Abgesehen von einer Minderheit, die zur Emigration gezwungen wurde, bedurfte es bei den meisten Intellektuellen keines Terrors, damit sie sich der nationalsozialistischen »Gleichschaltung« anschlossen. Viele Teile der Gesellschaft paßten sich selbst an und machten bereitwillig bei der frühzeitigen Nazifizierung ihrer Berufs- und Interessensverbände mit.

Im allgemeinen richteten sich die Repressionsmaßnahmen also gegen die machtlosen und ungeliebten Teile der Gesellschaft. Gegen »große Tiere« wurde – vor allem in den ersten Jahren des Dritten Reichs – kaum etwas unternommen. Ebensowenig war die Repression eine bleibende Konstante. Nach der ersten Welle der »Abrechnung«, bei der Zehntausende von politischen Gegnern der Nationalsozialisten die blindwütigen »Vergeltungsmaßnahmen« der Nazihorden zu spüren bekamen, ging das Ausmaß der Repression für ein paar Jahre etwas zurück; dies spiegelte sich beispielsweise in der geringeren Anzahl von Fällen, die vor die neu eingerichteten »Sondergerichte« kamen (denen man die Aufgabe zugedacht hatte, relativ leichte politische »Straftaten« rasch abzuurteilen), sowie in der sinkenden Zahl von KZ-Häftlingen.

In den letzten zwei Jahren vor Kriegsausbruch stieg deren Zahl wieder. Mit Kriegsbeginn wurden zahlreiche neue Straftatbestände eingeführt, und jedem Bürger, der die Kriegsanstrengungen zu untergraben oder zu gefährden schien, drohten drakonische Strafen. Innerhalb Deutschlands lasteten die schlimmsten Repressionsmaßnahmen jetzt jedoch auf den Menschen, die als rassisch unerwünscht galten – das heißt vor allem auf den Juden (vor ihrer Deportation) und auf der wachsenden Zahl der »Fremdarbeiter«, die maßgeblich zur Aufrechterhaltung der Kriegswirtschaft beitrugen. Als sich das Kriegsglück wendete, nahmen die Repressionsmaßnahmen sprunghaft zu; das NS-Regime schlug nun wild gegen jegliches – tatsächliche oder eingebildete – oppositionelle Verhalten los.

Außerhalb Deutschlands hatte der Terror des NS-Regimes inzwischen einen Sturm der Vernichtung entfesselt.

Diese Bemerkungen deuten es bereits an: Die Stärke des Zwanges, auf den Hitlers Macht gründete, ist untrennbar mit der Tatsache verbunden, daß weite Teile der deutschen Gesellschaft mit vielen Dingen, die in Hitlers Namen geschahen, einverstanden waren. Zwang und Zustimmung waren zwei Seiten derselben Medaille – zwei Hauptstützpfeiler der Macht Hitlers.

Dennoch sollte man sich immer vor Augen halten, daß Hitlers Macht nach 1933 in allererster Linie auf den Herrschaftsinstrumenten und dem staatlichen Zwangsapparat beruhte, über die er seit der Machtübernahme verfügte. Bei modernen, stabilen kapitalistischen Demokratien könnte man sagen, daß die Macht des Staates auf seiner Fähigkeit basiert, Organisationen der bürgerlichen Gesellschaft, die Mittlerfunktionen besitzen, zu durchdringen und dank deren Kooperation und Konsens politische Entscheidungen durchzusetzen. Wo diese Fähigkeit so geschwächt ist, daß pluralistische Strukturen versagen und die Demokratie zusammenbricht, wird leicht auf »despotische« Machtformen zurückgegriffen: Die Staatsführung setzt ihre Entscheidungen eher mit Zwang von oben durch, als daß sie darüber mit

Mittlergruppen innerhalb der bürgerlichen Gesellschaft verhandelt[1].

Dieses Stadium war 1933 in Deutschland zweifellos erreicht. Der ab 1930 deutlich sichtbare Zerfall der Weimarer Demokratie – die Zersplitterung und schließliche Polarisierung der bürgerlichen Gesellschaft, die zu beinah Bürgerkrieg auslösenden Zuständen führten, samt dem nachfolgenden zentralstaatlichen Machtvakuum – lieferte den Rahmen, innerhalb dessen die Macht des deutschen Staates auf »despotischer« Grundlage wiederhergestellt wurde. Das extreme Ausmaß gesellschaftlicher Konflikte führte unter dem neuen NS-Regime zu einem extremen Maß an Zwang, der freilich mit dem – in dieser Art noch nicht dagewesenen – Versuch gekoppelt war, durch Propaganda den gesellschaftlichen Konsens »herzustellen«, der vor 1933 so offenkundig gefehlt hatte.

Die organisatorischen Strukturen des Herrschaftsapparats sind bereits eingehend analysiert worden und bedürfen hier keiner weiteren Untersuchung. Die Betonung liegt im folgenden eher darauf, wie die Zerschlagung der Opposition und die Aushöhlung des Legalitätsprinzips durch Polizeiaktionen zu Hitlers Machtzuwachs beigetragen haben. Dieser Prozeß hatte weniger mit Handlungen Hitlers zu tun als mit den Kräften im Staat, in der NS-Bewegung und in der deutschen Gesellschaft, die – aus welchen Beweggründen auch immer – objektiv gesehen dem »Führer« in die Hände arbeiteten.

Die Zerschlagung der Opposition

Mussolini benötigte rund drei Jahre, um in Italien eine vollentwickelte diktatorische Herrschaft zu errichten. In mancher Hinsicht ist in Italien der Prozeß der faschistischen Monopolisierung der Macht nie ganz vollendet worden. In Deutschland wurden die Organisationsformen der politi-

[1] Michael Mann, The Autonomous Power of the State. Its origins, mechanisms, and results. In: Archives européenes de Sociologie 25 (1984), S. 188ff.

schen Opposition innerhalb von sechs Monaten zerstört. Innerhalb weiterer sechs Monate waren auch die letzten Reste einer regionalen Autonomie verschwunden, deren ursprüngliche Strukturen schon in den ersten Wochen nach Hitlers Ernennung zum Reichskanzler wirksam zerschlagen worden waren. Und nach dem dritten Halbjahr wurde auf brutale Weise die potentielle Gefahr eliminiert, die Hitlers Machtanspruch aus den Reihen der eigenen Bewegung bedrohte.

Inzwischen waren die christlichen Kirchen, die neben der Reichswehr als einzige bedeutendere gesellschaftliche Institutionen nicht »gleichgeschaltet« worden waren, in die Defensive gedrängt worden. Sie nahmen eine hauptsächlich reaktive, nach innen gewandte Haltung ein und akzeptierten politische Kompromisse, kämpften aber gleichzeitig zäh gegen nationalsozialistische Bestrebungen an, die kirchliche Praxis und die kirchlichen Institutionen zu vereinnahmen.

Bereits Mitte 1934 hieß es in einem aufschlußreichen Bericht der exilierten Sozialdemokratischen Partei (SoPaDe), »die Schwäche der Gegner« sei »die Stärke des Regimes«. Die Gegner des NS-Regimes seien ideologisch und organisatorisch schwach – ideologisch deshalb, »weil die große Masse nur Unzufriedene, nur Meckerer sind«, und organisatorisch deshalb, weil es »im Wesen des faschistischen Systems« liegt, »daß es keine organisatorische Sammlung seiner Gegner zuläßt«[2].

Die vollständige Ausschaltung der politischen Opposition innerhalb so kurzer Zeit schien noch im Januar 1933 kaum wahrscheinlich. Daß es dazu kam, lag weniger an irgendwelchen konkreten nationalsozialistischen Plänen zur schrittweisen Übernahme und Konsolidierung der Macht als an den dynamischen Kräften, die durch die völlige Diskreditierung demokratisch-parlamentarischer Herrschaftsformen seit 1930 entfesselt worden waren, sowie an den inhärenten Schwächen der Opposition auf allen Seiten des politischen Spektrums, aber auch an Hitlers skrupelloser Bereitschaft,

[2] Deutschland-Berichte der Sozialdemokratischen Partei Deutschlands (SoPaDe) 1934–1940. 7 Bde., Frankfurt a. M. 1980, Bd. 1, S. B22f., 26. Juni 1934.

jede sich ihm bietende Gelegenheit voll und ganz auszunutzen.

Obwohl außer dem »Führer« nur zwei Nationalsozialisten (Göring und Frick) dem von Konservativen dominierten Kabinett angehörten, fiel neben Hitler zweifellos Göring die Schlüsselposition zu: Als kommissarischer preußischer Innenminister hatte er in Deutschlands größtem und wichtigsten Land die Kontrolle über die Polizei inne. Außerdem hielt Hitler in dieser Verbindung gegenüber seinen konservativen Partnern von Anfang an die Trumpfkarten in der Hand. Sie alle einte das Ziel, den Marxismus ein für allemal zu vernichten, doch allein Hitler verfügte über die Anhängermassen, mit deren Hilfe man die Herrschaft über die Straße sicherstellen konnte. Angesichts der von ihm gelenkten – wenn auch potentiell instabilen – riesigen NS-Bewegung und angesichts des zusätzlichen wichtigen persönlichen Pluspunktes, daß er sich nie durch eine Beteiligung am Weimarer System die Hände »schmutzig« gemacht hatte, war Hitlers Position in der nationalistisch-nationalsozialistischen Koalition zum Zeitpunkt der Machtübernahme nur scheinbar prekär, in Wirklichkeit aber relativ stark.

Zwischen den Koalitionspartnern bestand am 30. Januar 1933 in zwei wesentlichen Punkten Übereinstimmung: Dem Parlamentarismus müsse in Deutschland ein Ende gemacht und der Marxismus für immer ausgerottet werden. Darüber, wie man diese Ziele am besten erreichen sollte, waren die Ansichten geteilt. Hugenberg, der neue Wirtschaftsminister, strebte ein sofortiges Verbot der KPD an. Hitler wandte dagegen ein, dadurch könne ein kommunistischer Aufstand ausgelöst und die Reichswehr unversehens in einen Bürgerkrieg hineingezogen werden – was die Reichswehrführung unbedingt vermeiden wollte. Der neue Kriegsminister von Blomberg hatte schon geglaubt, dies am besten dadurch zu verhindern, daß er den Nationalsozialisten politisch freie Hand ließ und im Gegenzug dafür eine massive militärische Aufrüstung erreichte. Papen sprach sich für ein Ermächtigungsgesetz aus. Hätte die Koalition jedoch die sofortige Verabschiedung eines Ermächtigungsgesetzes angestrebt, dann wäre sie von der Unterstützung der katholischen Zentrumspartei abhängig gewesen. Hitler zog es deshalb vor, zunächst auf neue Wahlen zu drängen[3]. Das blieb in dieser Anfangsphase praktisch sein erster und einziger Schachzug.

Bei diesen Wahlen stand aus Sicht der Regierungsparteien nur die breite Unterstützung durch das Volk auf dem Spiel, da Hitler versicherte, daß dies für sehr lange Zeit die letzten Wahlen wären und die Zusammensetzung des Kabinetts unabhängig vom Wahlergebnis die alte bleiben würde. Diese Zusage genügte, um die konservativen Kabinettsmitglieder dazu zu überreden, einer sofortigen Auflösung des Reichstags und der Abhaltung neuer Wahlen zuzustimmen.

Im anschließenden Wahlkampf spielten die Konservativen in ihrem Bestreben, die Linke zu zerschlagen, wiederum Hitler in die Hände; dadurch wurde es möglich, daß eine gewaltsame Unterdrückung in legalem Rahmen stattfinden konnte. In den Wochen vor und nach der Reichstagswahl vom 5. März 1933 wurde so die Position der NS-Bewegung auf Kosten der verbliebenen nichtnationalsozialistischen Parteien überproportional gestärkt. Die Vernichtung der Linken – auf Geheiß nicht nur der NS-Führung, sondern auch der konservativen Eliten – bildete 1933 die erste Phase eines doppelten Prozesses der Zerschlagung der Opposition, der schließlich in der Auflösung der bürgerlichen Parteien und der Errichtung der Einparteienherrschaft am 14. Juli 1933 gipfelte.

Die vorhandene Maschinerie der Präsidialerlasse genügte, um am 4. Februar 1933 oppositionelle Zeitungen und Versammlungen, die sich gegen den neuen Staat richteten, zu verbieten. Derartige Maßnahmen waren bereits vor Hitlers Machtübernahme von den Behörden geplant worden. Im Wahlkampf von 1933 wurden diese Machtbefugnisse vor allem gegen die Kommunisten voll ausgenutzt. Mitte Februar wies Göring die preußische Polizei an, die paramilitärischen NS-Verbände zu unterstützen, und versprach seine volle Rückendeckung, wenn von der Schußwaffe Gebrauch gemacht würde, um »dem Treiben staatsfeindlicher Organisa-

[3] Akten der Reichskanzlei. Die Regierung Hitler. Teil 1: 1933/34. Boppard 1983, S. 1–10.

tionen« ein Ende zu setzen[4]. Die Orgie der Gewalt von nationalsozialistischen Schlägertrupps gegen Kommunisten und Sozialisten wurde noch weiter sanktioniert, als 50000 Angehörige der SA, SS und des Stahlhelms (die man als »nationale Verbände« titulierte) in Preußen offiziell zu Hilfspolizisten gemacht wurden. Appelle der Zentrumspartei an Hindenburg, »den unglaublichen Zuständen ein Ende zu bereiten«, bewirkten schließlich, daß Hitler und Göring zu mehr Disziplin mahnten[5].

Hitler achtete in diesen Wochen sorgsam darauf, nichts zu tun, was die Zusammenarbeit mit seinen konservativen Partnern gestört hätte. Der Reichstagsbrand am Abend des 27. Februar 1933 bot ihm dann die Gelegenheit, ihre Position weiter zu schwächen und seine eigene Macht beträchtlich zu stärken. Der Reichstagsbrand, der von dem ehemaligen holländischen Jungkommunisten Marinus van der Lubbe aus persönlichem Protest gegen das kapitalistische System und die Regierung der »nationalen Sammlung« gelegt worden war und von den Nationalsozialisten für das Signal zum erwarteten kommunistischen Aufstand gehalten wurde, löste bei Hitler und Göring eine nahezu hysterische Reaktion aus. Hitler verlangte anscheinend, daß alle kommunistischen Abgeordneten noch in derselben Nacht gehängt werden müßten[6]. Man ging dann doch nicht ganz so weit, aber Göring ordnete atemlos Massenverhaftungen von Kommunisten an.

Als das Kabinett am folgenden Tag zusammentrat, hatte sich Hitler wieder beruhigt. Er erklärte, daß nun der »psychologisch richtige Moment« für eine rücksichtslose Auseinandersetzung mit der KPD gekommen sei und daß dieser Kampf nicht von juristischen Erwägungen abhängig gemacht werden dürfe[7]. Der letzte Punkt auf der Tagesordnung war die Beratung einer Notverordnung, die Frick in

[4] Ministerialblatt für die Preußische innere Verwaltung, V, 1933, I, S. 170, zitiert nach Martin Broszat, Der Staat Hitlers. Grundlegung und Entwicklung seiner inneren Verfassung. 12. Aufl. München 1989, S. 93.

[5] Broszat, Der Staat Hitlers, S. 95.

[6] Rudolf Diels, Lucifer ante Portas. Stuttgart 1950, S. 194; siehe auch Hans Mommsen, Der Reichstagsbrand und seine politischen Folgen. In: Vierteljahrshefte für Zeitgeschichte 12 (1964), S. 385 und Anm. 143.

[7] Akten der Reichskanzlei. Die Regierung Hitler. Teil I: 1933/34, S. 128.

aller Eile entworfen hatte. Hier wurde der Artikel 48 der Weimarer Verfassung benutzt, um auf unbestimmte Zeit alle persönlichen Rechte und Freiheiten aufzuheben, wie zum Beispiel das Recht auf freie Meinungsäußerung, das Vereins- und Versammlungsrecht sowie die Pressefreiheit. Es war nun möglich, politische Gegner ohne Gerichtsentscheid zeitlich unbegrenzt zu inhaftieren[8]. Im März und April wurden allein in Preußen 25000 Personen in »Schutzhaft« genommen[9]. Durch die Reichstagsbrandverordnung wurde also ein Ausnahmezustand eingeleitet, der praktisch so lange wie das Hitlerregime selbst andauerte. Er war für die Konsolidierung der Macht Hitlers von entscheidender Bedeutung.

In den nächsten Wochen ging es wesentlich darum, die organisierte Linksopposition zu beseitigen und die verbliebenen nichtnationalsozialistischen politischen Organisationen zu unterwerfen. Nach der Wahl vom 5. März 1933 (bei der die NSDAP 43,9 Prozent der Stimmen gewann und ihre nationalistischen Partnerparteien weitere 8 Prozent der Stimmen auf sich vereinigen konnten) führte die Machtübernahme der Nationalsozialisten in den Ländern, die bis dahin noch nicht von den Nazis kontrolliert worden waren, zu einer drastischen Eskalation der Gewalt. Unzählige politische Gegner wurden in hastig errichteten SA-Gefängnissen und -Lagern geschlagen, gefoltert und ermordet. Um die Bedenken von Konservativen im In- und Ausland zu zerstreuen, appellierte Hitler öffentlich an die SA, die Belästigung von Einzelpersonen und die Störung des Wirtschaftslebens zu beenden, rief aber weiterhin offen zur »Ausrottung des Marxismus« auf und reagierte hinter verschlossenen Türen auf schwache Proteste der Konservativen gegen die Gewalttätigkeiten mit Hohn und Verärgerung[10].

Am 20. März kündigte der Münchner Polizeipräsident Himmler die Errichtung des ersten Konzentrationslagers in der Nähe von Dachau an. Ähnliche Lager zur Aufnahme von politischen Gefangenen – überwiegend Kommunisten und Sozialisten – entstanden nun in rascher Folge an zahllo-

[8] Reichsgesetzblatt 1933, Teil I, S. 83.

[9] Hans Buchheim, Martin Broszat, Hans-Adolf Jacobsen und Helmut Krausnick, Anatomie des SS-Staates. 2 Bde. 4. Aufl. München 1989, hier Bd. 2, S. 20.

[10] Walther Hofer, Der Nationalsozialismus. Dokumente 1933–1945. Frankfurt a.M. 1957, S. 56f.; Broszat, Der Staat Hitlers, S. 110f.

sen Orten in Deutschland. Als am 23. März im Reichstag gegen die mutig erhobenen Stimmen der SPD, aber mit Unterstützung der katholischen Zentrumspartei das von Hitler gewünschte Ermächtigungsgesetz verabschiedet wurde (mit dessen Hilfe die Regierung von nun an Gesetze beschließen konnte, ohne dazu den Reichstag einschalten oder vom Reichspräsidenten entsprechende Notverordnungen einholen zu müssen), waren die kommunistischen Abgeordneten entweder eingesperrt oder geflohen und die KPD in den Untergrund gedrängt worden. Zu einem formalen Verbot der Kommunistischen Partei ist es nie gekommen; es wäre auch irrelevant gewesen.

Die KPD hatte Hitler und die Nationalsozialisten von Anfang an stark unterschätzt. Jeder Gedanke an einen offenen Widerstand gegen das neue Regime durch einen Generalstreik erwies sich rasch als aussichtslos. Und obwohl die Partei Vorbereitungen für eine Widerstandsarbeit im Untergrund getroffen hatte, wurde sie von der Schnelligkeit und Grausamkeit der nationalsozialistischen Repressionsmaßnahmen nach dem Reichstagsbrand vollkommen überrascht. Zwar wurde die Opposition im Untergrund dank des mutigen Einsatzes zahlreicher Parteimitglieder trotz brutaler Unterdrückung niemals völlig zum Schweigen gebracht, aber als politische Kraft wurde die Kommunistische Partei im Februar und März 1933 effektiv zerstört; danach stellte sie für die nationalsozialistischen Machtgelüste keine echte Bedrohung mehr dar.

Inzwischen war die einst mächtige SPD – trotz ihres letzten mutigen Aufbäumens gegen die Verabschiedung des Ermächtigungsgesetzes – ebenfalls am Ende. In den ersten Wochen nach Hitlers Ernennung zum Reichskanzler hatten sich die SPD, der Reichsbanner (ihre paramilitärische Massenorganisation) und die Gewerkschaften äußerst vorsichtig verhalten, um keinen Anlaß für Repressionsmaßnahmen zu bieten. Doch all das war vergebens. Der Reichsbanner wurde im März/April zur Auflösung gezwungen. Und die Gewerkschaften, die sich noch im März bereit erklärt hatten, ihre Bindungen zur SPD zu lösen und mit der neuen Regierung loyal zusammenzuarbeiten, wurden am 2. Mai aufgelöst. Die SPD selbst bestand offiziell, bis sie am 22. Juni 1933 verboten wurde. Doch viele ihrer Mitglieder gaben die Sache gezwungenermaßen schon im März oder April verloren. Zahlreiche Orts- und Bezirksverbände hörten auf zu bestehen; führende Sozialdemokraten gingen ins Exil; viele Mitglieder und Funktionäre wurden verhaftet, und zahllose andere versuchten, sich still und unauffällig zu verhalten. In weiten Teilen der Partei herrschten Angst, Verwirrung und Entsetzen. Viele Genossen waren von der Sozialdemokratie zutiefst enttäuscht.

Ebenso wie bei den Kommunisten hörte auch bei den Sozialdemokraten die Untergrundarbeit nie ganz auf, doch galt ihre Hauptsorge dabei weniger dem Versuch, die Macht des Regimes durch fortgesetzte Agitation zu erschüttern, als dem Bemühen, die Solidarität unter den Genossen aufrechtzuerhalten und zu stärken. Die sozialdemokratischen Vorstellungen von einer Arbeit in der Illegalität waren damals größtenteils von den Erfahrungen geprägt, die die Partei zur Zeit der Bismarckschen Sozialistengesetze gemacht hatte. Doch wie ein ehemaliger SPD-Funktionär 1935 erklärte, sei das Kaiserreich im Vergleich zum Hitlerreich ein »Idealreich der Freiheit« gewesen[11].

Mit der Zerschlagung der Linken war ein gemeinsames Ziel der Nationalsozialisten und der konservativen Rechten verwirklicht worden. Allerdings hatten die Konservativen Hitler dabei alles andere als »eingerahmt«. Vielmehr waren sie von ihm zunehmend überflügelt worden und sahen sich mit ihren politischen Organisationen einer triumphierenden NS-Bewegung gegenüber, in die täglich neue Mitglieder – vorwiegend aus der Mittelschicht – drängten, die schnell noch auf den fahrenden Zug aufspringen wollten. Bei den »bürgerlichen« Parteien benötigten die Nationalsozialisten relativ wenig Zwang. Selbstverständlich waren bei der »Machtergreifung« in den Ländern offene Rechnungen auch mit politischen Gegnern beglichen worden, die nicht den Linksparteien angehörten. Doch hatte der Terror der ersten Monate hauptsächlich darauf abgezielt, deutlich zu machen, daß organisierter Widerstand zwecklos sei. Ein solcher wäre von den kleinen »bürgerlichen« Parteien aber in jedem Falle nicht zu erwarten gewesen – nicht zuletzt deshalb, weil sie

[11] Archiv der Sozialen Demokratie, Bonn, Bestand Emigration SoPaDe, M32, Bericht des Grenzsekretärs Hans Dill an die SoPaDe vom 18. November 1935.

keineswegs sämtliche politischen Ziele der Nationalsozialisten ablehnten.

Die liberalen Parteien (DDP/Staatspartei und DVP) lösten sich Ende Juni selbst auf. Die nationalistischen Koalitionspartner, die seit der Wahl im März zunehmend unter Druck gerieten, gaben ihre eigenständige Organisation um ungefähr die gleiche Zeit auf. Die katholische Zentrumspartei und ihr bayerischer Ableger, die BVP, hielten sich bis Anfang Juli. Ende Juni hatten sie ihre enge Verbindung zum Klerus eingebüßt, nachdem der Vatikan sich bei seinen Konkordatsverhandlungen damit einverstanden erklärt hatte, daß sich katholische Geistliche nicht politisch betätigen durften. Kurzfristige Verhaftungen von Parteifunktionären gaben für die katholischen Parteien – die letzten noch bestehenden autonomen, politischen Einheiten – schließlich den Ausschlag, sich selbst aufzulösen. Kaum eine Woche später, am 14. Juli 1933, wurde die NSDAP offiziell zur einzigen legalen politischen Partei in Deutschland erklärt.

Hitlers Autorität konnte nun außerhalb des Regimes von keiner organisierten Opposition mehr in Frage gestellt werden. Interessens- und Berufsverbände, Handwerkerinnungen und Vereine selbst der harmlosesten Art hatten sich in ihren Statuten und Satzungen den nationalsozialistischen Gepflogenheiten angepaßt und die Führungsgremien mit Nationalsozialisten besetzt. Die Beamtenschaft war von allen Anhängern der früheren Linksparteien ebenso »gesäubert« worden wie von Juden (außer denen, die am Ersten Weltkrieg teilgenommen hatten). Auf lokaler Ebene hatte man Bürgermeister und andere Repräsentanten, die dem neuen Regime kritisch gegenüberstanden, durch regimekonforme ersetzt. Außerhalb Preußens, das bereits durch den Papen-Coup vom 20. Juli 1932 der Reichsaufsicht unterstellt worden war, hatte sich das Problem eines etwaigen Widerstands gegen Direktiven der Reichsregierung praktisch dadurch erledigt, daß die Länderregierungen ab März von Nationalsozialisten kontrolliert wurden und sogenannte »Reichsstatthalter« (in den meisten Fällen »Gauleiter« aus den Reihen der NSDAP) dafür sorgten, daß sich die einzelnen Länder an die von Berlin vorgegebene politische Linie hielten. Die gesetzlich garantierten Hoheitsrechte der Länder wurden schließlich im Januar 1934 für abgeschafft erklärt.

Die Länderverwaltungen bestanden zwar weiter, hatten aber keine eigenständigen Machtbefugnisse mehr. Durch ein weiteres Gesetz wurde noch im gleichen Monat bekräftigt, daß die Arbeiter nun den Unternehmern unterstanden. So wurde der juristische Rahmen für die Neuorganisierung der industriellen Arbeitsverhältnisse geschaffen, in denen nach der Beseitigung der Gewerkschaften und Arbeiterparteien aggressive Betriebsleitungen triumphierend den Ton angaben und vom Staat durch Zwangsmaßnahmen noch unterstützt wurden.

Bis Mitte 1933 war jeglicher »organisatorische Spielraum« beseitigt, den jede wirksame politische Opposition benötigt. Trotz der Legende von der »legalen Revolution« waren die Nationalsozialisten mit soviel Zwang, Repression und Brutalität vorgegangen, daß ihre Aktionen bei weitem alle Maßnahmen übertrafen, die im faschistischen Italien zur Konsolidierung von Mussolinis Herrschaft ergriffen worden waren. Das brutale Vorgehen bei der Zerschlagung der Linken hatte dem übrigen Teil der deutschen Gesellschaft die Skrupellosigkeit des neuen Regimes nachhaltig vor Augen geführt. Die Nazihorden waren dabei mit Zustimmung Hitlers vorgegangen, ohne daß ihre zahllosen Terroraktionen jedoch einer unmittelbaren Lenkung bedurft hätten. Solange sich ihre Aktionen gegen die Linke und gegen hilflose Minderheiten wie die Juden richteten, stießen die Nazis kaum auf Widerstand – und wenn, dann höchstens auf schwachen.

Die christlichen Kirchen behielten einigen »organisatorischen Spielraum«. Bei der zersplitterten protestantischen Kirche, die sich aus einer Vielzahl von (zum Teil eifersüchtig über ihre traditionelle Eigenständigkeit wachenden) Landeskirchen mit unterschiedlichen theologischen Akzenten und Organisationsstrukturen zusammensetzte, waren die Nationalsozialisten zwar zunächst um eine »Gleichschaltung« bemüht, gaben entsprechende Bestrebungen aber schließlich auf. Bei der katholischen Kirche machten sie erst gar nicht den Versuch, deren organisatorischen Rahmen zu zerstören, bemühten sich aber ständig, die institutionelle Macht zu brechen und zu durchkreuzen, die die Kirche durch Jugendgruppen, Schulen, Feste und Symbole über die katholische Bevölkerung besaß. Beide Kirchen gerieten wider Willen mit dem NS-Staat in Konflikt, beschränkten ihren Widerstand als Institutionen jedoch größtenteils darauf, Angriffe auf ihren christlichen Glauben und ihre Organisationsformen abzuwehren.

Die mächtigste Institution, die noch intakt blieb, war die Reichswehr. Hier wurde 1933 keine Säuberung und kein Eingriff versucht. Vor dieser Institution mußte Hitler sich in acht nehmen, vor allem solange Reichspräsident Hindenburg einen alternativen Bezugspunkt für die Loyalität der Reichswehr bildete. Irgendeine Art von Putsch mit anschließender Militärdiktatur oder sogar eine Wiederherstellung der Monarchie waren nicht auszuschließen. Hitler brauchte die Unterstützung der Reichswehr stärker als die jeder anderen staatlichen Einrichtung. So kann es kaum überraschen, daß er sich im Juni 1934 bereit zeigte, völlig skrupellos gegen einen Teil seiner eigenen Bewegung vorzugehen, nachdem in der Reichswehrführung die Sorge laut geworden war, daß das Heer in Zukunft einer dominierenden (Anfang 1934 rund zweieinhalb Millionen Mann starken) SA-Miliz untergeordnet werden könnte.

Eine grundlegende Auseinandersetzung mit der SA-Führung hatte schon beträchtliche Zeit vor der sogenannten »Nacht der langen Messer« am 30. Juni 1934 in der Luft gelegen. Ein Zusammenprall war praktisch unvermeidlich. Schon vor 1933 war die SA manchmal kaum zu zügeln gewesen und nur durch die wachsende Aussicht auf die Machtübernahme gerade noch bei der Stange gehalten worden. In der NS-Bewegung vor 1933 hatte die SA am stärksten das »putschistische« Element verkörpert, und in der Phase der »Machtergreifung« hatte ihr gewaltsames und offen terroristisches Vorgehen entscheidenden Anteil daran, daß sich die NS-Herrschaft so rasch etablieren konnte. Ihre rohe »Politik« erwies sich jedoch als kontraproduktiv, sobald nach den »Staatsfeinden« die eigentlichen Stützen der Staatsmacht ins Visier gerieten: die Verwaltungsbürokratie, die Polizei und die Armee.

Die SA-Führer hatten keine klaren alternativen Zukunftsvorstellungen zu bieten. Als sich dann die erste Aufregung über die nationalsozialistische »Revolution« gelegt hatte, stellten sie auf einmal fest, daß es nur eine halbe Revolution gewesen war und daß die »alte Garde« immer noch die wirklichen Zugänge zur Macht kontrollierte, während für die

SA-Mitglieder selbst nur ein paar Brosamen abgefallen waren. Ernst Röhms dunkle Andeutungen von einer »zweiten Revolution« und die willkürliche Einmischung von SA-Führern in lokale politische Entscheidungen riefen in konservativen Kreisen – und auch bei überzeugten Nationalsozialisten – Angst und heftigen Widerspruch hervor, denn sie wollten statt des Unruhe stiftenden »politischen Rowdytums«[12] der SA einen geordneten autoritären Staat.

Im Juni 1934 war es soweit, daß aufgrund der starken Beunruhigung, die von konservativen Kreisen jetzt offen zum Ausdruck gebracht wurde, und aufgrund der Spannungen zwischen Reichswehr und SA nun auch Hitlers eigene Stellung leicht in Gefahr hätte geraten können – vor allem nach dem in naher Zukunft zu erwartenden Tod des kränkelnden Reichspräsidenten Hindenburg. Als sich dann aus den Reihen der NS-Führungsspitze Göring und Himmler aus eigenen machtpolitischen Erwägungen heraus bereit zeigten, bei der Beseitigung Röhms zusammenzuarbeiten und sich zu diesem Zweck der SS zu bedienen, war das Schicksal der SA-Führung besiegelt. Hitler wurde überredet, den Schlag gegen die SA zu sanktionieren. In einer raschen, dramatischen Aktion wurden am 30. Juni zahlreiche SA-Führer von Gestapo- und SS-Kräften unter dem vorgeschobenen Vorwurf verhaftet, sich an Vorbereitungen zu einem Putsch beteiligt zu haben. Sie wurden auf der Stelle erschossen. Hitler flog selbst nach Bayern und beaufsichtigte persönlich die Verhaftung von Ernst Röhm, der anschließend im Gefängnis in München erschossen wurde. Man nutzte auch die Gelegenheit, um einige offene Rechnungen mit alten Feinden zu begleichen, darunter Gregor Straßer und General von Schleicher. Die »Nacht der langen Messer« forderte insgesamt rund 85 Todesopfer.

Die blutige Unterdrückung eines Teils seiner eigenen Bewegung war ein kritischer Moment im Konsolidierungsprozeß der Macht Hitlers. In erster Linie wurde dadurch die einzige Kraft innerhalb des Regimes ausgeschaltet, die fähig gewesen wäre, von innen heraus ernsthaft Widerstand zu

[12] Zum Begriff »politisches Rowdytum« (»politics of hooliganism«) siehe Richard Bessel, Political Violence and the Rise of Nazism. The Storm Troopers in Eastern Germany 1925–1934. New Haven, London 1984, S. 152.

leisten; sie hätte auch – und das mit größerer Wahrscheinlichkeit – von anderer Seite (vor allem in den Reihen der Reichswehr) Widerstand auslösen können, durch den Hitler vielleicht zu Fall gekommen wäre. Nach dem 30. Juni 1934 war die SA nichts weiter als eine zweckdienliche und völlig loyale Kraft, die – wie beim Pogrom von 1938 – ihr Gewaltpotential gegen hilflose Minderheiten richtete und nicht gegen die staatlichen Machthaber. Vom Machtverlust der SA profitierte am stärksten die SS – Hitlers Prätorianergarde, die ihm (anders als seine Anhängermassen) die ganze Zeit loyal ergeben war. Mit anderen Worten hatte die Machtverschiebung innerhalb des Regimes Hitlers eigene Stellung merklich gestärkt.

Noch weiter gefestigt wurde sie durch den Umstand, daß die Eliminierung der verhaßten und lästigen SA-Führung die konservativen Machtgruppen enger an Hitler und seine Vorstellung vom »Führerstaat« band. Auf diese Weise wurde die beiderseitige Abhängigkeit der traditionellen Eliten und des »Führers« untermauert. Der konservative Justizminister Gürtner sanktionierte die Morde nachträglich und erklärte, daß aus »Staatsnotwehr« außergewöhnliche Maßnahmen erforderlich gewesen seien. Und obwohl man in Offizierskreisen empört darüber war, daß sich unter den Opfern auch zwei ehemalige Generäle (von Bredow und von Schleicher) befanden, wurde doch durch Blomberg sichergestellt, daß die Reichswehr Hitler öffentlich für seine Tat dankte[13]. Wenige Wochen später legten alle Soldaten einen feierlichen Treueeid auf Adolf Hitler ab, nachdem Hindenburg gestorben war. Angesichts des Ehrenkodex der deutschen Streitkräfte läßt sich die Bedeutung dieses Eids schwerlich überschätzen. Ein ähnlicher Treueeid auf die Person des »Führers« (und nicht auf Hitler in seiner Funktion als Staatsoberhaupt) wurde auch von sämtlichen Beamten geleistet[14].

Der Beifall und die große Popularität, die die Ausschaltung der allgemein verhaßten SA dem »Führer« einbrachte, gaben seiner Macht weiteren Auftrieb. Durch Hindenburgs

[13] Zu Gürtners und Blombergs Reaktionen siehe Völkischer Beobachter vom 4. Juli beziehungsweise 21. August 1934; sowie Akten der Reichskanzlei. Die Regierung Hitler, S. 1358.

[14] Zum Soldaten- und Beamteneid siehe Reichsgesetzblatt 1934, Teil I, Nr. 98.

persönliche Dankesbotschaft, in der Hitler bescheinigt wurde, »das deutsche Volk aus einer schweren Gefahr gerettet« zu haben, wurde seine Tat sogar vom Staatsoberhaupt legitimiert[15]. Das Ansehen, das der Reichskanzler nun beim Volk genoß, war so groß wie nie zuvor.

Nicht zuletzt machte dieser Vorfall auch noch einmal allen potentiellen Gegnern deutlich, daß das Regime rücksichtslos Gewalt anwendete, sobald seine Interessen bedroht waren. Die hemmungslose Brutalität, mit der Hitler sich Ende Juni 1934 eines Teils seiner eigenen Bewegung entledigte, zeigt wieder einmal, daß an Maos Wort von der politischen Macht, die aus den Gewehrmündungen wächst, etwas Wahres ist. Angesichts einer derart skrupellosen Anwendung staatlicher Machtmittel war es kaum erstaunlich, daß die meisten Menschen, die inzwischen jeglicher anderer politischen Organisationsformen beraubt waren, ein Gefühl der Hilflosigkeit beschlich. Von 1934 an lag die effektive Möglichkeit, Hitler von innen her zu beseitigen, nur noch in der Hand von Personen, die direkten Zugang zu den Arsenalen und dem Zwangspotential des NS-Staates hatten: Angehörige der Reichswehr und der SS.

Beide hatten bereits erheblich von der Errichtung des NS-Regimes profitiert, bevor sie mit vereinten Kräften über die SA herfielen. Und beide wurden in den dreißiger Jahren auch weiterhin unverhältnismäßig stark vom Regime begünstigt. Zwar keimten bei einigen Armeeführern, denen die Gefahren des von Deutschland immer stärker eingeschlagenen Aggressionskurses Sorgen bereiteten, 1938 erste Gedanken an Widerstand auf, die schließlich im Putschversuch von 1944 gipfeln sollten, doch war die große Mehrheit der Generäle nur allzu bereit, der NS-Führung ihre uneingeschränkte Zusammenarbeit anzubieten. Solange alles gutging, war von dieser Seite her kaum ein Angriff gegen das Regime zu erwarten. Dies traf erst recht auf die SS zu – eine Organisation, die von der nationalsozialistischen Doktrin durchdrungen war und das ausführende Organ der Hitlerschen Ideologie bildete.

Außerhalb dieser beiden Schlüsselinstitutionen mußten Hoffnungen darauf, Hitler von innen her zu stürzen, verge-

[15] Völkischer Beobachter vom 3. Juli 1934.

bens sein. Dennoch hörte der Widerstand von Gruppen, die dem Regime feindlich gegenüberstanden, niemals auf. Tausende normaler Bürger aus allen Schichten der Bevölkerung wurden gnadenlos verfolgt, eingesperrt und nicht selten umgebracht, weil sie sich dem Regime widersetzt hatten. Besonders die Kommunisten litten schwer: Von ihnen wurden rund 150000 – und damit rund die Hälfte aller Mitglieder, die die KPD unmittelbar vor Beginn der NS-Herrschaft gehabt hatte – inhaftiert oder aber hatten ein noch schlimmeres Los. Über 12000 Deutsche wurden zwischen 1933 und 1939 des Hochverrats für schuldig befunden. Und als im Krieg die Anzahl der bei Todesstrafe verbotenen Delikte von drei auf 46 stieg, fällten deutsche Zivilgerichte mehr als 15000 Todesurteile[16].

Der Widerstand war jedoch zwangsläufig fragmentarisch, gespalten und isoliert; er hatte keinerlei Möglichkeit, eine Massenbasis zu entwickeln. Daß es dabei blieb, wurde nach 1933 durch umfangreiche und intensive Repressionsmaßnahmen sichergestellt; durch Zwistigkeiten, Mißtrauen und das Fehlen eines gemeinsamen Ziels war der Boden dafür allerdings schon vor der nationalsozialistischen Machtübernahme bereitet worden. Die Wirkung der nationalsozialistischen Repression faßte die SoPaDe-Führung 1939 in einer Analyse, die auf regelmäßigen Berichten aus Widerstandskreisen in Deutschland basierte, treffend mit den Worten zusammen: »Diejenigen, die früher gedacht haben, denken auch heute noch, und die, die schon früher *nicht* gedacht haben, denken jetzt noch weniger. Nur daß die Denkenden heute die Nichtdenkenden nicht mehr zu führen vermögen.«[17] Hier wird mit anderen Worten angedeutet, daß sich Hitlers Macht in erster Linie deshalb so stark ausdehnen konnte, weil die tatsächliche genauso wie die potentielle Opposition durch beispiellose und ungehemmte Repressionsmaßnahmen des NS-Staats unterdrückt, eingeschüchtert und zerschlagen worden war.

[16] Zu den angeführten Zahlen siehe Richard Löwenthal und Patrick von zur Mühlen (Hrsg.), Widerstand und Verweigerung in Deutschland 1933 bis 1945. Berlin, Bonn 1984, S. 83; Hedley Bull (Hrsg.), The Challenge of the Third Reich. Oxford 1986, S. 93.

[17] Deutschland-Berichte der Sozialdemokratischen Partei Deutschlands (SoPaDe), Bd. 6, S. A77, 12. Juli 1939.

Daß politische Gegner starken Repressionen ausgesetzt sind, ist ein typisches Merkmal autoritärer Regime in der Phase der »Machtübernahme«. Häufig läßt die intensive Repression aber nach dem ersten Blutbad nach; man geht zu einer unschönen, größtenteils negativen Kontrolle der Gruppen über, die man als potentiell ernste Gefahr für das Regime betrachtet. Das war selbst in faschistischen oder quasi-faschistischen Regimen, etwa unter Mussolini oder Franco, der Fall. Obwohl es in Deutschland 1933/34 in der ersten Umbruchsphase zu weit drakonischeren Gewalttaten kam, war auch hier ein »Nachlassen« der Repression zu beobachten. Während die Nationalsozialisten bis zum 31. Juli 1933 fast 27000 Personen in »Schutzhaft« genommen hatten, sank die Anzahl der KZ-Häftlinge bis zum Winter 1936/37 auf rund 7500 – der niedrigste Stand während der gesamten NS-Zeit[18]. Doch gab es bereits Pläne zu einer Ausweitung der Lager und der Häftlingskategorien.

Daraus wird deutlich, daß die Repression im nationalsozialistischen Deutschland nicht statisch, sondern dynamisch war. Ein Schlüssel zu diesem dynamischen Radikalisierungsprozeß findet sich in der unerbittlichen Aushöhlung des Legalitätsprinzips unter dem Druck eines Polizeistaates, in dem sich der übliche repressive Charakter politischer Überwachung mit dem ideologischen Elan einer Eliteorganisation der Partei – der SS – mischte. Da diese Organisation von ihrem Charakter her Hitlers ideologischen Forderungen am nächsten stand und sich selbst als ausführendes Organ der »Idee« des Führers betrachtete, lassen sich Art und Umfang der Macht Hitlers zu einem wesentlichen Teil durch die wachsende Macht der SS erklären; bei ihr waren staatlicher Repressionsapparat und ideologische Parteidynamik zu einer Institution vereint, die mehr als jede andere darauf bedacht war, dem Führer in die Hände zu arbeiten.

[18] Anatomie des SS-Staates, Bd. 2, S. 25f. und 75.

Deutschland hatte 1933 erst eine kurze, krisenhafte Zeit der Demokratie hinter sich, besaß allerdings eine weit stärkere rechtsstaatliche Tradition, die auf positivistischen Rechtsprinzipien basierte. Mit dieser Tradition wurde im NS-Staat schrittweise, aber unerbittlich gebrochen. Dabei wurde vom Hitlerregime nicht etwa das bisherige Strafrecht durch ein neues, nationalsozialistisches ersetzt. Es stimmt zwar, daß die Vorbereitungen für ein neues Strafgesetzbuch, in dem schon die Absicht zur Begehung eines Verbrechens unter Strafe gestellt werden sollte, 1935 bereits weit gediehen waren; aber man war der Meinung, daß es selbst in der neuen Fassung das Regime in seinen Anforderungen noch zu sehr eingeengt hätte, und ließ daher den Vorschlag fallen.

Im Parteiprogramm von 1920 war davon die Rede gewesen, daß der Aufbau der Gesellschaft nach germanischen Rechtsgrundlagen zu erfolgen habe. Doch jegliche Hoffnungen, die von dem führenden Juristen der Partei, Hans Frank, und anderen rechtskundigen Mitgliedern der Bewegung in dieser Richtung gehegt wurden, sollten sich schon bald als illusorisch erweisen. Es war in der Tat sehr bezeichnend, wie das Regime mit dem Recht umging. Am Zivilrecht wurde kaum etwas geändert. Der Schlüsselbereich war das Strafrecht, welches das Regime hemmungslos für seine Zwecke nutzte. Dabei ging es opportunistisch und prinzipienlos vor: Dort, wo einzelne Rechtsnormen der NS-Führung gelegen kamen, wurden sie angewandt; wo sie sich als hinderlich erwiesen, wurden sie umgangen, ignoriert oder einfach fallengelassen.

Das nationalsozialistische Deutschland war Schauplatz eines Konfliktes zwischen noch bestehenden Rechtsnormen und willkürlichen Polizeiaktionen – ein von Anfang an ungleicher Kampf. Und als das Klima, in dem man einen Schein von Legalität hatte wahren können, sich während des Kriegs schlagartig verschlechterte, ging die fortwährende Unterhöhlung der Rechtsnormen so weit, daß die Vertreter der Rechtspflege vor den Forderungen der polizeilichen Exekutive völlig kapitulierten.

Die meisten deutschen Richter und Anwälte waren der

Weimarer Republik gegenüber feindselig eingestellt gewesen, weil sie ihre juristische Unabhängigkeit bedroht und ihre materiellen Interessen sowie ihren Status beeinträchtigt sahen. Von ihrer politischen Überzeugung her waren sie eher national-konservativ als direkt nationalsozialistisch, begrüßten 1933 aber allgemein das neue Regime, weil es für einen autoritären Staat zu sorgen versprach, der denen eine größere Autorität verleihen würde, die für die Aufrechterhaltung von »Recht und Ordnung« verantwortlich waren.

Ein typisches Beispiel für solche Ansichten ist Reichsjustizminister Franz Gürtner – kein Nationalsozialist, sondern ein Konservativer, der erpicht darauf war, eine stabile, autoritäre Herrschaft zu errichten und diese durch eine Rechtsprechung zu stützen, die nicht mehr an dem liberalen Rechtsgrundsatz festhielt, den einzelnen gegenüber dem Staat zu schützen. Gürtner war bereit, die offenkundigen Verbrechen, die in der Phase der »Machtübernahme« 1933/34 begangen wurden, öffentlich zu sanktionieren, da sie in einer außergewöhnlichen Situation (und damit außerhalb des rechtlichen Rahmens) notwendig gewesen seien. Er akzeptierte, daß van der Lubbe aufgrund einer nachträglichen Rechtsänderung für die Brandstiftung im Reichstag zum Tode verurteilt wurde, obwohl das geltende Recht zum Zeitpunkt des Delikts dafür Zuchthausstrafe vorsah. Und nach dem Massaker an der SA-Führung billigte der konservative Reichsjustizminister diese Aktion mit der Begründung, »daß die vor dem unmittelbaren Ausbruch einer landesverräterischen Aktion ergriffenen Notwehrmaßnahmen nicht nur als Recht, sondern als staatsmännische Pflicht zu gelten haben«[19]. Gürtner war darauf bedacht, das Rechtssystem aufrechtzuerhalten und zwischen der Rolle der Justiz und derjenigen der Polizei bewußt zu trennen. Seine Ansichten und Handlungen lassen aber deutlich erkennen, wie leicht sein Standpunkt von jenen Kräften im Regime ausgenutzt werden konnte, die – angefangen bei Hitler – völlig skrupellos mit herkömmlichen Rechtsprinzipien umgingen.

Daß die Position derjenigen, die für die Rechtsförmigkeit eintraten, so hoffnungslos war, lag letzten Endes daran, daß sie bereitwillig die einzigartige Stellung und unbegrenzte

[19] Völkischer Beobachter vom 4. Juli 1934.

Macht des »Führers« akzeptierten, obwohl dieses Prinzip vom Kern her der Prämisse einer Herrschaft auf der Basis von Rechtsnormen völlig zuwiderlief.

Nach den Worten des Reichsführers des NS-Juristenbundes, Hans Frank, war das Staatsrecht des Dritten Reiches nichts anderes als »die rechtliche Formulierung des geschichtlichen Wollens des Führers«[20]. Solche Ansichten laufen darauf hinaus, die legal-rationale Autorität einer charismatischen unterzuordnen – um mit Max Webers Begriffen zu sprechen. Hier hat der Wille, der auf »herausragenden Leistungen« beruht, abstrakte, unpersönliche Rechtsgebote als grundlegende Rechtsprämisse ersetzt.

Ein solcher Standpunkt wurde in Deutschland nicht nur von hochrangigen Nationalsozialisten wie Hans Frank vertreten, sondern auch von ganz bekannten und angesehenen Rechtstheoretikern, die sich in der Quadratur des Kreises übten, um Hitlers Autorität in Rechtsbegriffe zu fassen. Beispielsweise bezeichnete der führende Verfassungsexperte Ernst Rudolf Huber das Recht als »nichts anderes, als der vom Führer ausgehende Ausdruck der Gemeinschaftsordnung, in der das Volk lebt«. Daher sei es »nicht möglich, die Gesetze des Führers an einer ihnen übergeordneten Rechtsidee zu messen, da jedes Führergesetz unmittelbar Ausdruck dieser völkischen Rechtsidee ist«[21].

Aus der Erklärung, daß das Amt des Führers von seinem Ursprung her kein staatliches, sondern ein aus der Bewegung erwachsenes Amt sei, leitete Huber ab, daß man nicht von »Staatsgewalt«, sondern von »Führergewalt« sprechen müsse, worunter eine personalisierte politische Gewalt zu verstehen sei, die »dem Führer als dem Vollstrecker des völkischen Gemeinwillens« gegeben ist. Diese »Führergewalt« war seiner Ansicht nach »umfassend und total«, durch keinerlei Kontrolle eingeschränkt, »frei und unabhängig, ausschließlich und unbeschränkt«[22].

[20] Hans Frank, Im Angesicht des Galgens. München 1953, S. 466f. (Die geistesgeschichtliche Lage der deutschen Rechtswissenschaft, Rede gehalten vor der Akademie für deutsches Recht am 18. Juni 1938).

[21] Deutschland-Berichte der Sozialdemokratischen Partei Deutschlands (SoPaDe), Bd. 5, S. B32, April/Mai 1938.

[22] Ernst Rudolf Huber, Verfassungsrecht des Großdeutschen Reiches. 2. Aufl. Hamburg 1939, S. 230.

Solche Interpretationen von sehr angesehenen Rechtstheoretikern leisteten den Nationalsozialisten insofern unschätzbare Dienste, als durch sie eine Herrschaftsform legitimiert wurde, die trotz aller mystischen Theoretisiererei effektiv die Herrschaft des Rechts zugunsten einer willkürlichen politischen Willensäußerung untergrub.

Doch obwohl Anwälte und Richter in dem vergeblichen Bemühen, ihre Autorität und ihr Rechtsprechungsmonopol zu sichern, bereit waren, selbst den drakonischsten Forderungen des Regimes nachzukommen, wurde ihr Dienst am nationalsozialistischen Staat von der NS-Führung nicht in entsprechendem Maße gewürdigt. Vielmehr scheint es, daß die Richter um so mehr verachtet und mißbraucht wurden, je heftiger sie sich bemühten, ihren nationalsozialistischen Herren zu dienen.

Hitler selbst hatte nichts als Verachtung für sie übrig. Er vertrat den Standpunkt, daß »jeder, der Jurist sei, entweder von Natur defekt sein müsse oder aber es mit der Zeit werde«[23]. Dabei ging es nicht nur um persönliche Schmähung. Hitler haßte den »fiktiven Rechtsbegriff«[24], denn die Justiz müsse sich zur Erhaltung der Gesellschaftsordnung jedes erforderlichen Mittels bedienen; sie sei kein Selbstzweck[25]. Das Recht kann per definitionem niemals einen »Willen« vorsehen, wie er für die Nationalsozialisten Handlungsvoraussetzung war; es ist reaktiv, nicht aktiv. Es kategorisiert, liefert Regeln und bedeutete für die Nationalsozialisten eine unannehmbare Einengung, denn bei aller Strenge konnte es doch nie ganz das »gesunde Volksempfinden« widerspiegeln. Vor allem aber war irgendeine theoretische oder praktische Begrenzung der Machtausübung des »Führers« undenkbar.

Das Recht konnte folglich vom nationalsozialistischen Standpunkt aus höchstens als etwas nur teilweise Befriedigendes empfunden werden – etwas, das man benutzen und ausnutzen mußte, das aber dort zu mißachten war, wo es den vorrangigen Notwendigkeiten des Staates, der Bewe-

[23] Henry Picker, Hitlers Tischgespräche im Führerhauptquartier. 2. Aufl. Stuttgart-Degerloch 1963, S. 225.

[24] Werner Jochmann (Hrsg.), Adolf Hitler. Monologe im Führerhauptquartier 1941–1944. Hamburg 1980, S. 59.

[25] Ebenda, S. 350.

gung, der »Idee« und des »Führers« zuwiderlief. Die Kollision zwischen »rechtlicher« Autorität und »charismatischer« Führermacht war daher untrennbar mit dem Wesen des Nationalsozialismus verbunden.

Indem Hitler in wachsendem Maße willkürlich in den Rechtsprozeß eingriff und dafür sorgte, daß die Autonomie der Polizeiorgane auf Kosten der richterlichen Kontrolle gestärkt wurde, schuf er selbst den Rahmen für die völlige Aushöhlung des Legalitätsprinzips im Dritten Reich. So sehr sich die Juristen auch bemühten, »im Sinne des Führers« zu arbeiten, konnte er doch keinesfalls hinnehmen, daß das Instrument zur Durchsetzung seines Willens von irgendwelchen Rechtsnormen eingeengt worden wäre. Folglich ging mit dem Verfall der herkömmlichen Kraft der Gesetze denn auch eine enorme Machterweiterung bei den vereinten Polizei- und SS-Kräften einher, die zum ausführenden Organ der Macht des Führers wurden.

Im Laufe des Winters 1933/34 hatte der »Reichsführer-SS«, Heinrich Himmler, zusammen mit seinem Kumpanen Reinhard Heydrich, der den parteiinternen »Sicherheitsdienst« (SD) der SS leitete, die politische Polizei in allen Ländern außer Preußen unter seine Kontrolle gebracht. Obwohl sich Göring in seiner Eigenschaft als Ministerpräsident von Preußen bemühte, die preußische Gestapo weiter in seinem Einflußbereich zu halten, war er nicht in der Lage, Himmlers wachsender Herausforderung wirksam zu begegnen. Im April 1934 wurde Himmler zum Inspekteur der preußischen Gestapo ernannt und unterstand als solcher nominell Ministerpräsident Göring, während Heydrich in Berlin als Leiter des preußischen »Geheimen Staatspolizeiamts« fungierte. Nachdem die SS dann im Juni 1934 bei dem Massaker an der SA-Führung eine so entscheidende Rolle spielte, hatte Göring Himmlers Druck noch weniger entgegenzusetzen. Schließlich besaß er über die Gestapo praktisch keine Kontrolle mehr und überließ dem »Reichsführer-SS« im Herbst offiziell alle effektiven Machtbefugnisse.

Ein »Aufgabenfeld«, in dem es Himmler gelungen war, sich einen expandierenden Machtbereich mit uneingeschränkter Autonomie außerhalb normaler richterlicher Prozeduren aufzubauen, waren die Konzentrationslager. Bis zum Frühjahr 1934 waren die meisten der »wilden« Konzentrationslager aufgelöst worden, die für die Phase der »Machtergreifung« typisch gewesen waren. Und nach dem vernichtenden Schlag gegen die SA ging die uneingeschränkte Kontrolle über sämtliche Lager auf die SS über, wobei dem Lager Dachau eine organisatorische Modellfunktion zukam. Mit der Reichstagsbrand-Verordnung vom 28. Februar 1933 war die rechtliche Grundlage für die Machtausweitung durch den Aufbau der Konzentrationslager geschaffen worden; sie sah eine polizeiliche »Schutzhaft« ohne jedes Gerichtsurteil vor. Rein technisch gesehen fielen die Lager damit in den Zuständigkeitsbereich der Staatspolizei, wurden jedoch faktisch von einer Parteigliederung, der SS, geleitet, nachdem Himmler und Heydrich die Polizei erfolgreich unter ihre Kontrolle gebracht hatten.

Obwohl von den Justizbehörden und von Reichsinnenminister Frick versucht wurde, das ihrer Kontrolle entzogene Schutzhaftsystem einzuschränken oder sogar zu beenden, wurde die Autonomie von SS und Gestapo im Bereich der Lager und der »Schutzhaft« – mit Hitlers ausdrücklicher Unterstützung – eher gestärkt als geschwächt. Zwar hatte Frick im April 1934 Richtlinien zur Eingrenzung von »Schutzhaft«-Maßnahmen erlassen, die nach der »Röhm-Affäre« von Hitler öffentlich gutgeheißen worden waren, doch konnte Himmlers Polizei in der Praxis mit Hitlers Unterstützung rechnen, wenn sie wieder einmal deutlich gegen Fricks Verordnung verstoßen hatte. Als der Reichsjustizminister im Jahre 1935 zum Beispiel bei Himmler wegen der großen Zahl von Todesfällen in den Konzentrationslagern vorstellig wurde und außerdem verlangte, daß Anwälte zugegen sein müßten, wenn Personen in »Schutzhaft« genommen würden, ging Himmler mit dieser Angelegenheit zu Hitler und erhielt von ihm die gewünschte Rückendeckung: »Besondere Maßnahmen werden bei der ohnehin gewissenhaften Leitung der Konzentrationslager nicht als notwendig erachtet«; »der Führer hat die Hinzuziehung von Rechtsanwälten verboten«[26].

In der vergeblichen Hoffnung, in diesem Bereich doch noch eigene Kontrollbefugnisse durchsetzen zu können, protestierte das Reichsinnenministerium 1935 in einem aus-

[26] Anatomie des SS-Staates, Bd. 2, S. 46.

führlichen Memorandum gegen die mißbräuchliche Anwendung der »Schutzhaft« und die daraus resultierende »Rechtsunsicherheit«[27]. Doch gegen den expandierenden Gestapo/SS-Apparat, der in allen wesentlichen Belangen von Hitler unterstützt wurde, besaß Frick kaum Erfolgsaussichten. Himmler machte am 10. Februar 1936 bei der Abfassung eines neuen preußischen Gestapo-Gesetzes zwar nominelle Zugeständnisse, konnte aber auch durch zweideutige Formulierungen nicht darüber hinwegtäuschen, daß die Autonomie der Gestapo intakt belassen wurde. Nach Ansicht der Gestapo wurde durch das Gesetz die Trennung der »nach besonderen Grundsätzen und Notwendigkeiten handelnden Geheimen Staatspolizei« von der »nach allgemeinen und gleichmäßigen rechtlichen Ordnungen arbeitenden Verwaltung« besiegelt[28].

Als Hitler mit Erlaß vom 17. Juni 1936 das neue staatliche Amt eines Chefs der Deutschen Polizei schuf und dieses gleichzeitig mit dem Parteiamt des »Reichsführers-SS« verband, hatte Himmler auf ganzer Linie über Frick gesiegt. Wenn er auch als Polizeichef nominell Frick unterstand, so war er als »Reichsführer-SS« doch allein Hitler unterstellt. Kaum mehr als eine Woche später wurden die politische und die Kriminalpolizei zur »Sicherheitspolizei« unter Heydrichs Leitung zusammengefaßt und so der Prozeß der Schaffung eines massiven, autonomen, eigene politische Ziele verfolgenden Einflußbereichs abgerundet. Durch diesen Schritt waren nun auch herkömmliche »kriminelle« Handlungen Sache der politischen Polizei, die zu einem äußerst mächtigen Apparat geworden war, der außerhalb der sonst üblichen Regierungskontrolle als direktes Ausführungsorgan des »Führerwillens« arbeitete. Ein weiterer wichtiger Schritt war die Verschmelzung der »Sicherheitspolizei« (Sipo) mit dem »Sicherheitsdienst« (SD) der SS zum »Reichssicherheitshauptamt« (RSHA), die 1939 erfolgte. Im Vergleich zu den großen Veränderungen des Jahres 1936 war dies jedoch weniger eine substantielle Verschiebung als eine organisatorische Umstrukturierung.

Die Veränderungen, die sich im Verhältnis zwischen

[27] Ebenda, S. 39.
[28] Ebenda, Bd. 1, S. 54.

Recht und Polizei in den Jahren 1933 bis 1936 abspielten – weitere Verschiebungen während der restlichen Jahre des Dritten Reichs waren im wesentlichen Folgeerscheinungen –, waren für Art und Umfang der Macht Hitlers von grundlegender Bedeutung. Hitler hatte bei allen wichtigen Gelegenheiten die außergesetzliche Macht der Polizei gedeckt. 1936 wurde die Polizei mit der in ideologischer Hinsicht dynamischsten Parteigliederung, der SS, institutionell vereinigt. Die Justiz befand sich in jeder Hinsicht in der Defensive. Sie akzeptierte, daß Hitler höchste Macht über das Gesetz besaß und daß deren Ursprung außerhalb jedes herkömmlichen staatlichen Amtes lag. Außerdem gingen sie bei Strafurteilen Kompromisse ein. Und es gelang ihnen nicht, in die Polizeidomäne der »Schutzhaft« und der Konzentrationslager vorzudringen. In einer grotesken Parodie der Rechtspflege sahen sich manche Strafverteidiger gegen Ende der dreißiger Jahre bisweilen gezwungen, für ihre Klienten eine übertrieben strenge Bestrafung zu fordern, damit sie wenigstens in staatliche Gefängnisse und nicht in Konzentrationslager eingewiesen würden. Dadurch ließ sich allerdings nicht verhindern, daß Häftlinge nach ihrer Entlassung aus dem Gefängnis gleich wieder in Polizeigewahrsam kamen und daß Personen, die man freigesprochen hatte oder bei denen nach Ansicht der Polizei ein zu mildes Urteil gefällt worden war, in »Schutzhaft« genommen wurden.

Als sich Reichsjustizminister Gürtner eine Woche nach Kriegsbeginn erstaunt erkundigte, aufgrund welcher Befugnis Himmler der Presse mitteilen könne, daß er ohne irgendein Gerichtsverfahren die Exekution mehrerer Personen angeordnet habe, erhielt er zur Antwort, Hitler selbst habe die Erschießungen genehmigt[29]. Während des Krieges griff Hitler immer häufiger willkürlich in Gerichtsprozesse ein. Und nachdem der fanatische Nationalsozialist Thierack 1942 zu Gürtners Nachfolger ernannt wurde, kapitulierte die Justiz bald völlig vor der Macht der Polizei. Inzwischen war Hitlers Stellung als – an kein formales Recht gebunde-

[29] Lothar Gruchmann, Rechtssystem und nationalsozialistische Justizpolitik. In: Martin Broszat und Horst Möller (Hrsg.), Das Dritte Reich. München 1983, S. 84.

ne – höchste Rechtsinstanz am 26. April 1942 vom Reichstag in seiner allerletzten Sitzung förmlich anerkannt worden[30].

Es ist nicht nötig, an dieser Stelle im einzelnen auszuführen, wie der Zuständigkeitsbereich der SS/Polizei während des Krieges immer weiter ausgedehnt wurde. Hier soll nur festgehalten werden, daß Hitler parallel dazu den Gipfel seiner persönlichen Macht erreichte und die ideologischen Ziele durchsetzen konnte, die er – mehr allgemein als konkret – seit Anfang der zwanziger Jahre vertreten hatte. Mit der Aushöhlung des Rechts und dem Aufbau einer von der nationalsozialistischen Ideologie erfüllten politischen Polizei waren die instrumentellen Voraussetzungen für die volle Entfaltung von Hitlers Macht und für die Verwirklichung von zentralen Aspekten seiner Weltanschauung gegeben.

Am Tag seiner Ernennung zum Chef der Deutschen Polizei verkündete Himmler, daß er seine Aufgabe darin sehe, »die Polizei, zusammengeschweißt mit dem Orden der Schutzstaffeln, zum Schutz des Volkes nach innen aufzubauen« in einem »Kampf von Menschenaltern« gegen den »alles zerstörenden Bolschewismus«[31].

Im gleichen Jahr, 1936, erklärte Heydrichs Stellvertreter im Geheimen Staatspolizeiamt, Dr. Werner Best, die Aufgabe der politischen Polizei bestehe darin, den »politischen Gesundheitszustand des deutschen Volkskörpers« zu überwachen, um jedes »Krankheitssymptom« rechtzeitig zu erkennen und etwaige »Zerstörungskeime« mit jedem geeignet erscheinenden Mittel auszumerzen. Zur Erfüllung dieser Aufgabe benötige die Polizei Befugnisse, die sich »allein aus der neuen Staatsauffassung« ableiteten, »ohne daß es einer besonderen gesetzlichen Legitimation bedarf«. Entsprechend sah er in der politischen Polizei ein »Staatsschutzkorps neuer und eigener Art, dessen Angehörige sich [...] als Mitglieder eines kämpferischen Verbandes fühlen«[32].

Von dieser Doktrin erfüllt und mit der zu deren weiterer Entwicklung erforderlichen Autonomie ausgestattet, konnte die politische Polizei ihre Aktivitäten ausdehnen und dem

[30] Max Domarus, Hitler. Reden und Proklamationen 1932–1945. Wiesbaden 1973, S. 1865–1877. Siehe außerdem Dieter Rebentisch, Führerstaat und Verwaltung im Zweiten Weltkrieg. Stuttgart 1989, S. 418–422.

[31] Anatomie des SS-Staates, Bd. 1, S. 118.

[32] Ebenda, Bd. 2, S. 51.

»Führer« dadurch in die Hände arbeiten, daß sie unzählige angebliche Staats- und Volksfeinde verfolgte, die dieser in seiner persönlichen Ideologie zu Zielgruppen bestimmt hatte: Juden, Kommunisten (und andere Marxisten), Freimaurer, »politisch aktive« Kirchenvertreter, Zeugen Jehovas, Homosexuelle, Zigeuner, »Asoziale« und »Gewohnheitsverbrecher«. So wurde die Schraube der Diskriminierung immer weiter angezogen.

Die Schaffung einer repressiven Organisation, deren dynamisches ideologisches Ziel eng mit der »charismatischen« Mission des »Führers« verknüpft war, hatte für Hitlers Machtausübung entscheidende Bedeutung. Zu Beginn dieses Kapitels wurde allerdings bereits darauf verwiesen, daß es falsch wäre, Repression und Konsens voneinander zu trennen und davon auszugehen, daß die deutsche Bevölkerung gegen ihren Willen der Macht und Tyrannei der Gestapo unterworfen gewesen wäre. Zwar sorgten in der Endphase des Krieges, als der allgemeine Konsens untergraben war, die eskalierenden Unterdrückungsmaßnahmen maßgeblich dafür, daß es nicht wie 1917/18 zu einem inneren Zusammenbruch kam, doch hatte nicht allein Hitler, sondern auch der Polizeiapparat, der eine so entscheidende Stütze seiner Macht bildete, im Dritten Reich die meiste Zeit über in der Bevölkerung breiten Rückhalt.

Ohne diese Unterstützung hätte die politische Polizei, die in der ersten Zeit nach 1933 noch keineswegs über viele Stellen verfügte und keine umfassenden Überwachungsmöglichkeiten besaß, in der Tat eine weit geringere repressive Kapazität besessen. Noch im Jahre 1937 gab es in Düsseldorf bei rund einer halben Million Einwohner nur 126 Gestapo-Beamte, in Essen waren es 43 bei 650000 Einwohnern, und in Würzburg sollten 22 Beamte die Überwachung der gesamten Bevölkerung von Unterfranken (840000 Menschen) gewährleisten[33]. In frappierend vielen Fällen wurde die Gestapo erst aufgrund von Denunziationen aus der Bevölkerung aktiv.

Nach Erlaß der »Heimtücke-Verordnung« vom 21. März 1933, durch das beleidigende oder subversive Äußerungen

[33] Robert Gellately, The Gestapo and German Society. Political Denunciation in the Gestapo Case Files. In: Journal of Modern History 60 (1988), S. 665.

gegen den Staat und seine Führung verboten wurden, kam es zu einer Welle von Denunziationen, bei denen häufig politische mit persönlichen Motiven verknüpft waren. Am Arbeitsplatz, im Wohnblock oder in der Kneipe gaben soziale »Außenseiter« oft eine besondere Zielscheibe für Denunzianten ab. Als Folge wurde die denunzierte Person meist in »Schutzhaft« genommen oder vor eines der »Sondergerichte« gestellt, die 1933 zur rascheren Aburteilung politischer Fälle eingerichtet worden waren.

Die noch vorhandenen Akten des Münchner Sondergerichts aus den Jahren 1933 bis 1945 umfassen rund 10000 Fälle, und es deutet nichts darauf hin, daß München unter den deutschen Gerichtsbezirken, die alle mit einem Sondergericht ausgestattet waren, eine besondere Ausnahme gebildet hätte. Was die Akten der Gestapo selbst betrifft, so wurden beispielsweise in Würzburg Unterlagen über rund 19000 Einzelfälle gefunden; dabei hatte sich die Gestapo in großem Maße auf Denunziationen aus der Bevölkerung gestützt und die meisten der Denunzierten in »Schutzhaft« genommen[34]. Die »Personalakten« der Gestapoleitstelle in Düsseldorf, die den Zusammenbruch des Dritten Reichs überdauert haben (und schätzungsweise 70 Prozent der ursprünglichen Akten umfassen), belaufen sich auf die schwindelerregende Summe von 72000 Fällen[35]. Ohne die »Schnüffler« und Denunzianten, die sich bereit fanden, dem »Führer« aus meist eigennützigen Motiven in die Hände zu arbeiten und Mitbürger aus irgendwelchen Gründen der brutalen Behandlung der Gestapo auszuliefern, hätte ein solches auf Furcht und Schrecken fußendes System bei weitem nicht so wirksam funktionieren können.

[34] Ebenda, S. 656.

[35] Reinhard Mann, Protest und Kontrolle im Dritten Reich. Frankfurt a.M., New York 1987, S. 66.

Viertes Kapitel
Plebiszitäre Macht

Nach der Machtübernahme entfaltete der Nationalsozialismus eine Dynamik, die ihn deutlich von anderen – faschistischen oder partiell faschistischen – rechtsautoritären Regimen der damaligen Zeit unterschied. An die rastlose Energie, die wachsende Stoßkraft und die »kumulative Radikalisierung«[1] des Hitler-Regimes reichte Mussolinis Herrschaft in Italien oder gar Francos faschistisch geprägtes, autoritäres Regime in Spanien nicht im entferntesten heran. In keiner Phase verlor der Hitler-Staat seine Schwungkraft und »pendelte« sich auch nicht auf ein »nur« repressives, konservativreaktionäres, autoritäres Niveau ein.

Das überraschte damals viele Menschen. Im In- und Ausland ging man zu dem Zeitpunkt, als Hitler Reichskanzler wurde, auf seiten der Linken wie der Rechten mehrheitlich davon aus, daß die ursprünglichen revolutionären Impulse mit der Zeit nachlassen und die traditionell herrschenden Eliten dann die Zügel der Macht wieder an sich nehmen würden. Man unterschätzte in krassem Maße Hitlers Fähigkeit, seine Macht zu festigen und auszuweiten, und ging – wie sich im Bereich der außenpolitischen Beziehungen etwa in der britischen und französischen Appeasement-Politik zeigte – davon aus, daß die nationalsozialistische Propaganda und Mobilisierung nur an der Oberfläche wirksam seien und herkömmliche Machtstrukturen und traditionelle politische Ziele in Deutschland weiter Bestand hätten. Dabei wurde übersehen, in welchem Maße Vertreter der traditionellen Eliten gegen Ende der dreißiger Jahre an entscheidenden Stellen bereits durch Kräfte ersetzt worden waren, die sich mit Hitler verbündet hatten, dessen Macht immer stärker absolutistische Züge annahm.

Die Ausweitung seiner Macht sowie die – teils als deren Ursache, teils als deren Wirkung zu begreifende – zuneh-

[1] Siehe zu diesem Begriff Hans Mommsen, Der Nationalsozialismus. Kumulative Radikalisierung und Selbstzerstörung des Regimes. In: Meyers Enzyklopädisches Lexikon, Bd. 16 (1976), S. 785ff.

mende Radikalisierung und unerschöpfliche Dynamik des Regimes lassen sich allerdings nicht einfach auf Hitlers Persönlichkeit und seine ideologischen Intentionen zurückführen. Vielmehr sind sie nicht von der Motivation der zahlreichen Anhänger des Nationalsozialismus zu trennen. Die vielfältigen sozialen Erwartungen, die man an das Regime stellte und die auf einem weitgehenden Grundkonsens beruhten, hatten ihren gemeinsamen Nenner im Bild des »Führers«; und aus diesem Bild ließ sich für die Nationalsozialisten immer wieder Kapital schlagen, weil es ein beträchtliches Maß an Zustimmung und plebiszitärer Unterstützung erzeugte. Dadurch wurde Hitlers Stellung als vergötterter Führer weiter gestärkt, sein »Absolutismus« konnte wachsen, und gegen Ende der dreißiger Jahre hatte er ein relativ hohes Maß an Unabhängigkeit von den traditionell herrschenden Eliten erreicht. Die Schwungkraft des Regimes hatte in dieser Hinsicht seine Wurzeln in dem radikalen Veränderungsdruck, der in der Krise am Ende der Weimarer Republik in den utopischen Hoffnungen und Erwartungen zum Ausdruck kam, die mit der Aussicht auf eine nationale Erneuerung verknüpft wurden.

Für die dreizehn Millionen Deutschen, von denen Hitler 1932 gewählt wurde, und für die weiteren Millionen, die nach 1933 bereit waren, ihm ihr Vertrauen zu schenken, verkörperte der »Führer« diese Hoffnung auf einen neuen Aufschwung. Die Masse der Anhänger fühlte sich nicht deshalb zu Hitler hingezogen, weil sie seine spezifische Weltanschauung teilte, sondern weil er so klar und deutlich wie kein anderer ihre Hoffnung auf eine nationale Wiedergeburt und die Vernichtung der angeblichen Feinde des Volkes zum Ausdruck brachte. Diese partielle Übereinstimmung der Motivation Hitlers und seiner Anhängermassen genügte jedoch, um der Macht des »Führers« eine plebiszitäre Legitimationsbasis zu geben. Tatsächlich bildete in gewissem Sinne der Umstand, daß Hitler sich seiner plebiszitären Unterstützung und seines Ansehens im Volk augenscheinlich immer wieder versichern zu müssen glaubte, eine wichtige Bedingung seiner Machtausübung.

Als »Auffangbecken aller möglichen Protestwähler«[2] gelang es der NSDAP schon vor 1933, mit ihrer Haßpropaganda und Beschwörung einer deutschen Erneuerung durch die Schaffung einer »Volksgemeinschaft«, weitgehend konträre Teile der Gesellschaft oberflächlich zu einen. In gewisser Weise agierte die NS-Bewegung als eine Art »Über-Interessengruppe«, die recht unterschiedliche und zuweilen sogar miteinander unvereinbare soziale Forderungen zum einheitlichen Zukunftsbild einer nationalen Erneuerung verband. Durch die Erweiterung ihres Organisationsrahmens ab 1929/30 war die NSDAP weit besser als jede andere politische Partei der damaligen Zeit in der Lage, auf ein breites Bevölkerungsspektrum – das sich insbesondere, aber keineswegs nur, aus der in viele Gruppen aufgesplitterten Mittelschicht rekrutierte – Anziehungskraft auszuüben, indem sie deren materielle Ängste und Erwartungen in die psychologisch wirksame, idealistische Überzeugung münden ließ, daß die Probleme durch eine nationale Wiedergeburt zu lösen seien, die sich allein durch den Nationalsozialismus unter Hitler herbeiführen lasse.

Solange ein pluralistisches System bestand, war die NSDAP nur eine von zahlreichen, miteinander konkurrierenden politischen Organisationen. Bekanntlich standen vor allem Anhänger der Arbeiter- und der katholischen Parteien den Nationalsozialisten feindselig gegenüber und ließen sich von deren Agitation am wenigsten beeindrucken. Selbst bei der letzten pluralistischen Wahl im März 1933 – als bereits unter dem neuen Reichskanzler Adolf Hitler kommunistische und sozialistische Regimegegner eingeschüchtert und brutal verfolgt wurden – gelang es den Nationalsozialisten nicht, auch nur die Hälfte aller Wählerstimmen auf sich zu vereinigen.

Dennoch lehnten längst nicht alle diejenigen, die bei der Märzwahl 1933 andere Parteien unterstützten, die ganze Botschaft der NSDAP ab. In den folgenden Jahren entdeck-

[2] So beschreibt es Thomas Childers, The Nazi Voter. Chapel Hill, London 1983, S. 268.

ten viele von ihnen doch das eine oder andere, was sie am Dritten Reich bewunderten – und manchmal bewunderten sie sogar eine ganze Menge. Die »Mehrheit der Mehrheit«[3], die 1933 nicht für Hitler stimmte, änderte bis 1939 – zumindest in mancher Hinsicht – ihre Meinung. Teilweise lag das natürlich daran, daß diejenigen, die sich auch weiterhin offen gegen den Nationalsozialismus gestellt hätten, dies nach 1933 nicht mehr tun konnten, weil sie zum Schweigen gebracht oder eingesperrt worden waren. Außerdem hatten die Nationalsozialisten, nachdem sie die Massenmedien kontrollierten, mit ihrer Propaganda selbstverständlich ganz neue Möglichkeiten, die Realität zu verzerren und die öffentliche Meinung zu manipulieren. Dennoch konnte nicht einmal Goebbels mit all seinen Tricks aus Schwarz Weiß machen. Der Erfolg der Propaganda hing in starkem Maße von der Fähigkeit ab, auf bestehenden sozialen und politischen Wertvorstellungen aufzubauen, sie zu »interpretieren« und sich zunutze zu machen.

Die Spannungen in der politischen Kultur, die von der NS-Propaganda geschickt ausgenutzt werden konnten, waren nicht allein dadurch entstanden, daß in dem erst relativ kurze Zeit vereinten Deutschen Reich Erwartungen enttäuscht worden waren, sondern auch und gerade dadurch, daß die traumatischen Erlebnisse des Krieges, der Niederlage und der Revolution Spuren hinterlassen hatten und man der krisengeschüttelten Demokratie mit tiefer Abneigung begegnete. In der Weimarer Zeit war Deutschland von Aufruhr und Krisen zerrissen. Die Zugehörigkeit zu einer bestimmten Schicht, Region oder Religion führte zu einer starken Gruppenverbundenheit, durch die die Treue zum Nationalstaat in Frage gestellt wurde. Und auch der Nationalstaat selbst rief Uneinigkeit hervor und war weit davon entfernt, integrierend und einigend zu wirken und eine politische Identität zu stiften. Aber außerhalb der Gegenideologie des Sozialismus und Kommunismus ließen sich eine Reihe herrschender Ansichten und Wertvorstellungen leicht von der NS-Propaganda ausnutzen.

All die Meinungsströme, aus denen Goebbels schöpfte, die er artikulierte und verstärkte, mündeten in dem Gefühl,

[3] Sebastian Haffner, Anmerkungen zu Hitler. München 1978, S. 43.

daß es für Deutschland einen Neuanfang, eine nationale Wiedergeburt geben müsse. Aus der tiefen Spaltung erwuchs die Sehnsucht nach Einheit, die in den NS-Parolen von der »Volksgemeinschaft« ihren Widerhall fand. Vor dem Hintergrund einer schwachen und fragmentierten Demokratie stärkte das Gezänk der Politiker bei vielen Bürgern den Glauben an die Vorzüge einer starken, autoritären, für »Recht und Ordnung« sorgenden Regierung. Aufgrund tiefsitzender Marxismusängste, die in der deutschen Mittel- und Oberschicht weit verbreitet waren und nach 1917 durch die Schreckensnachrichten aus dem bolschewistischen Sowjetstaat neue, konkrete Nahrung erhielten, konnte jede Regierung, die solche Ängste ein für allemal zu beseitigen versprach, mit spontaner Zustimmung rechnen. Die Empörung über die demütigende Behandlung Deutschlands durch die siegreichen Alliierten – die sich nach dem Ersten Weltkrieg zum Teil bis in die Linke hinein erstreckte – und die Angst um die Zukunft des Volkes, das von feindlich gesonnenen Ländern eingekreist zu sein schien, förderten bei vielen Deutschen die Bereitschaft, eine gewagte Außenpolitik gutzuheißen, die sich aus einer Position militärischer Stärke heraus für Deutschlands Rechte einsetzte. Und nicht zuletzt durfte jede Regierung, die Deutschland aus seiner tiefen wirtschaftlichen Not zu befreien vermochte und Hoffnungen auf neuen, dauerhaften Wohlstand nähren konnte, über alle parteipolitischen Grenzen hinweg auf Rückhalt zählen.

Außerdem boten weitverbreitete Vorurteile und Haßgefühle, die durch Krieg, galoppierende Inflation, schließlich die Wirtschaftskrise und die mit ihr verbundenen sozialen Spannungen geschürt wurden, eine gute Basis für einen Konsens, der über den Kreis der unmittelbaren Anhängerschaft der Nationalsozialisten hinausreichte. Eine – besonders in der Mittelschicht und der bäuerlichen Landbevölkerung ausgeprägte – feindselige Haltung gegenüber den Gewerkschaften sowie gegenüber der Verhandlungsmacht und dem neuen Status, den die organisierte Arbeiterschaft in der Weimarer Republik errungen hatte, ging häufig mit einem populistischen Antikapitalismus einher, der zwar die Ausbeutung des »kleinen Mannes« durch die Unternehmer anprangerte, sich dabei aber – anders als der Antikapitalismus der Linken – für das Privateigentum aussprach, solange es der »Volksgemeinschaft« nutze.

Solche Reaktionen des »gesunden Volksempfindens« waren Teil einer Einstellung, der es längst nicht mehr um eine bloße Wiederherstellung der Gesellschaftshierarchie des Kaiserreichs ging. Vielmehr trachtete man danach, mit dem Egalitarismus der Linken aufzuräumen und gleichzeitig jegliches Elitetum zu beseitigen, das sich allein von Geburtsrechten und Geld herleitete. Statt dessen wollte man eine neue Elite der »Tüchtigen«, die sich aus den Besten, Stärksten und Fähigsten rekrutieren sollte – also aus jenen, die die eingeräumte Chancengleichheit genutzt und sich aufgrund ihrer Qualitäten nach oben gekämpft hatten –, auf den ihnen rechtmäßig zustehenden Posten sehen. Ein Staat, der sich fest entschlossen zeigte, nicht nur die marxistische Bedrohung des Eigentums zu beseitigen, sondern auch sozial Schwache – »Schmarotzer«, »Tagediebe«, »schädliche« und »unerwünschte Elemente« – zu »eliminieren«, konnte daher mit kräftiger Unterstützung rechnen. Sozialneid und Verärgerung über die Stellung der Juden – die trotz (oder gerade wegen) all ihrer Assimilationsbemühungen als irgendwie »anders« galten – paßten nur zu gut zu diesem »gesunden Volksempfinden«. Unter dem Einfluß der NS-Propaganda verstärkte sich die Vorstellung, daß Juden nicht nur anders seien, sondern einen negativen Einfluß ausübten. Allerdings konnten fanatische Judenhasser auch in diesem Fall in einem Klima agieren, das schon traditionell von latentem Antisemitismus geprägt war.

Mit der gleichen Art von Einstellung wurde in der Weimarer Republik jede »staatliche Einmischung« – zum Beispiel bei sozialpolitischen und Arbeitsschutzfragen – abgelehnt, während man Eingriffe durch ein autoritäres Staatswesen begrüßte, weil man glaubte, daß sich durch die Förderung des »nationalen Interesses« und die Vernichtung von »Volksschädlingen« und »fremdvölkischen Elementen« Chancen, Status und Wohlstand derjenigen verbessern würden, die es verdienten. Aus ihrer Sicht hatten diese Menschen den demokratischen Staat von Partikularinteressen, insbesondere der Arbeiter und Unternehmer, dominiert gesehen, und nun gingen sie naiverweise davon aus, daß der auf eine »völkische Erneuerung« zielende autoritäre Staat endlich »ihr« Staat wäre – der Staat des »kleinen Mannes«, dessen Talente und Fähigkeiten nun die richtige Unterstützung und Anerkennung finden würden. Das Streben dieser Menschen war auf die Suche nach einer mythischen »Normalität« gerichtet, in der die »Tüchtigen« das bekämen, was ihnen »rechtmäßig« zustehe. Natürlich wurden viele, die solche Hoffnungen hegten, im Dritten Reich bitter enttäuscht, aber das sollte nicht dazu verleiten, den potentiell weitgehenden Grundkonsens zu unterschätzen, der sich für die nationalsozialistische Idee von der »Volksgemeinschaft« ausschlachten ließ.

In der deutschen Oberschicht – bei den sozialen Eliten, aus denen traditionsgemäß die Führer des Landes hervorgegangen waren – identifizierte sich kaum jemand direkt mit der NSDAP oder ihrer kruden Ideologie. Man verachtete soziale Aufsteiger, die sich ihren Weg zu Machtpositionen mit den Ellenbogen bahnten, lehnte die vulgäre Politik des Mobs als geschmacklos ab, war wegen des populistischen Antikapitalismus im Ideologie-Mischmasch der NSDAP besorgt und konnte aus diesen Gründen die Hitlerbewegung nicht aus vollem Herzen gutheißen. Dennoch gab es beträchtliche ideologische Übereinstimmungen mit dem Nationalsozialismus. Die Aussicht auf die Beendigung des verhaßten Demokratieexperiments, auf die Zerschlagung des Marxismus und die Rückgabe der Autorität in die Hände derjenigen, die sie von alters her ausgeübt hatten, sowie – auf außenpolitischem Gebiet – die Aussicht auf die Revidierung der territorialen Nachkriegsregelung übte auf alle Teile der traditionellen Eliten einen besonderen Reiz aus. Bei der Ministerialbürokratie, den Großgrundbesitzern, Industriellen, Bankiers und hohen Militärs fand die Vorstellung von einem wiederhergestellten autoritären Staat großen Anklang – wenn auch aus unterschiedlichen Gründen. Man glaubte, ein solcher Staat werde wieder auf den Schultern erfahrener Beamter ruhen, sich die Förderung der Landwirtschaft zur Hauptaufgabe machen, die Industrie von den Fesseln der Gewerkschaften befreien, den Wirtschaftsführern freie Hand geben und den Berufssoldaten, die durch den Versailler Vertrag zum Nichtstun verurteilt waren, neue Karriereaussichten bescheren. Zwar identifizierten sich diese Gruppen selten voll und ganz mit dem Nationalsozialismus, und in einigen Fällen führte die wachsende Ernüchterung schließlich zur völligen Ablehnung; aber im allgemeinen war die Übereinstimmung doch so groß, daß sich an ihr gut ablesen läßt, wie sehr die Beziehungen zwischen der NS-Führung, dem gesellschaftlichen »Establishment« und den traditionellen Machtgruppen durch einen breiten, vielschichtigen Konsens gestützt wurden. Ein solcher partieller Konsens bestand größtenteils bis weit in den Zweiten Weltkrieg hinein und wurde erst erschüttert, als Deutschlands drohende Niederlage und die zunehmende Irrationalität des NS-Regimes sich nun beim besten Willen nicht mehr mit dem Eigeninteresse und Selbsterhaltungstrieb der traditionellen »Stützen der Gesellschaft« vereinbaren ließen.

Bei der Vermittlung sozialer Wertvorstellungen kam den beiden großen christlichen Religionen selbst im Dritten Reich weiterhin eine Schlüsselrolle zu. Der evangelischen und der katholischen Kirche gehörten 1933 zumindest nominell insgesamt über 90 Prozent des deutschen Volkes an. Keine der beiden Kirchen machte aus ihrer Abneigung gegenüber der Weimarer Republik einen Hehl. Beide hatten eine starke Vorliebe für ein autoritäres Regierungssystem – auch wenn das zum großen Teil nicht bedeutete, daß sie einer Machtübernahme durch die Nazis den Vorzug gaben. Die Reibungspunkte, die zwischen dem Nationalsozialismus und den Kirchen (vor allem der katholischen) schon vor 1933 bestanden hatten, wurden im Dritten Reich natürlich noch wesentlich größer.

Durch die Abdankung des Kaisers und das Ende des traditionellen autoritären Staates ging in den Augen der meisten protestantischen Kirchenführer die enge, in die Reformationstheologie eingebettete Verbindung zwischen Kirche und Staat zu Bruch. Man sah einen Zusammenhang zwischen der sinkenden Zahl der Kirchgänger, dem zunehmenden Atheismus und dem Triumph des marxistischen Materialismus. Gegen Ende der Weimarer Republik unterstützten die radikaleren Elemente innerhalb der Kirche offen den völkischen Nationalismus nationalsozialistischer Prägung, weil sie sich dadurch eine Wiederbelebung der Einheit von Christentum und Politik im deutschen Volk erhofften. »Mit dem Hakenkreuz auf der Brust und dem Kreuz im Herzen«

lautete das Motto der »Deutschen Christen«[4] – dem nationalsozialistisch ausgerichteten Ableger der evangelischen Kirche. Die gemäßigteren Strömungen innerhalb des Protestantismus vermieden eine übermäßige Zusammenarbeit mit den Nationalsozialisten, verbanden aber selbst dort, wo sie manche Aspekte des Nationalsozialismus als unangenehm oder besorgniserregend empfanden, mit der »nationalen Erhebung«, die bei der »Machtergreifung« proklamiert worden war, die Hoffnung auf eine nationale Wiedergeburt und eine dadurch bewirkte moralische Erneuerung. Die Begeisterung für das neue Regime wurde anfangs selten gedämpft, und selbst als nach kurzer Zeit eine merkliche Desillusionierung einsetzte, existierten zwischen der evangelischen Kirche und dem NS-Regime weiterhin beträchtliche ideologische Gemeinsamkeiten. Ein nationaler Chauvinismus, leidenschaftlicher Antimarxismus, eine autoritätsgläubige Haltung und der Glaube an den »Führer« gehörten zu den Faktoren, die die evangelische Kirche mit dem Hitlerregime verbanden, auch wenn es in kirchenpolitischen Fragen ernste Konflikte gab und es schließlich zur völligen Entfremdung einer kleinen Zahl von Kirchenführern kam, die sich immer weniger in der Lage sahen, den Nationalsozialismus mit den theologischen Prinzipien des reformierten Christentums in Einklang zu bringen.

Bei der katholischen Kirche bestand eine ähnliche Abneigung gegenüber der Weimarer Demokratie wie beim deutschen Protestantismus. Einer ihrer führenden Köpfe, der Erzbischof von München und Freising, Kardinal Faulhaber, hatte 1925 beim Tod des ersten Reichspräsidenten der Republik, Friedrich Ebert, in seiner Diözese das Läuten von Kirchenglocken untersagt, weil die neue Regierungsform in seinen Augen auf Verrat und Rebellion gegründet war. Die Bischöfe der Kirchenhierarchie waren größtenteils durch die Wilhelminische Zeit geprägt. Aufgrund ihrer sozialen Herkunft – viele von ihnen kamen aus adeligen Familien – und ihres traditionellen Katholizismus waren sie für die Erneuerung eines autoritären Staatswesens, das allerdings dem Ka-

[4] J. S. Conway, The Nazi Persecution of the Churches 1933-45. London 1968, S. 45 (dt.: Die nationalsozialistische Kirchenpolitik 1933–1945. Ihre Ziele, Widersprüche und Fehlschläge. München 1969).

tholizismus gegenüber (der in der Weimarer Demokratie in Wirklichkeit eine Blütezeit erlebt hatte) weniger feindselig eingestellt sein sollte als das Bismarcksche und Wilhelminische Reich. Die Art Autoritarismus, die die führenden Köpfe des Katholizismus bevorzugten, unterschied sich allerdings deutlich von der nationalsozialistischen Variante.

Zwischen der katholischen Kirche und der NSDAP herrschte schon vor der »Machtergreifung« ein gespanntes Verhältnis. Die nicht zu übersehende antichristliche Tendenz der NS-Doktrin, die besonders deutlich in Rosenbergs Schriften zum Ausdruck kam, wurde von der katholischen Kirche aufs schärfste verurteilt, und es kam zu zahlreichen kirchlichen Verboten und Warnungen vor dem Nationalsozialismus. Mit seinen angestrengten Bemühungen, über den antireligiösen Charakter der NS-Bewegung hinwegzutäuschen, konnte Hitler die führenden Köpfe des Katholizismus bei weitem nicht überzeugen. Obwohl die Partei in München entstanden war, hatte sie selbst in den Anfangsjahren ihre Hochburgen in den protestantischen Gegenden Nordbayerns und weniger im überwiegend katholischen südlichen Landesteil. Auch nach 1929 erwies sich die katholische »Subkultur« gegenüber dem Nationalsozialismus als relativ immun; man unterstützte weiterhin hauptsächlich das Zentrum und die Bayerische Volkspartei. In katholischen Gegenden konnte die NSDAP deshalb nur wenige Wählerstimmen verzeichnen, während ihr der große Durchbruch in protestantischen Regionen gelang. Bei der Wahl vom März 1933 erzielte sie allerdings auch bei katholischen Wählern große Stimmengewinne. Dieser Umstand mag dazu beigetragen haben, daß sich die Bischöfe – nach den Versprechungen, die Hitler im Zusammenhang mit seiner Rechtfertigung des Ermächtigungsgesetzes in seiner Reichstagsrede vom 23. März 1933 machte – überreden ließen, unter Hinweis auf den Fortbestand der Rechte der katholischen Kirche sämtliche zuvor ausgesprochenen Verbote aufzuheben und sich loyal an die Seite des neuen Regimes zu stellen[5].

[5] Max Domarus, Hitler. Reden und Proklamationen 1932–1945. Kommentiert von einem deutschen Zeitgenossen. München 1965, S. 232f.; Hans Müller (Hrsg.), Katholische Kirche und Nationalsozialismus. München 1965, S. 88f.

Trotz der hohen Erwartungen, die man auf katholischer Seite mit dem im Sommer 1933 ratifizierten Konkordat verband, zeigte sich bald, daß die Befürchtungen wegen der antikirchlichen Stoßrichtung der NS-Ideologie und -Politik durchaus begründet waren. Die Nationalsozialisten hatten bislang nur mit Mühe Einbrüche in die katholische »Subkultur« erzielen können, doch selbst von den Katholiken, die das Regime unterstützten, wurden viele nun durch den »Kirchenkampf« entfremdet – einen Zermürbungskrieg, der in den Jahren 1936/37 einen vorläufigen Höhepunkt erreichte und dann noch einmal 1941 besonders akut wurde.

Die katholische Kirche verteidigte zwar beharrlich ihre Institutionen, religiösen Praktiken und Überzeugungen, doch außerhalb des sie unmittelbar betreffenden Bereichs bestanden auch hier bedeutende Übereinstimmungen mit zentralen Aspekten der NS-Politik und -Ideologie. Vor allem bei der Bekämpfung des »gottlosen« Marxismus konnte das Regime fest auf die Zustimmung der katholischen Kirche zählen. So vermochten beispielsweise Bischöfe, deren Aversion gegen den Nationalsozialismus außer Frage stand, 1941 in dem Einmarsch in die Sowjetunion einen »Kreuzzug« gegen den Bolschewismus zu sehen. Weitere partielle Konsenspunkte bestanden in bezug auf den Aufbau eines autoritären Staates (der sich natürlich nicht gegen christliche Grundwerte wenden sollte), eine selbstbewußte Außenpolitik zur Bekräftigung der Rechte des deutschen Volkes und im Hinblick auf die Bereitschaft, Hitlers Person losgelöst von den üblen Seiten des Systems zu sehen.

Soweit die Skizze der vorherrschenden Einstellung, mit der die Masse der »einfachen Leute« – von denen nur eine Minderheit in der NS-Bewegung »organisiert« war, wenn man von Zwangsorganisationen wie der DAF absieht – dem Nationalsozialismus begegnete. Welche Haltung die Oberschicht einnahm, die größtenteils eine andere als die von den Nationalsozialisten gebotene autoritäre Lösung der Weimarer Krise bevorzugt hätte, und wie sich die führenden Köpfe jener Institutionen verhielten, die nach der Zerstörung des pluralistischen politischen Systems den größten unabhängigen Einfluß auf die Meinungsbildung weiter Teile der Bevölkerung besaßen (und in unterschiedlicher Weise große Konflikte mit dem Regime erlebten) wurde ebenfalls skizziert. In jedem einzelnen Fall war zu Beginn des Dritten Reichs in wichtigen Punkten ein grundlegender Konsens mit dem Hitlerstaat vorhanden. Und diese partielle Übereinstimmung sollte trotz wachsender Bedenken im wesentlichen bis zur Mitte des Krieges bestehen bleiben.

Von dem Konsens ausgeschlossen waren natürlich die Gruppen, die durch Terror unterworfen worden waren: Menschen, die noch immer von Prinzipien überzeugt waren, für die sich in erster Linie die nun verbotenen Arbeiterparteien eingesetzt hatten; Minderheiten, die aus rassischen Gründen verfolgt wurden; soziale »Außenseiter« und andere, für die in der »Gemeinschaft« der »Volksgenossen« kein Platz war. Außerdem lief der Konsens, wie bereits betont, im allgemeinen nicht auf eine uneingeschränkte Identifizierung mit dem Nationalsozialismus hinaus. Er bedeutete eine partielle Interessenskongruenz, durch die aber Nicht-Übereinstimmung in wesentlichen Bereichen keineswegs ausgeschlossen war. Der Grundkonsens lieferte nach 1933 jedoch die Basis für eine breite Unterstützung und Bejahung des NS-Regimes in einer Zeit, in der oppositionelle Stimmen in den Untergrund gedrängt waren und das Monopol der öffentlichen Meinungsbildung in den Händen der Nazis lag. Die nähere Beschäftigung mit dem Mobilisierungspotential dieses Grundkonsenses wird zeigen, welche Implikationen sich daraus für Hitlers Macht ergeben.

Die Instrumentalisierung der Volksmeinung

Es war von Anfang an offenkundig, daß das NS-Regime der Meinungssteuerung eine hohe Priorität beimessen würde. Einer der ersten Schritte in dieser Richtung bestand darin, acht Tage nach der Wahl vom 5. März 1933 ein Ministerium für »Volksaufklärung und Propaganda« unter der Leitung von Joseph Goebbels einzurichten, der seit 1929 für die Parteipropaganda zuständig gewesen war.

Zwei Tage nach seinem Amtsantritt umriß Goebbels in einer ersten Rede vor Pressevertretern die ehrgeizigen Ziele seines Ministeriums und betonte dabei, daß der Propaganda eine dynamische und keine passive Rolle zukomme. Es genüge nicht, so erklärte er, diejenigen, die den Nationalsozialismus nicht aktiv unterstützten, durch Terror gefügig zu machen beziehungsweise sich mit ihrem stillschweigenden Einverständnis oder ihrer neutralen Haltung zufriedenzugeben. Erklärtes Ziel müsse es sein, die Menschen so lange zu bearbeiten, »bis sie uns verfallen sind«. Man beabsichtige also nichts weniger, als das ganze Volk für die Idee des Nationalsozialismus zu gewinnen. Sein Ministerium, so bekräftigte Goebbels, habe »keinen anderen Zweck, als die Nation geschlossen hinter die Idee der nationalen Revolution zu stellen«[6]. Es habe »die Aufgabe, in Deutschland eine geistige Mobilmachung zu vollziehen«. Bezeichnenderweise zieht Goebbels an dieser Stelle den Ersten Weltkrieg zum Vergleich heran, bei dem Deutschland aus nationalsozialistischer Sicht nicht aufgrund materieller Mobilisierungsschwächen, sondern wegen der fehlenden »geistige[n] Mobilmachung« unterlag[7]. Wie sich aus diesen Bemerkungen ersehen läßt, war man bemüht, die Menschen für die nationalsozialistischen Ideale zu gewinnen, und hatte dabei bereits das Endziel im Auge, das deutsche Volk psychologisch auf den unvermeidlichen Krieg zur Durchsetzung der Vorherrschaft vorzubereiten.

Die Presse, die rasch expandierenden Film- und Rundfunkmedien, der Literatur- und Musikbereich sowie die bildenden Künste wurden schnell gleichgeschaltet. In dem Bemühen, die öffentliche Meinung entsprechend den Richtlinien der NS-Propaganda umfassend zu beeinflussen und begeisterten Beifall für die Errungenschaften des Regimes zu wecken, wurde kein Kommunikationsmittel ausgelassen. Da Goebbels die Medien fast monopolartig kontrollierte, fiel es ihm nicht schwer, auf dem sich aus den verschiedenen Strömungen formierenden Grundkonsens aufzubauen, um im Volk eine größere Unterstützung für das Regime zu erreichen. Eine nationalsozialistische »Herumphilosophiererei« nach Art Rosenbergs wäre da kontraproduktiv gewesen. Unter Goebbels mußte die Botschaft in einem simplen

[6] Paul Meier-Benneckenstein (Hrsg.), Dokumente der deutschen Politik. Bd. 1, 2. Aufl. Berlin 1937, S. 263f.

[7] Helmut Heiber (Hrsg.), Goebbels-Reden. Bd. 1, Düsseldorf 1971, S. 90.

Schwarzweiß-Schema daherkommen. Dabei blieb die NS-Doktrin aber vage und ließ vieles offen. Während einerseits »positiv« die nationale Einheit und die Unterordnung aller klassen-, regions-, religions- oder parteibedingten Loyalitätsgefühle unter das höchste Gut der – blinde Opferbereitschaft und totale Treue beanspruchenden – vereinten »Volksgemeinschaft« beschworen wurde, forderte man andererseits entsprechend dazu auf, gegenüber den »Volksfeinden« im Innern jegliche menschlichen Gefühle zu unterdrücken, und stimulierte im Hinblick auf den Umgang mit anderen Völkern ein nationalchauvinistisches Überlegenheitsgefühl.

Die hochtrabenden, ehrgeizigen Ziele von Goebbels Propagandaministerium konnten in der Praxis natürlich nie ganz verwirklicht werden. Die Propaganda vermochte mit der von ihr beschworenen oberflächlichen Uniformität kaum zu verdecken, daß in der deutschen Gesellschaft viele der früheren Antagonismen und Abgrenzungen fortbestanden. Trotz aller schönen Worte von der idealistischen, harmonischen »Volksgemeinschaft« waren die Ansichten und Verhaltensweisen vieler »Volksgenossen« weiterhin stark von eigennützigen materiellen Interessen geprägt. Bei den Industriearbeitern insbesondere der älteren Generation, die noch deutlich von sozialdemokratischem Gedankengut beeinflußt war, konnte der Nationalchauvinismus nationalsozialistischer Prägung aufgrund ihrer klassenbezogenen Einstellung und Loyalität nicht so leicht verfangen. Und dickschädelige Bauern verkehrten die Parole, »Gemeinnutz kommt vor Eigennutz«, weiterhin in ihr Gegenteil und ordneten den politischen Idealismus dem privaten Vorteil unter. Selbst die Gruppen des Mittelstandes, die das Rückgrat der NS-Bewegung bildeten, hatten an der Politik und Praxis des Nationalsozialismus immer wieder etwas auszusetzen. Die Angriffe auf die christlichen Kirchen schließlich führten zu einer Entfremdung der Kirchgänger und allenfalls zu einer Stärkung ihrer Glaubensbindung. Doch bei allem alltäglichen Dissens gab es durchaus Bereiche, in denen im großen und ganzen Einverständnis mit den Taten des Regimes herrschte. Die meisten dieser Bereiche fanden im Bild des »Führers« ihren symbolischen Ausdruck. Sie boten einen fruchtbaren Nährboden für die einseitigen Informationen, mit denen das Propagandaministerium das Volk nach 1933 bombardierte.

Einer der Punkte, auf die die Propaganda besonders bauen konnte, war die weitverbreitete – und schon vor dem Dritten Reich vorhandene – positive Einstellung gegenüber einer »starken«, autoritären Führung. In extrem nationalistischen Kreisen war man bereits lange vor Hitler davon überzeugt gewesen, daß Deutschland nur durch einen »großen Führer« zu retten sei. Und solche Vorstellungen fanden während der Krise der Weimarer Republik eine immer größere Resonanz. Der wachsende Führerkult, der nach 1933 einen wichtigen Pfeiler des neuen Staates bildete, beruhte in starkem Maße auf dieser Prädisposition, die sich keineswegs nur auf Mitglieder der NS-Bewegung beschränkte.

Als echter Überzeugungstäter und Propagandaspezialist verstand Goebbels nur zu gut, wie wichtig ein von keinerlei Zweifel getrübter Glaube an den obersten Führer war. Der Hitlerkult wurde zum Dreh- und Angelpunkt der Propagandabemühungen – und Goebbels war stolz darauf, entscheidend zur Schaffung des »Führermythos« beigetragen zu haben. Die Menschen sollten blind daran glauben, daß Hitler stets das für sein Volk Richtige täte, und dieser Überzeugung entsprechend bedingungslos gehorchen. Der »Führer«, so wurde suggeriert, symbolisiere die – wenn auch noch so vage – »Idee« des Nationalsozialismus. Die Errungenschaften des Nationalsozialismus seien Leistungen des »Führers«. Das – nie genau definierte – »Endziel« könne nur erreicht werden, wenn man Hitler blind folge. Auf diese Weise versuchte die Propaganda die Vorstellung zu vermitteln, es sei die Pflicht eines jeden Deutschen, »im Sinne des Führers« zu arbeiten.

Diejenigen, die sich dem Führerkult mit allen seinen Auswüchsen voll und ganz verschrieben hatten, waren zweifellos in der Minderheit. Nüchtern denkende Bürger fanden die übertriebene Führerverehrung lächerlich. Dennoch läßt sich kaum bezweifeln, daß Hitlers Popularität in den ersten Jahren nach seiner Ernennung zum Reichskanzler sehr groß war und auch gesellschaftliche Kreise erfaßte, die am Nationalsozialismus sonst viel auszusetzen hatten. Die Zerschlagung des Marxismus, die Wiederherstellung der »Ordnung«, die Beseitigung der bedrückenden Massenarbeitslosigkeit, der wirtschaftliche Aufschwung, die wiedergewonnene militärische Stärke und nicht zuletzt die spektakulären außenpolitischen Triumphe, durch die der verhaßte Versailler Vertrag zunichte gemacht wurde und der Nationalstolz von neuem erwachte – all dies war der NS-Propaganda zufolge allein durch den »Führer« ermöglicht worden (und andere Stimmen, die diese Interpretation hätten öffentlich in Frage stellen können, gab es in Deutschland nicht mehr). Von Hitlers unkritischen Anhängern wurden die Brutalität, Ungerechtigkeit, Verfolgung, Unterdrückung und inneren Spannungen, die diesen »Leistungen« zugrunde lagen, natürlich in keiner Weise mißbilligt. Doch auch in breiteren Bevölkerungskreisen, in denen man derlei »negative« Aspekte zumindest zur Kenntnis nahm, schrieb man die Verantwortung für diese »Auswüchse« häufig nicht Hitler, sondern anderen Kräften zu oder betrachtete sie als zwar bedauernswerte, jedoch unvermeidliche Nebenwirkungen einer im übrigen gesunden und in Hitlers Namen betriebenen nationalen Erneuerung. Und die Menschen, die die »Leistungen« des »Führers« verabscheuenswürdig oder nicht überzeugend fanden, waren verständlicherweise meist darauf bedacht, ihre Meinung für sich zu behalten.

Im Dritten Reich waren alle Bereiche des öffentlichen Lebens auf die eine oder andere Weise vom Führerkult geprägt. Ab Juli 1933 mußten die Beamten nach außen hin ihre Loyalität durch den »Hitlergruß« bezeugen, der in der NS-Bewegung seit 1926 Pflicht war. Eine körperliche Behinderung war dabei kein Entschuldigungsgrund: Wer den rechten Arm nicht heben konnte, mußte den linken Arm zum Gruß strecken![8] Als die Schulen nach 1933 stark unter nationalsozialistischen Einfluß gerieten, wurden auch die Unterrichtsstunden von den Lehrern mit diesem Gruß eingeleitet. Soweit sie nicht verfolgt oder zur Emigration gezwungen waren, arrangierten sich Schriftsteller, Schauspieler, Künstler und Intellektuelle häufig schnell mit den neuen Herrschern in Deutschland und brachten dem Werk des »Führers« ihre oft uneingeschränkte Bewunderung entgegen. Führende Köpfe der beiden großen christlichen Glaubensrichtungen zeigten sich – zumindest in der Öffentlichkeit – bereit, Hitler

[8] Bundesarchiv Koblenz, R 43 II/1263, ff. 93, 164.

von den Vorwürfen auszunehmen, wenn sie die antikirchlichen Angriffe radikaler Parteigänger geißelten. Es gab so gut wie keine organisierte oder institutionalisierte Lebensäußerung, die nicht wiederum einer öffentlichen Beifallsbekundung für den Führer gedient hätte. Vor allem die einzelnen Parteigliederungen und die »Hitlerjugend« – die ab 1936 zur staatlichen Jugendorganisation erklärt wurde – bildeten ein riesiges, fanatisches Unterstützungsreservoir, dessen man sich bei Bedarf bedienen konnte.

Durch ihre zahlenmäßige und organisatorische Expansion war die NS-Bewegung nach 1933 in der deutschen Gesellschaft praktisch allgegenwärtig. Opportunisten, die nach der »Machtergreifung« noch rasch auf den fahrenden Zug aufsprangen, ließen die Mitgliederzahlen der NSDAP bis 1935 von fast 850000 auf rund zweieinhalb Millionen anschwellen, und bis Kriegsbeginn stieg die Zahl der »Parteigenossen« auf über fünf Millionen. Während des Krieges war ein weiterer Zuwachs zu verzeichnen, der die Mitgliederzahl bis 1943 auf rund 7,6 Millionen hochtrieb[9]. Der Kreis der SA-Mitglieder (von denen zwar viele, aber längst nicht alle auch »Parteigenossen« waren) vergrößerte sich ebenfalls rasch von rund 450000 Anfang 1933 auf beinahe drei Millionen zum Zeitpunkt des sogenannten »Röhm-Putsches« im Juni 1934, schrumpfte danach allerdings bis 1938 auf 1,2 Millionen[10]. Auch die »Hitlerjugend« expandierte nach 1933 stark und umfaßte bis Ende 1935 beinahe vier Millionen junger Deutscher (fast die Hälfte der Jugendlichen des Landes). Und nachdem sie 1936 zur einzig zugelassenen, staatlichen Jugendorganisation erklärt worden war, wuchs sie bis Ende 1938 auf über acht Millionen an[11]. Die genannten waren nur die bedeutendsten agitatorisch genutzten Massenorganisationen; durch die zahlreichen Parteigliederungen wurden aber praktisch alle gesellschaftlichen und beruflichen Le-

[9] Aryeh H. Unger, The Totalitarian Party. Cambridge 1974, S. 84; Michael H. Kater, The Nazi Party. A Social Profile of Members and Leaders 1919–1945. Oxford 1983, S. 263.

[10] Mathilde Jamin, Zwischen den Klassen. Zur Sozialstruktur der SA-Führerschaft. Wuppertal 1984, S. 2–7; Conan Fisher, Stormtroopers. London 1983, S. 32.

[11] Arno Klönne, Hitlerjugend. Die Jugend und ihre Organisation im Dritten Reich. Hannover, Frankfurt a.M. 1960, S. 19, unter Verweis auf Arthur Axmann, Hitlerjugend 1933–1943. Berlin 1943, S. 34.

bensbereiche erfaßt, so daß es sich kaum vermeiden ließ, daß man der Propaganda in irgendeiner Form ausgesetzt war.

Vor 1933 war das erklärte Ziel der NS-Bewegung ein konkretes gewesen: die Macht im Staat zu erlangen. Als dies erreicht war, wurde die Aufgabe diffuser: Die soziale Kontrolle, Propaganda und Indoktrinierung richteten sich nun darauf, die Menschen jenen Zielen zuzuführen, die mit der großen Zukunftsvision des »Führers« verknüpft waren. Diese Ziele wurden selbstverständlich nie genau benannt. Selbst für treu ergebene und fanatische Hitler-Anhänger waren die Ziele, auf die hingearbeitet werden sollte, etwa so konkret wie eine phantastische, in weiter Ferne liegende, verschwommene Utopie – eine »schöne neue Welt« mit Deutschland an der Spitze. Auf dem Weg zu diesem Ziel wurden die aktiven Anhänger allerdings nicht nur durch nationalsozialistischen Idealismus motiviert. Arbeit, Status und materielle Vorteile hingen für Hunderttausende von ihnen von ihrem Engagement für die Partei ab und sorgten dadurch für eine enge Bindung an das Regime.

1934 bezeichnete Hitler es als die wichtigste Aufgabe der Partei, »für die beabsichtigten Maßnahmen der Regierung das Volk aufnahmefähig zu machen, angeordneten Maßnahmen der Regierung im Volk zur Durchsetzung zu verhelfen [und] die Regierung in jeder Art und Weise zu unterstützen«[12]. Während sich die Regierungspolitik auf die Umsetzung des »Führerwillens« richten sollte, wurde die klassische Aufgabe der Partei darin gesehen, »im Sinne des Führers« darauf hinzuwirken, daß das, was die Parteigenossen als seinen Willen empfanden, von der ganzen Bevölkerung akzeptiert wurde. Die Parteimitglieder sollten sich »immer und überall als Träger des Führerwortes« begreifen und sichtbar machen, daß sie sich dem Führerwillen unterordneten[13]. Durch den persönlichen Kontakt des NS-Blockwarts mit den Bewohnern seines Wohnblocks sollte die nationalsozialistische Propaganda bis an die Wurzeln der Gesellschaft reichen. Zwang und Kontrolle hingen immer auch eng mit Mobilisierungstechniken

[12] Hans-Adolf Jacobsen und Werner Jochmann (Hrsg.), Ausgewählte Dokumente zur Geschichte des Nationalsozialismus 1933–1945. Bd. 1/C, Bielefeld 1961 (Loseblattsammlung ohne Seitenzählung), Dokument vom 2. Februar 1934.

[13] Hoheitsträger 8/1937, S. 23; Unser Wille und Weg 12/1935, S. 424f., nach Unger, The Totalitarian Party, S. 87, 89.

zusammen. Selbst jemand, der nur halbherzig mitmachte, wurde durch die im »Hitlergruß« dokumentierte Unterstützung für den »Führer« dazu gebracht, sich, wenn auch oft nur widerwillig, nach außen hin mit dem Regime zu identifizieren. Es erforderte Mut, diese Unterstützungsgeste zu verweigern – vor allem bei einer Kundgebung oder Massenveranstaltung. Die Parteipropaganda war umfassend. Einer Analyse zufolge, die sich auf Propagandathemen im Raum München im Jahre 1936 bezieht, hatte »die Partei auf alles eine Antwort und zu jedem Thema eine Meinung – ob es nun um Kunst, Frieden, Gleichberechtigung, Kirchenfragen, Sonntagsspaziergänge, die Landwirtschaft oder, natürlich, die Juden ging«[14]. Und bei der Behandlung all dieser Themen wurden dem »Führer«, seinen »Leistungen« und seinen Zukunftszielen immer wieder Beifall gezollt.

Führerbindung und soziale Dynamik des Regimes

In den ersten Jahren der NS-Herrschaft wurde also der organisatorische Rahmen geschaffen, um den Grundkonsens des Dritten Reichs in eine akklamatorische Unterstützung für das NS-Regime umzusetzen. Obgleich es sich dabei nie um eine auch nur annähernd totale Unterstützung handelte, lieferte sie doch eine weitreichende und scheinbar unwiderstehliche plebiszitäre Legitimation für Hitlers Aktionen. Der staatliche Propagandaapparat gab die Parameter für das vor, was als öffentliche Meinung akzeptiert wurde. Die Partei und ihre Gliederungen bildeten eine riesige und fanatische Aktivistenbasis, die als wesentliches Agitations- und Mobilisierungsmittel diente. Beides waren wichtige Machtinstrumente. Sie dienten voll und ganz der Verwirklichung der »Idee«, die sich nach Ansicht der Parteianhänger nicht vom »Führerwillen« unterscheiden ließ. Ein wichtiges Element der Machtstruktur des Dritten Reichs bildete außer-

[14] Vgl. Dietrich Orlow, The History of the Nazi Party 1933–1945. Pittsburgh 1973, S. 173, dessen Analyse auf den 1936 veröffentlichten Ausgaben des Mitteilungsblatts des Kreises München der NSDAP beruht.

dem die Tatsache, daß Hitler von der staatlichen Propaganda und der NS-Bewegung praktisch in die Nähe Gottes gerückt und zu einem Führer mit überdimensionalen Qualitäten, zur Verkörperung einer historischen »Mission« gemacht wurde.

Hitlers umfassende, »charismatische« Autorität, die sich jeder Kritik oder Frage entzog, führte dazu, daß im nationalsozialistischen Deutschland der Diskurs in starkem Maße durch die jeweilige Auffassung der ideologischen Grundsätze des »Führers« bestimmt war. Es war keineswegs so, daß Hitler ständig von oben klare Handlungsanweisungen erteilte und Befehle erließ. Vielmehr vermied er es normalerweise nach Möglichkeit, schwierige Entscheidungen zu fällen, bei denen alternative Vorschläge von zwei oder mehr seiner getreuen Paladine zur Wahl standen. Dies bedeutete allerdings kein Hindernis für eine Politik, deren Stoßrichtung die Realisierung seiner ideologischen »Vision« bildete. Die praktische Umsetzung der »charismatischen Herrschaft« geschah meist auf indirektem Wege. Es war zum Beispiel unmöglich, ein Argument vorzubringen oder gar eine bestimmte politische Linie vorzuschlagen, die dem zuwiderlief, was als zentrales Element des Hitlerschen Denkens galt. Wenn man etwas initiieren wollte, bestand eine wesentliche Taktik darin, zu betonen, wie wichtig das Geplante für die Verwirklichung der Ziele des »Führers« sei. Und der Schlüssel zum Erfolg lag in der Regel (von der es allerdings Ausnahmen gab) darin, daß man für die beabsichtigte Initiative vorab Hitlers Einverständnis einholte.

Für Hitlers eigenes Handeln boten die bei ihm zentralen Zwangsvorstellungen vom fehlenden »Lebensraum«, der »Befreiung« Deutschlands von den Juden und dem kommenden Machtkampf mit dem »jüdischen Bolschewismus« genügend reale Motivationsfaktoren (auch wenn sich deren Gewichtung im Laufe der Zeit und je nach taktischen oder strategischen Überlegungen ändern konnte). Doch für seine Anhängermassen prägten diese ideologischen Prinzipien die Handlungsparameter nur in Form weit entfernter Ziele, auf die es zuzusteuern galt[15]. Auf diese Weise fand eine gewisse

[15] Siehe dazu den wichtigen Artikel von Martin Broszat, Soziale Motivation und Führer-Bindung des Nationalsozialismus. In: Vierteljahrshefte für Zeitgeschichte 18 (1970), S. 392ff.

Selbstauswahl statt, die durch eben dieses »im Sinne des Führers ihm entgegenarbeiten« tendenziell jene Elemente der Ideologie verstärkte, die besonders eng mit Hitlers mutmaßlichen Wünschen verknüpft waren, und gleichzeitig jene Möglichkeiten beschnitt oder ausschloß, die der »Idee« des Führers zuwiderliefen oder sich mit ihr nicht vereinbaren ließen.

Im innenpolitischen Bereich liefert die Radikalisierung verschiedener rassenpolitischer Strömungen ein deutliches Beispiel. Das Ziel der Schaffung einer homogenen »Volksgemeinschaft« setzte voraus, daß verschiedene sozial oder rassisch »belastete« Gruppen ausgeschlossen wurden. Tatsächlich konnte die nebulöse »Volksgemeinschaft« ihre praktische Identität nur über die negative Festlegung ausgeschlossener Gruppen gewinnen. Insofern erforderte ein Hinarbeiten auf das vage »positive« Ideal einer »völkischen« Gemeinschaft – ein Ideal, das zweifellos nicht nur auf begeisterte Nationalsozialisten eine starke Suggestivkraft ausübte – explizit eine Diskriminierung von Gruppen, deren Identität alles andere als vage war, sondern sich mit einiger Präzision bestimmen ließ. Außerdem bestand das psychologische Band, das diese »Volksgemeinschaft« zusammenhielt, nicht nur aus dem »positiven« nebulösen Streben nach deutscher Größe, sondern auch aus dem »negativen« konkreten Bemühen, die scheinbar immer zahlreicher und immer mächtiger werdenden Kräfte auszuschalten, die in der Gemeinschaft angeblich einen »Fremdkörper« bildeten. Da man sich jedoch als Mittel zur Errichtung einer bis ins Letzte perfektionierten Gemeinschaft nur eine unerbittliche Säuberung vorstellen konnte, die auf eine *totale* Eliminierung solcher Gruppen aus der deutschen Gesellschaft hinauslief, implizierte die Aufgabe eher eine inhärent eskalierende Diskriminierungsdynamik als eine oberflächliche »Abrechnung« mit »Volksfeinden«.

Mit der Figur des Juden als symbolischer Antithese zu den in der »Volksgemeinschaft« verkörperten deutschen Tugenden bot der Antisemitismus ein weites Spektrum von Handlungsmöglichkeiten, bei denen sich ideologische Prinzipien leicht mit materiell orientierten, sozialen Motivationsformen verbinden konnten. Durch die Diskriminierung von Juden »im Sinne des Führers« zu arbeiten, konnte insofern auch bedeuten, einen Geschäftskonkurrenten auszuschalten, einen unerwünschten Nachbarn aus dem Weg zu räumen, sich zu einem Spottpreis die eine oder andere Immobilie anzueignen oder einfach nur »Dampf« abzulassen, um seinen vielfältigen Lebensfrust loszuwerden. Aufgrund der zentralen Bedeutung, die das Haßobjekt »Jude« für die NS-Bewegung besaß, brauchte Hitler nur wenig zu tun, um den von unten vorhandenen Druck so zu kanalisieren, daß die Diskriminierungspolitik zusehends radikaler wurde. Es genügte für ihn, grünes Licht zu geben oder auch nur sein stillschweigendes Einverständnis zu signalisieren, um eine neue Welle antisemitischer Gewalt zu sanktionieren. Diese Gewaltausbrüche kamen – wie etwa im Frühjahr 1933, im Frühjahr und Frühsommer 1935 sowie im Sommer und Herbst 1938 – mit einer solchen Wucht daher, daß die Verwaltung sich rasch zu Gesetzesinitiativen genötigt sah und die Polizei sich dazu ermuntert fühlte, »rationalere« Durchführungsstrategien zu entwickeln.

Welche Richtung diese antijüdischen Initiativen auch nahmen, die Diskriminierungsspirale ließ sich nicht mehr zurückdrehen.

In anderen Bereichen der Rassenpolitik lief ein ziemlich ähnlicher Radikalisierungsprozeß ab. In verschiedener Hinsicht war nach 1933 zu beobachten, wie die Schwellen dessen, was als Verhalten gegenüber ungeliebten oder »dubiosen« Randgruppen der Gesellschaft erlaubt war, immer weiter sanken.

Davon konnten nicht nur nationalsozialistische Schläger, sondern auch moderne Experten in einer ganzen Reihe von Berufszweigen profitieren, die ihre Unmenschlichkeit dadurch zu rechtfertigen suchten, daß sie sich auf die »Wünsche«, »Intentionen« oder »Ziele« des »Führers« beziehungsweise die Interessen der »Volksgemeinschaft« und die Erfordernisse der »Rassenhygiene« beriefen.

Als zum Beispiel die Restriktionen für die Zwangssterilisierung von Personen aufgehoben wurden, die vererbbare psychische oder körperliche Gebrechen hatten beziehungsweise aus gesellschaftlichen oder »rassischen« Gründen »unerwünscht« waren, machten Ärzte und Psychiater begeistert mit und arbeiteten über die »Erbgesundheitsgerichte« mit der Polizei und den örtlichen Behörden zusammen. Mehr als

400000 Menschen hatten darunter zu leiden[16]. Den logischen Kulminationspunkt dieser Betonung der »eugenischen Reinheit«, »Rassenhygiene« und »völkischen Potenz« bildete das 1939 begonnene Programm zur »Vernichtung lebensunwerten Lebens«[17].

Da nun bei dem Bestreben, die Aufgabe der nationalen Wiedergeburt zu vollenden, auf der »positiven« Seite der Gleichung – der Schaffung einer harmonischen »Volksgemeinschaft« – ein Ziel mit ungewissem Ausgang stand, war es wohl kein reiner Zufall, daß die »negative« Seite – die Eliminierung »nicht akzeptabler« und »unerwünschter« »Elemente« – für die Mobilisierung Priorität erlangte und als realistischeres und greifbareres Ziel zusehends die Oberhand gewann. Die mutmaßlichen Wünsche des »Führers« dienten somit dazu, höchst unterschiedliche und fraktionierte Kräfte innerhalb des Regimes zusammenzuhalten, ihnen Handlungsimpulse zu geben und die Folgen ihres Aktivismus zu rechtfertigen. Durch die Arbeit »im Sinne des Führers« wurde insofern ohne konkrete Anweisungen von oben eine politische Entwicklung vorangetrieben, die die Parteiideologen in ihren Interessen bestärkte und gleichzeitig von ihnen verstärkt wurde, während potentiell gegenläufige politische Entwicklungslinien völlig eliminiert wurden. Die plebiszitäre Unterstützung für den Führer, die in beträchtlichem Maße durch den Grundkonsens impliziert und durch die Akklamationsinstanzen aktiviert wurde, bildete daher in der Radikalisierungsdynamik des Dritten Reichs und der zunehmenden Autonomie der Macht Hitlers ein entscheidendes Element.

Der Beifall, den der »Führer« dafür erhielt, daß er zwischen Anfang 1933 und dem Frühjahr 1939 die diplomatische Schwäche der Westmächte triumphal auszunutzen verstand, trug ebenfalls in beträchtlichem Maße zur Stärkung seiner Position bei – vor allem gegenüber der militärischen Führung und den anderen traditionell herrschenden Eliten.

Hitler selbst war sich durchaus bewußt, welchen Wert die

[16] Gisela Bock, Zwangssterilisation im Nationalsozialismus. Opladen 1986, S. 8, 238.

[17] Dokumentiert bei Ernst Klee, »Euthanasie« im NS-Staat. Die »Vernichtung lebensunwerten Lebens«. Frankfurt a. M. 1983.

plebiszitäre Unterstützung für ihn besaß, die ihm aufgrund seiner großen persönlichen Popularität zuteil wurde. Wenn man der Aussage Hermann Rauschnings Glauben schenken kann, rechtfertigte Hitler die erste größere Brüskierung der westlichen Demokratien – Deutschlands Austritt aus dem Völkerbund im Oktober 1933 – hauptsächlich mit deren innenpolitischer Bedeutung und erklärte, er habe sich zu diesem Schritt gezwungen gesehen, um das deutsche Volk enger an sich zu binden: Sämtliche sich daraus vielleicht ergebenden außenpolitischen Schwierigkeiten würden durch das Vertrauen wieder wettgemacht, das er durch diese Tat beim deutschen Volk gewonnen habe[18]. Rückblickend erinnerte Hitler mitten im Krieg daran, daß er nach jedem bedeutenderen Coup eine Volksabstimmung habe durchführen lassen, weil dies »nach außen und nach innen [...] von größter Wirkung«[19] gewesen sei.

Nur einem der vier allgemeinen Plebiszite, die im Dritten Reich stattfanden, ging kein größerer außenpolitischer Triumph voraus – dem vom 19. August 1934 zur Bestätigung Hitlers als Staatsoberhaupt nach dem Tod von Reichspräsident Hindenburg. Die anderen Volksabstimmungen hatten äußerst populäre Anlässe: den Austritt aus dem Völkerbund (1933), den Einmarsch ins Rheinland (1936) und den »Anschluß« Österreichs (1938) – auch wenn die offiziellen Abstimmungsergebnisse (vor allem in den Jahren 1936 und 1938) ganz offensichtlich absurd waren. Solche Triumphe bei Fragen von »nationaler Bedeutung« – und nicht bei vielleicht strittigen Punkten, die den Kern des spezifisch nationalsozialistischen Kredos berührt hätten – sorgten zielsicher dafür, daß das maximale Konsenspotential mobilisiert und sowohl den Zweiflern in Deutschland als auch dem Ausland signalisiert wurde, daß der »Führer« die Masse des deutschen Volkes hinter sich hatte.

Der Einmarsch ins Rheinland am 7. März 1936 – als deutsche Truppen unter Bruch der Verträge von Versailles und

[18] Hermann Rauschning, Gespräche mit Hitler. Zürich 1940, S. 102f.; zur Frage der Authentizität der Rauschningschen Aussagen siehe Martin Broszat, Enthüllung? Die Rauschning-Kontroverse. In: Nach Hitler. Der schwierige Umgang mit unserer Geschichte. München 1988, S. 263ff.

[19] Henry Picker, Hitlers Tischgespräche im Führerhauptquartier. 2. Aufl. Stuttgart-Degerloch 1963, S. 169.

Locarno die bisherige entmilitarisierte Zone besetzten – zeigt am deutlichsten, wie ein außenpolitischer Coup zumindest zeitweilig die Aufmerksamkeit von echten innenpolitischen Schwierigkeiten abzulenken vermochte und dem Regime half, sowohl in der Innen- als auch in der Außenpolitik wieder in die Vorhand zu kommen. Obwohl diplomatische Vorteile für Hitler zweifellos Priorität hatten, war man in einigen hohen Regierungsstellen in der Tat überzeugt, daß für den Zeitpunkt dieses Coups ausschließlich innenpolitische Gründe ausschlaggebend gewesen waren: Es sei wieder einmal nötig gewesen, die Volksmassen aufzustacheln und die alte Begeisterung in der Partei zu wecken; außerdem habe der »Führer« das Vertrauen der Bevölkerung nach der ernsten Versorgungskrise des vorherigen Winters zurückgewinnen und den wachsenden Konflikt mit der katholischen Kirche verdecken müssen[20].

Das Plebiszit vom 29. März bot tatsächlich eine ausgezeichnete Gelegenheit, die sinkende Moral der Partei zu stärken: In den Wochen vor der »Abstimmung« wurden die aktiven Parteimitglieder in einen gewaltigen Propagandafeldzug eingebunden. Und diesmal wurden optimale 99 Prozent Jastimmen erreicht. Auch wenn man den Erfindungsreichtum der Auszähler mit berücksichtigt und indirekte, aber auch weniger subtile Zwangsmaßnahmen in Rechnung stellt, durch die dieses Resultat mit herbeigeführt wurde, so war es doch ein Ergebnis, das weder im In-, noch im Ausland völlig ignoriert werden konnte. Außenpolitisch gesehen hatten die westlichen Alliierten damit nicht nur eine Gelegenheit verstreichen lassen, deutschen Expansionsgelüsten Einhalt zu gebieten, sondern mußten auch noch mit ansehen, wie Hitler durch diesen Schachzug außerordentlich an Popularität gewann.

Durch die Untätigkeit des Westens und die plebiszitäre Unterstützung für Hitler wurde jenen Gruppen, die isoliert und stark gefährdet innerhalb Deutschlands in illegalen Organisationen auf den Sturz des Regimes hinarbeiteten, nun wieder der Wind aus den Segeln genommen, nachdem es im

20 Siehe Manfred Funke, 7. März 1936. Fallstudie zum außenpolitischen Führungsstil Hitlers. In: Wolfgang Michalka (Hrsg.), Nationalsozialistische Außenpolitik. Darmstadt 1978, S. 278f.

vorangegangenen Winter so ausgesehen hatte, als würde selbst Hitlers Popularität aufgrund der wachsenden Versorgungsschwierigkeiten zu schwinden beginnen. Ein Beobachter der exilierten SPD brachte das Verhältnis zwischen der plebiszitären Akklamation für Hitlers Aktionen und der Gestaltung der nationalsozialistischen Politik auf den Punkt, als er sagte, Hitler könne von seiner Politik nicht mehr loskommen. Durch die überwältigende Zustimmung, die seine Aktion bei der für den 29. März angekündigten Volksabstimmung zweifellos finden werde, lasse sich der Diktator vom Volk »zu der Politik [verpflichten], die er gewollt hat!«[21]

So wie die Unterstützung, die Hitler bei den Volksmassen fand, für ihn einen großen Kraftquell darstellte, mußte ein etwaiger Verlust dieser Unterstützung unweigerlich auf eine Schwäche hinweisen. Daher reagierte der Diktator auch äußerst allergisch auf alles, was sein Ansehen hätte schädigen oder sein Prestige hätte untergraben können. Mehr als einmal äußerte er seine Befürchtungen im Hinblick darauf, was passieren könnte, wenn er seine Popularität einbüßte[22]. Und da er einsah, daß »der graue Alltag« für die politische »Begeisterung« eine dauernde Gefahr bildete[23], war ihm bewußt, daß er immer wieder Erfolg haben mußte, um die Volksmassen an sich zu binden und ständig die notwendige psychologische Mobilisierung zu erreichen. Sonst, so meinte er, werde »Sterilisation einsetzen«, in deren Folge es zu »Spannungen sozialer Art« kommen müsse[24]. Insofern konnte die Legitimation, die die plebiszitäre Unterstützung für ihn bedeutete, nur durch wiederholte Erfolge sichergestellt werden – nach Max Weber ein klassisches Merkmal »charismatischer Herrschaft«. Zum eigentlichen Wesen von Hitlers »charismatischer« Macht gehörte daher immanent, daß die einmal gewonnene Schwungkraft nicht nachlassen durfte.

[21] Archiv der Sozialen Demokratie, Bonn, Emigration SoPaDe M33, Hans Dill an Otto Wels, 7. März 1936.

[22] Siehe Albert Speer, Erinnerungen. Frankfurt a. M., Berlin 1969, S. 173, 229.

[23] Helmut Heiber (Hrsg.), Hitlers Lagebesprechungen. Die Protokollfragmente seiner militärischen Konferenzen 1942–1945. Stuttgart 1962, S. 718.

[24] Domarus, Hitler. Reden und Proklamationen, S. 749.

Fünftes Kapitel
Die Ausweitung der Macht

Bei der »Machtergreifung« wurden die vorhandenen Regierungsformen nicht einfach hinweggefegt und von der NSDAP ersetzt. Bis Ende 1937 befanden sich nur wenige der wichtigsten Ressorts der Reichsregierung in den Händen von Nationalsozialisten. Das Außen-, Kriegs-, Wirtschafts-, Finanz-, Arbeits-, Justiz- und Verkehrsministerium waren bis zu diesem Zeitpunkt (und manche darüber hinaus) von Nationalkonservativen besetzt[1]. Viele Parteimitglieder zeigten sich in diesen Jahren enttäuscht und frustriert darüber, daß sie die Politik und Verwaltung des Staates nicht nach Belieben beeinflussen und kontrollieren konnten.

In der Phase zwischen der »Röhm-Affäre« (1934) und der »Blomberg-Fritsch-Krise« (1938) schien einiges darauf hinzudeuten, daß die Turbulenzen, zu denen es im Gefolge der »Machtergreifung« gekommen war, nun einem relativ stabilen Autoritarismus Platz machen würden. In Wirklichkeit wurde der Radikalismus der NS-Bewegung von den konservativen Kräften – die sich trotz ihrer Aversion gegenüber manchen »Auswüchsen« den nationalsozialistischen »Aktionismus« durchaus zunutze machen konnten – nie zum Stillstand gebracht oder gar zurückgedrängt. Dennoch schienen die Ausschaltung der SA, die sinkende Zahl der politischen Verhaftungen und die »legale« (und insofern scheinbar »geregelte«) Diskriminierung, die nach dem »heißen« Sommer des Jahres 1935 an die Stelle der antijüdischen Agitation von Parteifanatikern trat, Anzeichen dafür zu sein, daß nun die Möglichkeit für eine Stabilisierung und »Systematisierung« der NS-Herrschaft gegeben sei. Diese Illusion wurde auch dadurch genährt, daß im Olympiajahr 1936 Ruhe herrschte, weil man die Besucher aus dem Ausland positiv beeindrukken wollte. Auf außenpolitischem Gebiet gab es in diesen Jahren ebenfalls kaum Hinweise darauf, daß die Außenpolitik des Regimes unter dem konservativen Freiherrn von

[1] Martin Broszat, Der Staat Hitlers. Grundlegung und Entwicklung seiner inneren Verfassung. 12. Auflage München 1989, S. 327.

Neurath über »revisionistische« Bestrebungen und die Annullierung der Verträge von Versailles und Locarno hinausgehen würde.

Mitte der dreißiger Jahre wäre es selbst dem aufmerksamsten Beobachter kaum möglich gewesen, genau vorauszusehen, wie dramatisch sich die NS-Politik ab 1938 in einer ganzen Reihe von Bereichen radikalisieren sollte. Bis dahin wurden die extremeren Forderungen und der dynamische Schwung der NS-Bewegung noch einigermaßen gezügelt, nicht zuletzt weil Hitler Rücksicht auf seine Beziehungen zu den traditionellen Eliten nehmen mußte.

In dieser Phase bestand das Regime praktisch aus einer Reihe unterschiedlicher Machtblöcke – der NS-Bewegung, der Staatsbürokratie, der Reichswehr, dem Großkapital und der Polizei – mit verschiedenen, sich aber teilweise überlappenden Interessen, die in der Autorität des »Führers« einen gemeinsamen, einigenden Nenner fanden. In diesem »Machtkartell« waren die einzelnen Blöcke allerdings nicht statisch, sondern hatten sowohl zueinander als auch zur Autorität des »Führers« ein wechselhaftes Verhältnis. Hitlers Macht leitete sich ihrerseits von seiner Position als Dreh- und Angelpunkt und als Vermittler zwischen den verschiedenen Interessen ab. Und gerade durch die zentrale Bedeutung seiner einzigartigen Stellung innerhalb der gesamten Machtkonstellation konnte er seine Befehlsgewalt ausweiten und im Vergleich zu den anderen Machtbereichen eine zunehmende Autonomie entwickeln. Gleichzeitig verschob sich die Basis des »Machtkartells«: Die Teile, die Hitler am nächsten standen, gewannen auf Kosten derjenigen an Bedeutung, die zum »Führer« ein distanzierteres Verhältnis hatten. Insofern konnte Hitler seine Macht in den Jahren 1934 bis 1937 hinter einer Fassade scheinbarer »Normalisierung« der NS-Herrschaft weiter ausweiten. Und im Wechselspiel – teils als Ursache, teils als Wirkung – gewann parallel dazu die radikale, dem Nationalsozialismus inhärente Dynamik an Schwung und flaute nicht etwa zu einem stagnierenden Autoritarismus ab.

Wie und warum konnte Hitler die Autonomie seiner Machtposition während dieser Zeit in so signifikanter Weise vergrößern? Teilweise ist diese Frage schon durch die vorangegangenen Überlegungen im Hinblick auf das Anwachsen der Polizei/SS-Organisation und die plebiszitäre Zustimmung für Hitlers Aktionen beantwortet worden. Wie sich im Dritten Reich die Regierungsstruktur veränderte und auf welche Weise sich Hitler die Schwäche und das Einverständnis der in Deutschland traditionell herrschenden Eliten sowie die Nachgiebigkeit und Schwäche der führenden Vertreter der westlichen Demokratien zunutze machen konnte, wird weiteren Aufschluß über die Ausweitung der persönlichen Macht Hitlers geben.

Die Aushöhlung des Prinzips der Kabinettsregierung

Im Dritten Reich bestand die Regierungstätigkeit zunehmend in dem Versuch, einen immanenten Widerspruch zu lösen, nämlich bürokratische Verwaltungsstrukturen dem Willen eines Führers anzupassen, dessen Autorität sich nicht von einer Regierungsfunktion, sondern von »charismatischen« Ansprüchen herleitete. Die Folge war, daß die bürokratischen Strukturen des Staates in wachsendem Maße von willkürlicher »Führermacht« überlagert und die formalen Regierungs- und Verwaltungsstrukturen dadurch allmählich untergraben und ausgehöhlt wurden – ein Prozeß, der erst während des Krieges seinen Höhepunkt erreichte.

In der Regierungspraxis zählten Hitlers »charismatische« Ansprüche anfangs wenig. Seine Autorität leitete sich daraus ab, daß er – wie andere Reichskanzler vor ihm – zum Regierungschef ernannt worden war. Und wie diese mußte auch er im Rahmen eines komplexen Regierungssystems und einer hochentwickelten Bürokratie arbeiten. Anders als seine Vorgänger besaß er jedoch keine Regierungserfahrung und hatte dabei – und das sollte zu einem Merkmal seines Regierungsstils werden – eine ausgeprägte Abneigung gegen bürokratische Verfahrensweisen und jegliche konventionelle administrative Arbeitsroutine. Andererseits konnte er auf die Unterstützung durch eine riesige Massenbewegung zählen. Und sein Einzug in die Regierung war – nicht nur von nationalsozialistischen Fanatikern – weniger als Regierungswechsel denn als Beginn einer neuen Epoche für Deutschland gefeiert worden. Die Weichen waren symbolisch auf »Wiedergeburt« gestellt, und diese sollte am 21. März 1933, dem »Tag von Potsdam«, ihren Ausgang von der (die Weimarer Demokratie als »Zwischenspiel des Verrats« ausklammernden) ruhmreichen und »wahren« deutschen Tradition nehmen, als sich Präsident Hindenburg und Kanzler Hitler – die Verkörperung des »alten« und des »neuen« Deutschland – bei der Eröffnungsfeier für den neugewählten Reichstag am Grab Friedrichs des Großen die Hand reichten.

Trotz seiner Unerfahrenheit hatte Hitler dank seiner Anhängermassen und der von der »nationalen Erhebung« geprägten Atmosphäre, die den Beginn seiner Kanzlerschaft kennzeichnete, eine bessere Ausgangsbasis als andere Reichskanzler. Außerdem machte er schon bald deutlich, wie falsch und verhängnisvoll es von etablierten Politikern und vielen Angehörigen der Oberschicht und der Intelligenz war, in ihm herablassend nur einen »vulgären Emporkömmling« zu sehen. Er erwies sich keineswegs als naiv und unfähig, sondern zeigte, daß er die Realitäten der Regierungsgewalt rasch und prägnant erfaßte; anderenfalls wäre er Wachs in den Händen der traditionellen Machtgruppen gewesen und hätte sich bald entbehrlich gemacht.

Auch wenn Hitler anfangs darauf bedacht war, in einem Koalitionskabinett, in dem die Nationalsozialisten in der Minderheit waren, keinen Konflikt zu provozieren, kam es im Hinblick auf seinen Status als Reichskanzler und die Rolle, die das Kabinett und dessen einzelne Mitglieder beim Gesetzgebungsprozeß spielten, schon bald zu einschneidenden und entscheidenden Veränderungen. Von Anfang an gab es im Hitler-Kabinett keinerlei Abstimmungen. Und nach der Verabschiedung des Ermächtigungsgesetzes am 24. März 1933 war es dem Reichskanzler selbst möglich, Gesetze zu schaffen und auszufertigen, über die das Kabinett zuvor Einigung erzielt hatte; die Unterschrift des Reichspräsidenten war nicht mehr erforderlich. Hindenburg hielt seine Beteiligung an dem Verfahren ohnehin für unnötig. Damit existierte der wichtige Unterschied zwischen Gesetzen (die ein parlamentarisches Verfahren durchlaufen hatten) und exekutiven Verordnungen auf einmal nicht mehr[2]. Und Hitlers

[2] Siehe Broszat, Der Staat Hitlers, S. 351.

tatsächliche Macht im Reichskabinett nahm dadurch beträchtlich zu. Schon im April konnte Goebbels zufrieden feststellen, daß »die Autorität des Führers« im Kabinett nun »ganz durchgesetzt« sei[3].

In den ersten Monaten trat das Kabinett noch häufig zusammen. Als das NS-Regime dann aber etabliert war, hatte Hitler für Kabinettssitzungen, denen er ohnehin nicht viel abgewinnen konnte, keinen Bedarf mehr. Die Anzahl der Sitzungen sank drastisch: Während das Kabinett 1933 zweiundsiebzigmal zusammengekommen war, trafen sich die Minister 1935 nur noch zwölfmal, 1937 sechsmal und 1938 ein letztes Mal[4]. Und es war auch keineswegs so, daß alle Kabinettszusammenkünfte unter Hitlers Vorsitz stattfanden. Klarer hätte das Ende des Prinzips der Kabinettsregierung kaum illustriert werden können (auch wenn es zu Kriegsbeginn noch ein paar halbherzige Versuche gab, eine kollegiale Regierungsform wiederzubeleben).

Schon im Sommer 1933 wurde ein neues Gesetzgebungsverfahren eingeführt, das eine Diskussion unter den Ministern nicht länger erforderlich machte und sich mit der Zeit durchsetzte. Der einzelne Minister bereitete jeweils aus eigener Initiative einen Gesetzesentwurf vor, brachte ihn durch einen Umlauf den anderen Ministern, deren Ressorts tangiert waren, zur Kenntnis und schrieb ihn anschließend solange um, bis alle einverstanden waren. Erst dann war Hitler daran interessiert, den Entwurf zu sehen, um – falls er ihn akzeptierte – seine Unterschrift darunter zu setzen und ihn so zu einem offiziellen Gesetz zu machen. Der »Führer« hatte es also in der Hand, ein Gesetz anzunehmen oder abzulehnen; dessen Vorbereitung interessierte ihn jedoch kaum.

Die zentrale Regierung zerfiel somit in eine Reihe einzelner Ressorts, die – jedes für sich – quasi autonom Gesetze vorbereiteten, ohne daß jemand das Ganze koordiniert hätte, und die bei jedem strittigen Punkt darauf bedacht waren, an der eigenen politischen Linie festzuhalten und gegen den

[3] Elke Fröhlich (Hrsg.), Die Tagebücher von Joseph Goebbels. 4 Bde., München 1987, Bd. 2, S. 410.

[4] Lothar Gruchmann, Die »Reichsregierung« im Führerstaat. In: Günther Doeker und Winfried Steffani (Hrsg.), Klassenjustiz und Pluralismus. Festschrift für Ernst Fraenkel zum 75. Geburtstag. Hamburg 1973, S. 192.

Widerstand anderer Ressorts die eigene Position zu stärken. Eine solche Verfahrensweise kann kaum als Rezept für einen rationalen Entscheidungsprozeß gelten.

Das einzige Bindeglied zwischen den Ministern und auch zwischen einem einzelnen Minister und dem »Führer« selbst bildete der neuernannte Chef der Reichskanzlei, Hans-Heinrich Lammers (der ab November 1937 auch den Status eines Reichsministers erhielt). Jeder Minister, der mit Hitler sprechen wollte, mußte sich zunächst an Lammers wenden. Memoranden, die an den Reichskanzler addressiert waren, landeten auf Lammers Schreibtisch. Hitler kommunizierte mit den einzelnen Ministern wiederum über Lammers (es sei denn, es handelte sich dabei um einen der wenigen Auserwählten, die – wie etwa Goebbels – engen persönlichen Kontakt zum »Führer« hatten und häufig mit ihm zusammenkamen).

Als Mittler zwischen dem »Führer« und den Ministern spielte Lammers eine ganz wichtige Rolle. Durch die jeweilige Art, in der er einzelne Themen präsentierte, konnte er, wenn er wollte, Hitlers Meinung entscheidend beeinflussen. Er konnte natürlich auch beschließen, daß der »Führer« durch wichtige Staatsgeschäfte schon zu sehr in Anspruch genommen sei, um sich noch über einen bestimmten Gesetzentwurf oder ein »dringendes« Ministermemorandum den Kopf zu zerbrechen. In so einem Fall wanderten die Entwürfe und Memoranden dann – manchmal auf mehr oder weniger unbestimmte Zeit – in die Schublade.

Hitler war somit paradoxerweise auf der einen Seite der unentbehrliche Dreh- und Angelpunkt des Regierungsapparats, hielt sich aber auf der anderen Seite weitgehend aus dessen Beratungsprozeß heraus. Die Distanz, die der »Führer« zum alltäglichen Regierungsgeschäft wahrte, war nicht nur eine strategische Notwendigkeit – um den Nimbus des Unnahbaren zu verstärken und sich nicht in Fraktionskämpfe hineinziehen zu lassen –, sondern spiegelte auch seine eigene Charakterstruktur wider: seine Ungeduld gegenüber bürokratischer Routine, seine Abneigung gegenüber der Beschäftigung mit weniger wichtigen Details, seine instinktiv »darwinistische« Einstellung (abzuwarten, bis aus einem Streit ein Sieger hervorgegangen war) sowie sein Vertrauen auf die »Treue« von ausgewählten Günstlingen – den erprobten und bewährten »alten Kameraden« – und nicht auf die Loyalität von Ministern und Staatssekretären.

Solange Reichspräsident Hindenburg noch lebte, pflegte Hitler im großen und ganzen einen konventionellen Regierungsstil, zum Beispiel hielt er sich mehr oder weniger an regelmäßige Bürozeiten. Sobald er aber als Staatsoberhaupt bestätigt war, die Soldaten und Beamten ihren Eid auf ihn geleistet hatten und ihm das Plebiszit im August 1934 eine deutliche Zustimmung signalisierte, änderte sich sein Arbeitsstil als Regierungschef. In zunehmendem Maße kehrte er wieder zu der unregelmäßigen, unbürokratischen Arbeitsweise zurück, die für die Art seiner Parteiführung vor 1933 charakteristisch gewesen war. Vom seinem Wesen und seiner persönlichen Trägheit her neigte er eher dazu, spontanen »genialen« Einfällen nachzugehen und großen Wert auf seine öffentlichen Auftritte sowie sein äußeres Erscheinungsbild zu legen, als über seitenlangen Memoranden und komplexen Regierungspapieren zu brüten. Seinem ehemaligen Adjutanten zufolge vertrat Hitler die Ansicht, »daß sich vieles von selbst erledigte, wenn man nur nicht daran rühre«[5]. Abgesehen von den Ministern, die seine besondere Gunst genossen, wurde es für alle Kabinettsmitglieder zunehmend schwerer, an ihn heranzukommen; manchen gelang es überhaupt nicht. Vor allem wenn heikle Themen diskutiert wurden, war es alles andere als leicht, den »Führer« auf eine klare und begründete Entscheidung festzulegen. Wichtige Dinge wurden manchmal monatelang aufgeschoben, ehe es gelang, Hitler einen Beschluß zu entlocken. Und dann bestanden seine »Entscheidungen« nicht selten in willkürlichen Bemerkungen, die er bei irgendeinem informellen Anlaß beiläufig fallenließ.

Für diejenigen, die solche beiläufigen Bemerkungen aufschnappten und sich zur Rechtfertigung irgendeiner politischen Initiative zunutze machten, waren sie allerdings alles andere als unverbindliche Empfehlungen. Wenn sich eine solche offenbar von Hitler unterstützte Initiative gelegentlich als nicht verwirklichbar herausstellte, weil sie auf zu starken Widerstand stieß, dann wurde sie nicht etwa offiziell

[5] Fritz Wiedemann, Der Mann der Feldherr werden wollte. Velbert, Kettwig 1964, S. 69.

zurückgezogen – denn das wäre mit dem Prestige des »Führers« nicht zu vereinbaren gewesen –, sondern sie wurde einfach nicht weiter verfolgt oder auf unbestimmte Zeit »verschoben«.

Hitlers unbürokratischer Arbeitsstil mußte in der Regierung zu einem allgemeinen strukturellen Durcheinander führen. Daß dies einer durchdachten machiavellistischen »Teile und herrsche!«-Strategie entsprang, ist unwahrscheinlich, auch wenn Hitler äußerst sensibel auf alles reagierte, was er als Beeinträchtigung seiner Autorität empfand. Vielmehr handelte es sich hierbei wohl eher um eine praktische Anwendung des Prinzips, bei einem Streit abzuwarten, bis der Stärkere sich durchsetzt. Vor allem aber ergab sich Hitlers Arbeitsstil zwangsläufig aus dem Umstand, daß er unbedingt sein Prestige und sein öffentliches »Image« aufrechterhalten mußte.

Angesichts des vagen, nicht konkret eingegrenzten Mandats, die deutsche Gesellschaft entsprechend der NS-»Philosophie« neu zu ordnen und »umzuerziehen«, mußte es bei der Formulierung der Politik zu Interessenskollisionen und Konflikten kommen. Durch unklare Kompetenzaufteilungen wurden persönliche Rivalitäten und Feindschaften enorm verschärft, und es kam zu zeit- und energieraubenden Kämpfen, um in politischen Grundsatzfragen die eigene Linie durchzusetzen. Die Autorität des »Führers« als letzte Instanz in strittigen Punkten stand dabei nicht zur Debatte. Doch zeigte Hitler sich immer wieder unwillens, sich eindeutig für eine von zwei Seiten auszusprechen, wenn sich das betreffende Problem noch nicht von selbst gelöst hatte.

Dies war vor allem im innenpolitischen Bereich und auf dem weiten Feld der »Sozialpolitik« der Fall, wo die Entscheidungen mangels schlüssiger und zusammenhängender Anhaltspunkte für »den Willen des Führers« häufig Flickwerk blieben. Hitlers begrenztes Eingreifen in den politischen Entscheidungsprozeß führte jedoch dazu, daß sich seine Macht als »Führer« eher noch vergrößerte und von den konventionellen Regierungsinstanzen entfernte. Trotz der Konflikte bei bestimmten Entscheidungsprozessen gab es kaum etwas, was sich nicht mit der gesteckten Aufgabe, die Gesellschaft materiell und psychologisch auf den kommenden großen Krieg vorzubereiten, oder mit dem utopischen

Traum vom deutschen Paradies nach dem siegreichen Ende des Krieges vereinbaren ließ.

Bei der Formulierung der Außenpolitik, auf die noch zurückzukommen sein wird, intervenierte Hitler direkter und häufiger. Es scheint außer Zweifel zu stehen, daß er die entscheidenden Beschlüsse faßte, die die sogenannte »diplomatische Revolution«[6] einleiteten, und daß er dabei zuweilen auch gegen die politische Stoßrichtung seines eigenen Außenministeriums agierte.

Andererseits hielt sich Hitler in den dreißiger Jahren – aus taktischen oder Prestigegründen – in Fragen der Rassenpolitik soweit wie möglich zurück. Die Initiative ging meist von anderen aus, die sich allerdings sicher waren, »im Sinne des Führers« zu handeln. Wenn ihm jedoch irgendeine Angelegenheit wichtig erschien, griff er auch entscheidend ein. Bereits im Jahr 1933 setzte er sich im Kabinett zum Beispiel über Einwände des Vizekanzlers von Papen hinweg und sorgte für die Verabschiedung des Sterilisierungsgesetzes[7]. Im Hinblick auf die antijüdischen politischen Maßnahmen bestand Hitlers Hauptrolle zu diesem Zeitpunkt weniger darin, klare und schlüssige Anweisungen zu erteilen, als den Rahmen zu billigen, in dem sich die bisweilen widersprüchlichen politischen Aktivitäten entfalteten. Er intervenierte zwar häufiger als bislang angenommen und interessierte sich manchmal selbst für relativ unbedeutende Details[8]. In den meisten Fällen – zumindest vor dem Krieg – wurde er jedoch erst aktiv, wenn ihn die Bitte erreichte, ein strittiges Problem zu lösen. Seine Entscheidungen, wenn er sie denn fällte, waren selbst in diesem Politikbereich nicht immer konsequent. Und hin und wieder vermied er es auch hier, überhaupt irgendeine Entscheidung zu treffen.

Hitlers Herrschaftsstil sorgte für die ungehemmte Entfaltung von Konkurrenzbestrebungen in jeglicher Form, und begünstigte durch die fehlende Regierungslenkung einen auf

[6] Dieser Begriff stammt von Gerhard Weinberg, Diplomatic Revolution in Europe 1933–36 (The Foreign Policy of Hitler's Germany, Bd. 1). Chicago, London 1970.

[7] Akten der Reichskanzlei. Die Regierung Hitler, Teil 1, Bd. 1. Boppard 1983, S. 664f.

[8] Siehe David Bankier, Hitler and the Policy-Making in the Jewish Question. In: Holocaust and Genocide Studies 3 (1988), S. 1–20.

Beute lauernden Opportunismus und willkürliche, unkoordinierte Initiativen. Entscheidend aber war, daß letztere nur im Rahmen der mutmaßlichen ideologischen Intentionen des »Führers« ergriffen werden konnten. Die »aufstrebenden Kräfte« im nationalsozialistischen Machtgefüge waren diejenigen, die diese Intentionen und den günstigsten Moment für ihre schrittweise Verwirklichung präzise errieten und auf Gebieten, an denen Hitler starkes Interesse hatte, bei politischen Flügelkämpfen energisch und rücksichtslos vorgingen.

Die Zerstörung des Prinzips der Kabinettsregierung unter Hitler bedeutete also, daß es kein zentrales Gremium mehr gab, das relativ kohärente und konsistente politische Maßnahmen beraten und formuliert hätte, sondern daß unterhalb der Position des »Führers« die Machthaber miteinander rivalisierten, sich oft auch gegenseitig bekriegten und immer weiter spalteten und jeder sich zur eigenen Rechtfertigung allein darauf berief, den »Willen des Führers« umzusetzen. Die Machtbeziehungen im Dritten Reich erinnern an ein feudales System, das auf persönlicher Treue basiert, die durch private Lehen belohnt wird[9]. Wenn es auch erst in den Kriegsjahren zu einem völligen Zusammenbruch der geregelten Regierungsarbeit kam, so läßt sich diese Entwicklung doch bis in die Frühphase des Dritten Reiches zurückverfolgen.

Außerhalb der Staatsministerien bestand die NSDAP überall darauf, die politische Linie mitzubestimmen. An zentraler Stelle wurde dieser Anspruch durch Rudolf Heß, den Chef der Parteibürokratie, geltend gemacht, der mit im Kabinett saß und beim Gesetzgebungsprozeß ein Vetorecht hatte. In der Praxis wurde die »Parteipolitik« selbst jedoch höchst selten klar festgelegt. Und auf regionaler Ebene waren die Beziehungen zwischen Partei und Staat eher noch unklarer definiert als im Zentrum. Die Provinzhäuptlinge der Partei, die Gauleiter, genossen häufig ein hohes Maß an Unabhängigkeit und unterlagen kaum der Kontrolle durch das »Braune Haus« oder durch zentrale und regionale staatliche Behörden. Einzelne Versuche von Reichsinnenminister Frick, eine einheitliche und systematische autoritäre Herrschaftsstruktur zu schaffen, wurden durch Hitler selbst torpediert, der

[9] Robert Koehl, Feudal Aspects of National Socialism. In: American Political Science Review 54 (1960), S. 921–933.

den Gedanken an irgendeine institutionalisierte Beschränkung seiner eigenen Handlungsfreiheit nicht ertragen konnte und dem es daher nur recht war, daß aufgrund der sich überschneidenden und miteinander konkurrierenden Staats- und Parteiinstitutionen unklare Verhältnisse herrschten. Statt sich systematisch in die Regierungsgeschäfte einzumischen, agierte die NSDAP eher als populistisches Stimulans und erzwang dadurch gesetzgeberische Maßnahmen (wie etwa im Falle der antisemitischen Gesetze im Frühjahr 1933 und im September 1935). Auf diese Weise wurde verhindert, daß die radikale Dynamik zu einem stagnierenden Autoritarismus abflaute.

Wichtiger noch als der ungelöste Dualismus von Partei und Staat war die Schaffung neuer Institutionen, deren Aufgabenbereiche sich gewöhnlich auf Partei- und Staatsangelegenheiten erstreckten, obwohl sie weder Partei- noch Staatseinrichtungen waren und ihre Existenz sowie ihre Macht allein ihrer Stellung als direkte Ausführungsorgane des »Führerwillens« verdankten. An ihnen wurde deutlich, daß der »Wille des Führers« von Anfang an eine Machtkategorie bildete, die theoretisch allumfassend und in der Praxis immer dominierender, dabei aber vom staatlichen Regierungs- und Verwaltungsapparat getrennt war. Der »Staat«, der im politischen Denken der Deutschen seit Hegel einen so herausgehobenen Status besessen hatte, war als strukturierter, »rationaler« Regierungs- und Verwaltungsapparat für Hitler nichts weiter als ein Mittel zum Zweck – ein Mittel, das er sich soweit wie möglich zunutze machte, über das er sich aber hinwegsetzte, sobald sich der Zweck auf anderem Wege besser erreichen ließ. So wurden in politischen Bereichen, die Hitler für besonders wichtig hielt, neue Exekutivinstrumente geschaffen: die »Organisation Todt« zur Durchführung öffentlicher Bau- und Arbeitsprogramme, die Hitlerjugend unter von Schirach, der riesige, von Göring geleitete Apparat zur Verwirklichung des Vierjahresplans und vor allem die vereinigten SS- und Polizeikräfte unter Himmler und Heydrich. Sie alle bildeten gewaltige Machtblöcke, deren Macht sich ausdrücklich davon herleitete, daß sie weder der Partei noch dem Staat, sondern allein dem »Willen des Führers« untergeordnet waren.

Durch die Aushöhlung der zentralen Regierungsgewalt,

die gleichzeitige Vermehrung der politischen Entscheidungs- und Verwaltungsorgane und die Schaffung neuer exekutiver Mischorganisationen konnte der »Führerwille« immer stärker zu einer autonomen, von etwaigen konstitutionellen und institutionellen Beschränkungen befreiten Instanz werden. Selbst an Hitlers offiziellem Titel läßt sich dieser Prozeß ablesen: 1933 war er offiziell »Reichskanzler«, nach Hindenburgs Tod wurde sein Titel in »Führer und Reichskanzler« abgeändert, und nach 1939 war von ihm, auf eigenen Wunsch hin, nur noch als »Führer« die Rede[10].

Die Loslösung Hitlers vom herkömmlichen Regierungs- und Verwaltungsapparat war Anfang 1938 noch keineswegs abgeschlossen. Zu diesem Zeitpunkt hatte aber jene Entwicklung schon ein fortgeschrittenes Stadium erreicht, die während des Krieges zur völligen Aufsplitterung der Regierung auf eine Reihe konkurrierender Machtzentren führte. Mit der schrittweisen Unterminierung des »Staates« und der Legitimierung aller Aktionen durch den »Führerwillen« schwand zusehends die Möglichkeit, aufgrund nüchterner und »rationaler« Überlegungen »gefährliche« Initiativen zu bremsen und die radikaleren Kräfte innerhalb des Regimes in Schach zu halten. So wuchs allmählich der Impetus der unkoordinierten, aber dynamischen Impulse, die im Regime auf vielfältige Weise »im Sinne des Führers« auf die Umsetzung seiner vage formulierten ideologischen Ziele hinwirkten. Damit geriet Hitlers eigene ideologische »Vision« immer stärker als realisierbares Ziel ins Blickfeld, ohne daß es dazu einer sorgfältigen zentralen Lenkung bedurft hätte.

Die Ausnutzung günstiger Gelegenheiten

Wie sich aus der letzten Bemerkung schon entnehmen läßt, war die enorme – theoretisch völlig uneingeschränkte – Macht, die der »Führer« gegen Ende der dreißiger Jahre besaß, keineswegs das Ergebnis eines von Hitler entwickelten und konsequent ausgeführten Plans. In der Ausweitung

[10] Broszat, Der Staat Hitlers, S. 353.

seiner Macht spiegelte sich zu einem gut Teil die Schwäche sowohl der inneren als auch der internationalen Ordnung in den dreißiger Jahren. Die Weimarer Republik steckte so tief in der Krise, daß Hitler die noch verbliebenen Strukturen nur anzutippen brauchte, um sie zum Einsturz zu bringen. Und die internationale Nachkriegsordnung blieb so labil, daß sie angesichts eines neuen, entschlossenen deutschen Revisionismus unwiederruflich zerfiel. Dabei lag Hitlers Vorteil in nicht geringem Maße in seinem Spielerinstinkt – dem Talent eines unvergleichlichen Opportunisten, den richtigen Moment abzupassen, in dem er die Schwäche der anderen ausnutzen konnte. Dieser Opportunismus – der allerdings in der festen Überzeugung wurzelte, die Zukunft werde die Erfüllung seiner Weltanschauung bringen – war Hitlers eigener entscheidender Beitrag zur Steigerung seiner Macht. Am deutlichsten läßt sich dies an seinem Kurs in der Außenpolitik erkennen.

Hitler hatte kein fertiges Aktionsprogramm, keinen festen Handlungsplan. Die allgemeine Stoßrichtung seiner Politik bestand darin, versöhnlich zu erscheinen, vorsichtig zu agieren, gleichzeitig aber für eine beschleunigte Aufrüstung zu sorgen, damit man in der Lage war, die »große Chance« zu nutzen, sobald sie sich bot. Angesichts der militärischen Schwäche und diplomatischen Isolation Deutschlands war eine andere Strategie ohnehin kaum möglich. An Hitlers Außenpolitik war zunächst so gut wie nichts spezifisch Nationalsozialistisches. Sie stimmte weitgehend mit den Wünschen der Reichswehrführung, des Außenministeriums und anderer maßgeblicher revisionistischer Kräfte überein. Jede nationalistische deutsche Regierung hätte damals wohl eine ähnliche außenpolitische Linie vertreten.

In den ersten Jahren zeichnete sich Hitler weniger durch die Art seiner Außenpolitik als durch seine Fähigkeit aus, den schwächsten Punkt des Gegners zu erkennen und die diplomatischen Beziehungen durch waghalsige Vorstöße auf völlig neues Terrain zu manövrieren. Dies läßt sich schon aus den Umständen ersehen, von denen im Oktober 1933 der Austritt Deutschlands aus dem Völkerbund und im Januar 1934 der Abschluß des Nichtangriffspaktes mit Polen begleitet waren.

Anfang 1933 schien Deutschlands Position nicht gerade

vielversprechend zu sein. Die Szenen brutaler Gewalt, von denen die »Machtergreifung« unübersehbar begleitet gewesen war, hatten kaum dazu beigetragen, Deutschland zu größerer internationaler Anerkennung zu verhelfen. Aber durch die Uneinigkeit der westlichen Großmächte – Frankreich war von dem starken militaristischen Gehabe seines östlichen Nachbarn beunruhigt, Großbritannien wiederum war nicht ganz glücklich darüber, daß Deutschland die militärische Gleichstellung verweigert werden sollte, die im Prinzip von der seit 1932 in Genf tagenden Abrüstungskonferenz des Völkerbundes akzeptiert worden war – erhielt Hitler die Gelegenheit, seinen ersten außenpolitischen Coup zu landen und sein Prestige im eigenen Land wesentlich zu steigern.

Bei seiner ersten größeren außenpolitische Rede hatte der »Führer« am 17. Mai 1933 voller Inbrunst seinen Wunsch nach Frieden bekundet und gleichzeitig gegen die unfaire Behandlung Deutschlands durch die Alliierten in der Abrüstungsfrage protestiert[11]. In London und Washington wurde seine Rede wohlwollend aufgenommen, doch die Franzosen blockierten jede Anerkennung der deutschen Gleichstellungsforderungen. Als sich die Briten auf französischen Druck hin schließlich mit einer Fortsetzung der Rüstungsbeschränkungen für Deutschland (nicht aber fürs eigene Land) einverstanden erklärten, sorgte Hitler in einem dramatischen Schritt am 14. Oktober 1933 dafür, daß Deutschland sich aus der Abrüstungskonferenz zurückzog und aus dem Völkerbund austrat.

Hitlers spezifischer Beitrag zu dieser Aktion bestand in wenig mehr als der Wahl des richtigen Zeitpunkts und der propagandistischen Ausschlachtung des Erfolgs. Die Festlegung der harten Linie und die eigentliche Ausführung war größtenteils das Werk des Außenministers, von Neurath, und der militärischen Führung. Hitler aber wußte, wie sich aus so einer Gelegenheit das Beste machen ließ. Er löste sofort den Reichstag auf und setzte eine »Neuwahl« zusammen mit einem Plebiszit über seine Aktion an. Die NS-Propaganda nützte clever die Stimmung im Volke aus. Die dreiwöchige Kampagne, die in der »Wahl« eines neuen Reichstags und der

[11] Max Domarus, Hitler. Reden und Proklamationen 1932–1945, kommentiert von einem deutschen Zeitgenossen. München 1965, S. 273ff.

Volksabstimmung gipfelte, bildete einen ersten Höhepunkt nationaler Euphorie. Die 95prozentige Zustimmung war – selbst wenn man den herrschenden Anpassungsdruck in Rechnung stellt – zweifellos eine deutliche Beifallsbekundung für den Reichskanzler. Der britische Botschafter bemerkte dazu: »Eins ist allerdings gewiß: Herrn Hitlers Position ist unanfechtbar – selbst in Kreisen, die den Nationalsozialismus nicht insgesamt gutheißen.«[12]

Nur wenige Monate später folgte ein weiterer bedeutender außenpolitischer Coup: Mit Polen wurde ein Nichtangriffspakt mit zehnjähriger Laufzeit geschlossen. Auch hier zeigte sich wieder, daß Hitler es meisterlich verstand, günstige Gelegenheiten zu nutzen.

Die Initiative ging in diesem Fall nicht von Hitler, sondern vom polnischen Staatsoberhaupt Pilsudski aus, denn in Polen fragte man sich damals beunruhigt, was Deutschland nach dem Austritt aus dem Völkerbund wohl als nächstes zu tun gedenke. Hitler bot daraufhin einen Nichtangriffsvertrag an, mußte zuvor allerdings den Widerstand des traditionell antipolnisch eingestellten deutschen Außenministeriums überwinden. Die Polen waren von dieser scheinbar großzügigen Geste völlig überrascht. Hier zeigte sich, daß Hitler es geschickt verstand, die Labilität des polnisch-französischen Bündnisses richtig einzuschätzen und gleichzeitig den »Staatsmann« herauszukehren sowie seine scheinbar friedlichen Absichten unter Beweis zu stellen, um so eine Verbesserung der Beziehungen zu Großbritannien zu erreichen und einen weiteren Keil zwischen die westlichen Demokratien zu treiben.

Nachdem Hitler 1934 – in einer Art zweiter »Machtergreifung« – die wachsende innenpolitische Krise durch die Ausschaltung der SA und die Übernahme des Amtes des Staatsoberhaupts beendet hatte, erreichte seine Herrschaft im Laufe der folgenden zwei Jahre eine neue Qualität. Vor allem aufgrund der bemerkenswerten außenpolitischen Triumphe der Jahre 1935/36 konnte er seine Position gegenüber den alten Machteliten beträchtlich stärken. Diese Erfolge führten allerdings auch dazu, daß Hitler von dem alles umfassenden Führerkult aufgesogen wurde, der ihn immer stärker umgab.

[12] Documents on British Foreign Policy. Bd. 6, London 1957, S. 85.

Seine Unnahbarkeit, sein Glaube an die eigene olympische Größe und das Gefühl der eigenen Unfehlbarkeit verstärkten sich in den Jahren 1935/36 zusehends. Er reagierte offenbar zunehmend allergisch auf alles, was im geringsten nach Kritik klang, und umgab sich immer mehr mit schmeichelnden Paladinen. Die wachsende Zuversicht, daß er den Lauf der Dinge ganz allein bestimmen könne, und die immer größere Verachtung, mit der er Kritikern und Gegnern im In- und Ausland begegnete, liefen auf eine zunehmende Selbstüberschätzung, eine Hybris der Macht, hinaus, die schließlich in eine völlige Realitätsferne und einen katastrophalen Größenwahn mündete.

Anfang 1935 sah es außenpolitisch für Deutschland nicht gerade rosig aus. Die Ermordung des österreichischen Kanzlers Dollfuß durch Nationalsozialisten im Juli 1934 hatte die deutsche Regierung in den Augen der Weltöffentlichkeit erneut diskreditiert, obwohl es sich bei dem Attentat um eine »örtliche Initiative« und nicht um die Ausführung eines direkten Befehls aus Berlin gehandelt hatte. Durch zufällige Umstände kam Hitler dann jedoch wieder zum Zuge. Im Versailler Vertrag war die im Januar 1920 erfolgte Abtrennung des Saargebietes vom Deutschen Reich geregelt und unter anderem festgelegt worden, daß die Bewohner nach Ablauf von fünfzehn Jahren per Volksabstimmung über die Frage entscheiden sollten, ob das Saargebiet an Deutschland zurückfällt, seinen Status quo behält oder zu einem Teil Frankreichs wird. Das Plebiszit wurde auf den 13. Januar 1935 angesetzt. Trotz intensiver NS-Propaganda war das Ganze eine freie Abstimmung, und diese fand in einem Gebiet statt, das größtenteils katholisch und stark industrialisiert war und in dem die Nationalsozialisten vor 1933 nur sehr geringen Rückhalt gefunden hatten. Es kam zu einem erdrutschartigen Ergebnis: 90,9 Prozent stimmten für eine Eingliederung ins Deutsche Reich. Für Hitler bedeutete dies sowohl im In- als auch im Ausland einen großen und bitter benötigten Prestigegewinn.

Diesem Ereignis folgte im März die Ankündigung der Wiedereinführung der allgemeinen Wehrpflicht für die neue »Wehrmacht« – auch dies ein klarer Bruch des Versailler Vertrages. Wiederum kalkulierte Hitler haarscharf mit der Schwäche der westlichen Verbündeten – vor allem der Unentschlossenheit der Briten – und bewies, daß ihm auf dem Gebiet der Propaganda niemand das Wasser reichte. Sobald die Briten – als Reaktion auf die nun nicht mehr zu verheimlichenden deutschen Rüstungsanstrengungen – eigene Aufrüstungspläne bekanntgaben und die Franzosen kurz darauf erklärten, den Wehrdienst verlängern zu wollen, nutzte Hitler diese »Provokationen«, um die Schaffung einer deutschen Luftwaffe, die Aufstellung eines Heeres mit einer Friedensstärke von 550000 Mann oder 36 Divisionen (wie die Wehrmachtsführung gewünscht hatte) und die Einführung der allgemeinen Wehrpflicht zu rechtfertigen. Damit setzte er sich eindeutig über den Versailler Vertrag hinweg, hatte aber Glück: Sein Vabanquespiel gelang. Die Reaktion der Briten bestand in einem symbolischen Protest und beschränkte sich im übrigen darauf, um die erneute Anberaumung eines Treffens zwischen dem britischen Außenminister und dem deutschen Reichskanzler zu bitten, das letzterer ein paar Tage zuvor kurzfristig abgesagt hatte. Die entgegenkommende Haltung der britischen Delegation bei den anschließenden Gesprächen wurde nicht nur von Hitler selbst, sondern auch von der Wehrmachtsführung und dem deutschen Außenministerium als erneuter Beweis dafür betrachtet, daß sich eine »Politik der vollendeten Tatsachen« besser bezahlt machte als vorsichtige Verhandlungen. So erlebte es jedenfalls Hitlers Dolmetscher Paul Schmidt, dem auffiel, wie geduldig sich die Briten Hitlers Forderung nach voller militärischer Gleichberechtigung anhörten, während zwei Jahre zuvor noch »der Himmel eingestürzt [wäre], wenn deutsche Vertreter derartige Forderungen erhoben hätten«[13].

In Deutschland herrschte eine allgemeine Hochstimmung. Und den nichtnationalsozialistischen nationalkonservativen Eliten – insbesondere der Armeeführung – hatte Hitler wieder einmal seine Durchsetzungsfähigkeit bewiesen.

Seine völlig amoralische Haltung brachte dem deutschen Diktator in der Diplomatie große Vorteile. Verträge betrachtete er schlicht als temporäre Instrumente beziehungsweise Mittel zum Zweck. Ziel war die Zerstörung des Versailler Abkommens und die möglichst rasche Vorbereitung

[13] Paul Schmidt, Statist auf diplomatischer Bühne 1923–1945. Bonn 1953, S. 307.

auf den kommenden großen Krieg, den er für unvermeidlich hielt. Dabei ging es vor allem darum, Deutschland in allernächster Zukunft umfassend aufzurüsten. Bis dahin fiel es nicht schwer, sich angesichts der eigenen militärischen Schwäche generös zu zeigen, um Zeit zum Sammeln eigener Kräfte zu gewinnen; anschließend würde – davon war Hitler fest überzeugt – nur noch die eigene Schlagkraft entscheiden. Ein Beispiel hierfür war der Vertrag mit Polen, ein anderes das Flottenabkommen mit Großbritannien. In Hitlers Augen war für die zukünftige deutsche Strategie Englands Wohlwollen von entscheidender Bedeutung, und um sich dessen zu versichern, war er mehr oder weniger zu allem bereit.

Fest entschlossen wie er war, setzte sich Hitler über die Widerstände der Marine gegen das deutsch-englische Flottenabkommen hinweg. Von der Marine kam nämlich der Einwand, er sei zu nachgiebig, wenn er den Briten ein Flottenverhältnis von 35:100 anbiete (bei der deutschen Admiralität hätte man lieber ein Verhältnis von 50:100 gesehen). Erste Vorgespräche für ein mögliches Abkommen hatten im November 1934 stattgefunden. Auf einen konkreten Verhandlungstermin einigte man sich, als eine britische Delegation kurz nach dem Bruch des Versailler Vertrages im März nach Berlin kam. Im Juni 1935 trug Großbritannien dann selbst dazu bei, den Vertrag von Versailles ein Stück weit zu Grabe zu tragen – von der Zerstörung der »Stresa-Front« ganz zu schweigen. (In Stresa hatten im April des Jahres Frankreich, Italien und Großbritannien als Reaktion auf die deutschen Remilitarisierungsbestrebungen gemeinsam ihre Bereitschaft erklärt, die Einheit Österreichs zu verteidigen.) Den Tag der Unterzeichnung des Flottenabkommens (18. Juni 1935) bezeichnete Hitler als »den glücklichsten seines Lebens«[14]. Jetzt schien das erhoffte umfassende Bündnis mit Großbritannien in greifbare Nähe gerückt zu sein.

Als es Mitte August zur Abessinienkrise kam, sprach Hitler, der sich über diesen neuen Unruheherd in Europa freute, gegenüber Goebbels und anderen engen Vertrauten von seinen Erwartungen bezüglich der Entwicklung der außenpoli-

[14] Joachim von Ribbentrop, Zwischen London und Moskau. Erinnerungen und letzte Aufzeichnungen. Leoni 1953, S. 64.

tischen Lage. Er meinte, daß das Bündnis mit Großbritannien »ewigen« Bestand haben müsse, sprach das Ziel einer Expansion nach Osten an und sagte voraus, daß sich durch Englands Beteiligung am Abessinienkonflikt und Rußlands baldige Verwicklung in einen Krieg mit Japan für Deutschland günstige Gelegenheiten ergeben würden. »Dann kommt unsere große geschichtliche Stunde. Wir müssen dann parat sein.« »Grandioser Ausblick«, merkte Goebbels dazu an. »Wir sind alle tief ergriffen.«[15]

Auch im Laufe des Jahres 1936 wirkten sich außenpolitische Ereignisse zu Hitlers Gunsten aus. Vor dem Hintergrund des Abessinienkonflikts und der diplomatischen Verwirrung, in die diese Auseinandersetzung die westlichen Demokratien gestürzt hatte, nutzte Hitler den französisch-sowjetischen Beistandspakt von 1935, der am 4. März 1936 in Paris ratifiziert wurde, als Vorwand, um seinen bislang größten Coup zu landen: den Einmarsch deutscher Truppen ins Rheinland, durch den der Locarno-Vertrag von 1925 Makulatur wurde.

Hitlers Entschluß zur Besetzung des entmilitarisierten Rheinlands am 7. März 1936 gingen wochenlange hektische Beratungen voraus. Das Auswärtige Amt riet zur Vorsicht. Auch die Wehrmacht zeigte sich wegen möglicher Konsequenzen besorgt. Hitler selbst überlegte noch im letzten Moment, ob er die ganze Sache nicht besser abblasen solle. Wiederum entschloß er sich jedoch letztlich, alles auf eine Karte zu setzen. Und nach dem Motto »Wer nichts wagt, der gewinnt auch nichts«[16] war er bereit, ein Risiko einzugehen und seiner instinktiven Einschätzung zu vertrauen, daß Großbritannien und Frankreich schwach und uneins seien. Goebbels hielt in seinem Tagebuch fest, wie groß Hitlers Jubel war, als sich schon nach kurzer Zeit herausstellte, daß sich das Risiko gelohnt hatte: »Der Führer strahlt. England bleibt passiv. Frankreich handelt nicht allein, Italien ist enttäuscht und Amerika uninteressiert. Wir haben wieder die Souveränität über unser eigenes Land.«[17]

Die Remilitarisierung des Rheinlands war im Zusammen-

[15] Fröhlich (Hrsg.), Die Tagebücher von Joseph Goebbels, Bd. 2, S. 504.
[16] Ebenda, S. 577.
[17] Ebenda, S. 582.

hang mit der Wiederaufrüstung von Bedeutung: Sie entsprach den revisionistischen Erwartungen der traditionellen konservativ-nationalistischen Eliten und wurde auch von der Masse der Bevölkerung mit großer Begeisterung aufgenommen – selbst in Kreisen, die dem NS-Regime sonst betont distanziert gegenüberstanden. Die Wiederherstellung der deutschen Souveränität über ein Gebiet, das unbestritten zu Deutschland gehörte, wäre von jeder nationalistischen deutschen Regierung auf die Tagesordnung gesetzt worden. Und angesichts der Uneinigkeit, die zwischen England und Frankreich in der Frage der Haltung gegenüber Deutschland bekanntermaßen bestand, waren die Erfolgsaussichten für eine solche Aktion nicht schlecht. Die Art und Weise jedoch, in der Hitler diesen beachtlichen Triumph erzielte, mußte seiner Führungsposition einen gewaltigen Auftrieb geben. Er hatte wieder einmal recht behalten, obwohl das Auswärtige Amt gezögert und die Wehrmachtsführung Bedenken angemeldet hatte. Bei den Volksmassen, die im März 1936 durch die Auflösung des Reichstages und die »Wahl«-Propaganda erneut mobilisiert wurden, war seine Popularität größer als je zuvor.

In der Außenpolitik gab es in den ersten Jahren des Dritten Reiches reichlich Gelegenheit, große Schritte voranzukommen. Die in Versailles vereinbarte Ordnung wäre auch ohne Hitler ein kriselndes System gewesen. Während die westlichen Demokratien noch zauderten und die Nachkriegsordnung zerfiel, gelang es Hitler mit einigem taktischen Geschick und manchem Bluff, die sich bietenden Gelegenheiten über alle Erwartungen hinaus auszunutzen, um die internationale Ordnung weiter zu untergraben, seine Gegner im In- und Ausland zu schwächen und dadurch seine Machtbasis enorm zu vergrößern.

Die Außenpolitik, die (abgesehen von seiner Leidenschaft für die Architektur) schon damals sein Hauptbetätigungsfeld bildete, eignete sich ideal für die – für seine Vorgehensweise charakteristische – »Technik des gewagten Coups«, bei der es auf den Überraschungseffekt und die Schaffung vollendeter Tatsachen ankam. Innenpolitische Entwicklungen vor allem im Wirtschafts- und Sozialwesen boten sich weniger leicht für gewagte Aktionen an. In diesem Bereich bewies Hitler eine weit weniger sichere Hand.

Da er für Deutschlands grundlegende Wirtschaftsprobleme keine Patentlösungen zu bieten hatte, griff er so wenig wie möglich selbst ein und hielt sich in den Jahren 1935/36 monatelang aus den Entscheidungen heraus, während die deutsche Wirtschaft in eine neue Rohstoff- und Devisenkrise schlitterte, die sämtliche Aufrüstungspläne zunichte zu machen drohte.

1934 hatten wachsende Probleme sich vorübergehend dadurch überwinden lassen, daß Hjalmar Schacht zum Reichswirtschaftsminister mit quasi diktatorischen Vollmachten ernannt wurde und dieser dann im Sommer den sogenannten »Neuen Plan« zur Wirtschaftslenkung einführte. Gegen Ende des darauffolgenden Jahres hatten sich die deutschen Wirtschaftsprobleme allerdings sogar noch verschlimmert. Das lag letzten Endes daran, daß Deutschland angesichts begrenzter Devisenreserven und der sich verschlechternden Handelsbedingungen nicht in der Lage war, den Import sowohl von Lebensmitteln als auch von für die Wiederaufrüstung benötigten Rohstoffen im erforderlichen Umfang zu finanzieren. Durch die organisatorische Ineffizienz des »Reichsnährstandes« wurden die Probleme in der Nahrungsmittelversorgung weiter verstärkt, so daß es im Winter 1935/36 zu einer ernsthaften Versorgungskrise kam, in deren Gefolge sich ernste soziale Unruhen abzeichneten.

Von konservativer Seite (darunter an prominenter Stelle der Reichskommissar für Preisüberwachung, Goerdeler, und Reichswirtschaftsminister Schacht, die beide die Wiederaufrüstung bislang befürwortet hatten) wurden nun Stimmen laut, die sich für eine Senkung der Rüstungsausgaben zugunsten einer stärkeren Konsumwirtschaft aussprachen – ein Vorschlag, der Hitler natürlich ideologisch gegen den Strich ging. Wie besorgniserregend die Situation geworden war, läßt sich schon allein daran ersehen, daß die Rüstungsausgaben vorübergehend tatsächlich hinter der Finanzierung der Nahrungsmittelversorgung zurückstehen mußten.

Bis zum Frühjahr ging die Rohstoffversorgung soweit zurück, daß die Vorräte nur noch für zwei Monate reichten. Während Hitler praktisch nichts unternahm, hatten sich die Reaktionsmöglichkeiten nun im Grunde auf zwei reduziert: Entweder man kehrte den bestehenden Trend zur Autarkie schrittweise zugunsten einer Wiedereingliederung in internationale Handelsbeziehungen um (wie Goerdeler es gerne gesehen hätte) oder man wagte den Sprung hin zu einer – innerhalb kürzester Zeit zu vollziehenden – maximalen Autarkiepolitik.

Natürlich war ideologisch-politisch nur die zweite Alternative akzeptabel, wodurch es jedoch zwangsläufig zu ökonomischen Spannungen kommen mußte, die sich nur relativ kurze Zeit in Schach halten lassen würden. Unter diesen im Frühjahr und Sommer 1936 eingetretenen Umständen stand Hitler vor einer Entscheidung, bei der ihm im Grunde keine Wahl blieb. Seine eigene Macht hing praktisch ganz von einem politischen Kurs ab, der sich nur durch eine umfassende Autarkiepolitik aufrechterhalten ließ. So blieb Hitler nichts anderes übrig, als diesen Schritt zu tun.

Aufgrund des Widerstands von seiten des Wirtschaftsministeriums und der exportorientierten Industrie sah sich Hitler im August 1936 gezwungen, etwas für ihn höchst Ungewöhnliches zu unternehmen: Er verfaßte eine Denkschrift zur Rechtfertigung des auf Autarkie ausgerichteten Vierjahresplans. Sie ging von der unveränderlichen Prämisse aus, daß ein Machtkampf mit dem Bolschewismus nicht zu vermeiden sein werde, und schloß damit, daß die deutschen Streitkräfte und die deutsche Wirtschaft innerhalb von vier Jahren kriegsbereit sein müßten[18]. Wie groß Hitlers Autorität zu diesem Zeitpunkt war, läßt sich daran ablesen, daß in dieser Angelegenheit nun keine Gegenstimmen mehr zu hören waren. Ein von Goerdeler vorgelegtes Memorandum, in dem dieser eine andere politische Linie vorschlug, wurde von Göring auf der folgenden Kabinettssitzung als »völlig unbrauchbar« abgetan[19].

In diesem Fall bestätigte Hitler mit seiner Autorität jedoch in Wirklichkeit einen wirtschaftlichen Kurswechsel, der aufgrund der Unvereinbarkeit von Wirtschaftsproblemen und Rüstungsprioritäten unvermeidlich war, gleichzeitig aber auch von einer Gruppierung befürwortet wurde, die späte-

[18] Siehe Vierteljahrshefte für Zeitgeschichte 3 (1955), S. 204–210.

[19] Dokument 416-EC, Der Prozeß gegen die Hauptkriegsverbrecher vor dem Internationalen Militärgerichtshof (IMG). 42 Bde., Nürnberg 1947–1949, Bd. 36, S. 490.

stens seit Frühjahr 1936 die Wirtschaftsplanung dominierte: die äußerst einflußreiche Lobby, zu der sich der Chemiegigant IG Farben und die von Göring geleitete Luftwaffe zusammengefunden hatten. Angesichts dieser mächtigen Fraktion – deren Eigeninteressen bezüglich der Autarkiepolitik und synthetischen Treibstoffproduktion bestens zur Stoßrichtung der ideologischen Ziele der Nationalsozialisten paßten – bestand für die wirtschaftlich konservativen Kräfte (allen voran Schacht und Goerdeler), die von den exportorientierten Teilen der Industrie unterstützt wurden, kaum Hoffnung auf Erfolg. So war es nur folgerichtig, daß Göring, der im April die Leitung der Rohstoffverteilung übernommen hatte, von Hitler zum Beauftragten für den im September 1936 verkündeten neuen Vierjahresplan ernannt wurde.

Das Jahr 1936 war in verschiedener Hinsicht für Hitlers Machtentfaltung von großer Bedeutung. Zu Beginn des Jahres stand das Regime vor einer wirtschaftspolitischen Krise, mußte einem prognostizierten weiteren Anstieg der Arbeitslosenzahlen und einem besorgniserregenden Popularitätsschwund aufgrund der Schwierigkeiten bei der Lebensmittelversorgung ins Auge sehen, war mit zunehmenden Untergrundaktivitäten der kommunistischen Opposition konfrontiert und hatte gleichzeitig mit einer gesunkenen Parteimoral und – an der außenpolitischen Front angesichts fehlender fester Verbündeter und Freunde – mit Deutschlands relativer Isolierung zu kämpfen.

Zum »Befreiungsschlag« kam es dann durch das Rheinlandspektakel und den entscheidenden, mit Hilfe des Vierjahresplans vollzogenen Schritt hin zur forcierten Autarkiepolitik. Gleichzeitig wurde auf der innenpolitischen Ebene die Opposition erneut unterdrückt; im Bereich der »inneren Sicherheit« triumphierten Himmler und Heydrich mit ihrem vereinten und zentralisierten Gestapo-SS-Apparat.

Mit der Sicherung der deutsch-italienischen »Achse« (und der Umkehrung der zwischen 1934 und 1936 herrschenden kühlen Beziehungen), dem Abschluß des Antikominternpakts mit Japan und dem durch den Spanischen Bürgerkrieg erneut erbrachten Beweis für die Passivität und Unentschlossenheit der westlichen Demokratien sowie mit der totalen Ausrichtung der deutschen Wirtschaft auf die Kriegsvorbereitung waren bis zum Ende des Jahres die Weichen für wachsende internationale Spannungen und ein eskalierendes Wettrüsten in der zweiten Hälfte der dreißiger Jahre gestellt. Aus den verschiedenen, miteinander verbundenen Krisen des Jahres 1936 war Hitlers Machtposition deutlich gestärkt hervorgegangen.

Nach 1936 verringerte sich die Zahl der Optionen für einen Kurswechsel abrupt. Der wirtschaftliche Druck, der von dem beschleunigten Aufrüstungsprogramm ausging, nahm sichtlich zu und ließ sich nicht unbegrenzt in Schach halten. Auch militärisch gesehen arbeitete die Zeit nicht für Deutschland. Andere Nationen würden den Rückstand bald aufholen, und innerhalb weniger Jahre wäre Deutschland im Nachteil.

Und was die internationale Unterstützung anging, so führte Englands kühle Haltung dazu, daß die alten Bündnisvorstellungen revidiert wurden. Unter Ribbentrops Einfluß wurden der Achse mit Italien und dem Antikominternpakt weit größeres Gewicht beigemessen. Während des Spanischen Bürgerkrieges begann Hitler außerdem, sich immer stärker mit dem kommenden Endkampf gegen den Bolschewismus zu befassen. Mit anderen Worten: Es kam immer mehr zu einer Vermischung und gegenseitigen Verstärkung von ökonomischen, strategischen und ideologischen Überlegungen. Die Dynamik, die teilweise durch Hitlers eigene Aktionen, zu einem gut Teil aber auch durch Ereignisse, die er nicht in der Hand hatte, in Gang gekommen war, drängte daher stark in Richtung auf eine Fortsetzung, wenn nicht sogar Beschleunigung der äußerst riskanten Politik. Unter diesen Umständen und aufgrund der Tatsache, daß sich die innerhalb des Regimes noch vorhandenen oppositionellen Stimmen kaum mehr Gehör zu verschaffen vermochten, konnte Hitler mit seinem Argument obsiegen, man müsse vorwärts drängen, wenn man es nicht zu einer Stagnierung und letztlich zum Niedergang kommen lassen wolle.

Besonders nachdrücklich stellte Hitler dieses Argument am 5. November 1937 in einer Rede vor der Wehrmachtsspitze und in Anwesenheit des Kriegsministers (Blomberg) sowie des Außenministers (von Neurath) heraus. Diese Rede wurde von seinem Heeresadjutanten, Oberst Hoßbach, in einer schriftlichen Zusammenfassung festgehalten[20]. Zu der Besprechung war es gekommen, nachdem Admiral Raeder beim »Führer« die völlig unzulängliche Rohstoffversorgung der Marine moniert und um Maßnahmen gebeten hatte.

Hitler nutzte diese Gelegenheit, um seinem Außenminister und den Oberbefehlshabern der Streitkräfte ausführlich seine strategischen Überlegungen darzulegen. Eingangs erklärte er, daß das Thema der Besprechung für eine bloße Kabinettssitzung zu wichtig sei. Deutschlands »Lebensraumproblem« sei seiner Meinung nach nur durch Gewaltanwendung zu lösen. Man werde erst Mitte der vierziger Jahre ausreichend für einen Krieg gerüstet sein, könne aber unter keinen Umständen länger als bis dahin warten. Es wäre allerdings möglich, daß sich auch schon vorher eine Gelegenheit zur Expansion bietet, die man nicht ungenutzt verstreichen lassen dürfe. Erstes Ziel sei die Eroberung Österreichs und der Tschechoslowakei (worauf Hitler damals auch bei anderen Anlässen hinwies). Im Gegensatz zu den großen Hoffnungen, die sich der »Führer« nach der Unterzeichnung des Flottenabkommens im Jahre 1935 gemacht hatte, hielt er England jetzt für feindlich gesonnen, meinte aber, derzeit sei es zu sehr mit eigenen Problemen im angeschlagenen »Empire« beschäftigt, als daß es sich einer deutschen Expansion in den Weg stellen werde.

Hitlers nachdrückliche Ausführungen verfehlten nicht ihre Wirkung auf seine Zuhörer. Man handelte prompt: Innerhalb weniger Wochen hatte die Wehrmacht eine Strategie für eine Offensive gegen die Tschechoslowakei ausgearbeitet[21].

Hitler fühlte sich nun in wachsendem Maße zur Eile gedrängt, da er zu etwa der gleichen Zeit aufgrund seines schlechten Gesundheitszustandes zu der Überzeugung gelangte, daß er wohl nicht mehr lange zu leben habe. Teilen der Armeeführung und des Auswärtigen Amtes bereitete aber gerade das Tempo der Ereignisse zunehmend Sorgen. Der langatmige Monolog des »Führers« bei der Zusammenkunft am 5. November hatte Kriegsminister von Blomberg

[20] Dok. 386-PS, IMG, Bd. 25, S. 402ff.
[21] Dok. 175-C, IMG, Bd. 34.

und den Oberbefehlshaber des Heeres, Werner von Fritsch, zu hitzigen Erwiderungen veranlaßt. Einige Tage später zeigte sich Fritsch erneut besorgt über die möglichen Auswirkungen einer übereilten deutschen Militäraktion, und im Januar 1938 äußerte auch Außenminister von Neurath seine Bedenken[22]. Bei Ribbentrop, der dem »Führer« schon seit langem als außenpolitischer Berater diente, fand Hitler hingegen eher Zustimmung. Als sich dann im Februar 1938 zufällig die Gelegenheit bot, die Spitze der Wehrmacht und des Auswärtigen Amtes auszuwechseln, griff Hitler, ohne zu zögern, zu.

Es deutet nichts darauf hin, daß die »Blomberg-Fritsch-Krise« im Januar/Februar 1938 einem von Hitler geplanten Schachzug entsprang. Kriegsminister Blomberg hatte mit Erlaubnis des »Führers« am 12. Januar 1938 geheiratet. Hitler und Göring waren als Trauzeugen zugegen gewesen. Innerhalb von zehn Tagen wurde ruchbar, daß Blombergs Frau eine bewegte Vergangenheit hinter sich hatte. Der deutsche Kriegsminister hatte in der Tat eine Frau geheiratet, die bei der Berliner Polizei bereits aktenkundig war, weil sie für pornographische Photos posiert hatte. Und der »Führer« war Trauzeuge gewesen! Hitler erfuhr erst am 24. Januar durch Göring von dem Skandal um Blomberg. Er war über die Nachricht sichtlich erschüttert und stimmte der Einschätzung zu, daß Blomberg gehen müsse. Der bisherige Kriegsminister und seine Frau unternahmen daraufhin eine längere Auslandsreise, die ihnen durch ein »Abschiedsgeschenk« von 50000 Mark versüßt wurde[23].

Unterdessen grub die Gestapo gegen den Oberbefehlshaber des Heeres, Fritsch, einen alten Skandal wieder aus. Seine angeblichen homosexuellen Aktivitäten hatten zwei Jahre zuvor zum erstenmal für Aufregung gesorgt; Hitler hatte es damals jedoch abgelehnt, in dieser Sache etwas zu unternehmen. Anscheinend war er auch diesmal zunächst geneigt, sich auf die Seite des Generals zu stellen, der als Blombergs möglicher Nachfolger im Gespräch war. Doch Göring, der Blombergs Posten (für den er nach Ansicht Hitlers völlig

[22] Friedrich Hoßbach, Zwischen Wehrmacht und Hitler 1934–1938. Wolfenbüttel, Hannover 1955, S. 68f.

[23] Die Tagebücher von Joseph Goebbels, Bd. 3, S. 419.

ungeeignet war) gerne selbst übernehmen wollte, und Himmler, der sich Hoffnungen auf eine bewaffnete SS machte und deshalb generell darauf erpicht war, die Wehrmacht bloßzustellen, nutzten Hitlers Bestürzung über die Blomberg-Affäre aus, um auch Fritsch zu Fall zu bringen. Der »Führer« war bald überredet, und so mußte auch der Oberbefehlshaber des Heeres seinen Posten räumen. Ein Gericht stellte später fest, daß Fritsch einer Namensverwechslung, die die Gestapo bewußt inszeniert hatte, zum Opfer gefallen war.

Die Intrige gegen Fritsch bildete allerdings eine sekundäre Phase der Affäre. Weder für die Regierung noch für das Militär hatte Hitler größere Umbesetzungen geplant. So reagierte er zunächst schockiert und bestürzt[24]. Zehn Tage lang war er sich nicht sicher, wie er vorgehen sollte. Goebbels hielt dies für die schlimmste Krise seit der Röhm-Affäre[25]. Mangels Alternativen reagierte Hitler dann jedoch in der für ihn charakteristischen Weise: Er ergriff die Gelegenheit beim Schopf und machte mit einem seiner typischen, gewagten Schachzüge aus der ursprünglichen Blamage eine unblutige Säuberung der alten Garde aus den Reihen der nationalkonservativen Machtelite.

Das Amt des Kriegsministers wurde abgeschafft. Statt dessen machte sich Hitler auf Blombergs eigenen Vorschlag hin zum Oberbefehlshaber und ernannte den ihm ergebenen General Wilhelm Keitel zum Chef des neugeschaffenen Oberkommandos der Wehrmacht. Neuer Oberbefehlshaber des Heeres wurde der von Keitel empfohlene General Walther von Brauchitsch, der sich bereit erklärte, beim Heer auf eine bessere Einstellung zum Nationalsozialismus hinzuwirken. Göring erhielt als Trost einen Feldmarschallstab. Rund sechzig Generäle wurden ausgewechselt oder in den Ruhestand versetzt. Auch im Außenministerium gab es größere Veränderungen. Ribbentrop wurde zum Reichsaußenminister ernannt, und von Neurath auf einen Beraterposten »weggelobt«. In die Schlüsselstädte Rom, Tokio und Wien

[24] Vgl. Die Tagebücher von Joseph Goebbels, Bd. 3, S. 414–425; Hildegard von Kotze (Hrsg.), Heeresadjutant bei Hitler 1938–1943. Aufzeichnungen des Majors Engel. Stuttgart 1974, S. 20.

[25] Die Tagebücher von Joseph Goebbels, Bd. 3, S. 416.

entsandte man neue Botschafter. Der Posten des Wirtschaftsministers, von dem Schacht im November zurückgetreten war, wurde dem willfährigen Walther Funk übergeben, und durch weitere Umbesetzungen in der Behörde stellte man gleichzeitig sicher, daß die Tage, in denen das Ministerium Schwierigkeiten machen konnte, vorüber waren.

Durch die Folgen der Blomberg-Fritsch-Affäre änderte sich Hitlers Beziehung zu den traditionellen Eliten ganz entscheidend. Seit 1933 hatte er ihnen gegenüber wiederholt seine Unentbehrlichkeit unter Beweis gestellt. Im Vergleich zu ihrer Macht war die seine seither jedoch nicht geringer geworden, sondern gewachsen. Und genau in dem Moment, als das Regime sowohl in der Außen- als auch in der Innenpolitik eine immer schwungvollere, radikale Dynamik entfaltete und die Konservativen sich zögerlich vom Abenteurertum der Nationalsozialisten zu distanzieren begannen, gelang es Hitler wieder einmal, die Initiative zu ergreifen und mit Hilfe der Ereignisse des Februars 1938 auch die Konservativen voll unter seine Herrschaft zu bringen. Vor allem aber wurde die Eigenständigkeit der Wehrmacht beseitigt. Die frühere Machtelite des deutschen Offizierskorps war nun auf eine dem »Führer« und dem NS-Staat dienende, rein »funktionale Elite«[26] reduziert. Und Hitler verachtete das Offizierskorps alten Stils mehr als je zuvor.

Nach dem Reichstagsbrand und der Röhm-Krise war die Blomberg-Fritsch-Affäre für den »Führer« der dritte große Meilenstein auf dem Weg zur absolutistischen Macht. Das Ganze kam, wie zu Recht gesagt worden ist, praktisch einem Staatsstreich gegen die Reste der alten Ordnung gleich[27]. Von Anfang 1938 an war Hitler in zunehmendem Maße von Leuten seines eigenen Schlages umgeben: Abenteurern, Hardlinern, Vabanquespielern, Ideologen. Und mit der Errichtung des Führerabsolutismus – der einen politischen Kurs verkörperte, von dessen nicht zu bremsendem

[26] Klaus-Jürgen Müller, Armee, Politik und Gesellschaft in Deutschland 1933 bis 1945. Paderborn 1979, S. 44.

[27] Harold C. Deutsch, Das Komplott oder die Entmachtung der Generale. Zürich 1974, S. 231.

Schwung auch Hitler mitgetragen wurde – trat ungeachtet aller Risiken die grandiose »Vision« zwangsläufig immer mehr an die Stelle des noch verbliebenen Anscheins einer auf begrenzte, »rationale« Ziele gerichteten Politik.

Sechstes Kapitel
Absolute Macht

Die Jahre von 1938 bis 1943 waren die verhängnisvollsten in der traumatischen neueren deutschen Geschichte. In dieser Zeit hatte Hitler absolute Macht.

Mit dem Coup vom Februar 1938 brachte er die einzige staatliche Institution, die ihn noch hätte stürzen können, in seine Gewalt: die Wehrmacht. Seine Machtausübung unterlag keiner institutionellen Beschränkung; ohne seine Zustimmung konnte kein wesentlicher Beschluß gefaßt werden; keine Organisation stellte für ihn eine oppositionelle Bedrohung dar.

Natürlich gab es nach wie vor oppositionelle Kräfte, aber nicht in einer organisierten Form, die Hitler hätte gefährlich werden können. Im Innern beschränkten sich die Möglichkeiten zu einem Schlag gegen Hitler auf die Aktivitäten kleiner, konspirativer Gruppen innerhalb der Wehrmacht (mit Kontakten zu einzelnen Angehörigen der anderen traditionellen Eliten, denen die Richtung der nationalsozialistischen Politik zunehmend Sorge bereitete, die aber kaum in der Lage waren zu handeln, solange Hitlers »Triumphe« anhielten) und auf isolierte Aktionen von Personen, die keiner Gruppierung oder Organisation angehörten (wie der bemerkenswerte Attentatsversuch des schwäbischen Schreiners Georg Elser 1939 im Münchner Bürgerbräukeller).

Zu untersuchen ist im folgenden, wie Hitler seine absolute Macht in jenen verhängnisvollen fünf Jahren ausübte, in denen er durch die Deformation der Machtstruktur in die Lage versetzt wurde, den Lauf der Ereignisse in einem Maße zu bestimmen, das selbst für Diktatoren ungewöhnlich war – von demokratischen Regierungschefs ganz zu schweigen. Dabei soll geklärt werden, wie es dazu kam, daß die in der Person des »Führers« verkörperte »Idee« des Nationalsozialismus in praktische Politik umgesetzt wurde.

Ein Teil der Antwort auf diese Frage ist zweifellos in der Entfesselung von Hitlers eigenen radikalen Impulsen im Klima eines ideologischen Krieges zu suchen. Der Krieg war für ihn kein gewöhnlicher militärischer Konflikt, sondern bildete den entscheidenden Schritt zur Erfüllung seiner »Idee«, zur Vollendung seiner »Mission«. Im Krieg, so ist zu Recht gesagt worden, kam der Nationalsozialismus »zu seinem eigentlichen Element zurück«[1]. Während die zur Aktion drängende Dynamik der NS-Bewegung vor dem Krieg nur zum Teil und mit Mühe im Zaum gehalten worden war, ließ man ihr in der Kreuzzugsstimmung des Zweiten Weltkriegs die Zügel schießen. An die Stelle der auf rationalem, politischem Kalkül beruhenden diplomatischen Manöver und Strategieänderungen, die für die dreißiger Jahre charakteristisch waren, trat bei Hitler nun zunehmend die Bereitschaft, »aufs Ganze zu gehen« und Entscheidungen zu fällen, die auf den ideologischen »Wahrheiten« seiner irrationalen »Weltanschauung« basierten: dem großen Streben nach endgültiger deutscher Vor- und Rassenherrschaft und mehr »Lebensraum«.

Ein anderer – und genauso entscheidender – Teil der Antwort ist darin zu finden, wie sich die nun ungezügelte Führermacht auf die Regierung auswirkte. Unter den Bedingungen der fieberhaften Kriegsvorbereitungen und schließlich des Krieges selbst kam es zu einer drastischen Beschleunigung des Zerfallsprozesses der rationalen Regierungs- und Verwaltungsstrukturen und zur Entstehung fragmentierter und konkurrierender Exekutivorgane der Führermacht. An die Stelle des »Regierens« und »Verwaltens« trat pure Dominanz – Herrschaft der denkbar despotischsten, ungezügeltsten und willkürlichsten Art, die nur mit Hilfe einiger nicht weiter hinterfragbarer, aber generalisierter ideologischer Prinzipien definiert war. Die Regierung verkam folglich zu einem monströsen Gebilde rivalisierender Machtsphären, bei dem die einzelnen Machthaber zur Stärkung und Erhaltung der eigenen Position bestrebt waren, sich gegenseitig darin zu übertreffen, »im Sinne des Führers« zu handeln – bei der Umsetzung seiner »Idee« in die Praxis. Dieser »Behemoth«[2] spiegelte Hitlers Machtkonzept und bildete den Rahmen, in dem die dem Krieg zugrundeliegenden ideologi-

[1] Martin Broszat, Der Staat Hitlers. Grundlegung und Entwicklung seiner inneren Verfassung. 12. Aufl. München 1989, S. 380f.

[2] So der Titel der brillanten Studie von Franz Neumann: Behemoth. Struktur und Praxis des Nationalsozialismus 1933–1944. Köln, Frankfurt a.M. 1977.

schen Antriebskräfte in eine konkrete barbarische Völkermordpolitik umgesetzt werden konnten. Im folgenden soll zunächst dargestellt werden, wie zerstörerisch sich die Macht des »Führers« auf das systematische Regieren auswirkte.

Der Zerfall des Staates

Als die Minister am Abend des 5. Februar 1938 zusammenkamen, um Hitlers langatmige Erklärung zur Blomberg-Fritsch-Affäre zu hören, deutete nichts darauf hin, daß es keine weiteren Kabinettssitzungen mehr geben sollte. Angesichts der wachsenden Menge unerledigter Arbeit drängte Reichskanzleichef Lammers – der ab 1937 selbst den Rang eines Ministers und damit einen Sitz im Kabinett erhielt – bei Hitler für das Jahr 1938 und das Frühjahr 1939 in der Tat auf weitere Sitzungstermine. Jedesmal sagte Hitler die anberaumten Sitzungen kurzfristig ab[3]. Mit zunehmender Zahl der Mitglieder war die Bedeutung des Kabinetts geschwunden. Es hatte im Gesetzgebungsprozeß des Führerstaates nur noch eine Statistenrolle gespielt.

Hinter der Abneigung gegen Kabinettssitzungen, die bei Hitler von Anfang an vorhanden war, steckte aber mehr als eine rein verfahrenstechnische Überlegung. Dem »Führer« war schon allein der Gedanke an ein Kollegium von Ministern zuwider, die ihre Autorität von einem konstitutionellen Amt herleiteten und somit eine potentielle Kontrollinstanz für die Manifestation seiner Macht darstellten. Bürokratische Regelungen, deren Verbindlichkeit sich aus abstrakten Rechts- und Verfassungskonzepten ergab, waren nicht mit den Prinzipien der personalisierten Herrschaft zu vereinbaren, die Hitlers »charismatischer« Führerautorität zugrunde lagen. Lammers Versuche, 1942 wieder Kabinettssitzungen einzuführen, mußten daher im Sande verlaufen. Hitler registrierte wachsam alles, was seine Handlungsfrei-

[3] Dieter Rebentisch, Führerstaat und Verwaltung im Zweiten Weltkrieg. Stuttgart 1989, S. 41f.

heit hätte beschneiden können, und ließ sich nicht einmal für informelle Ministertreffen abends beim Bier gewinnen[4].

Andere auch nur partielle Formen einer zentralen Regierungstätigkeit blieben ohne Wirkung. Der sogenannte »Geheime Kabinettsrat«, den Hitler per Verfügung vom 4. Februar 1938 einsetzte, hätte – unter von Neuraths Vorsitz – eigentlich eine Gruppe relevanter Minister als außenpolitische Berater versammeln sollen. In Wirklichkeit trat dieser Kabinettsrat kein einziges Mal zusammen. Er diente nur dazu, die wahre Bedeutung der personellen Veränderungen im Außenministerium gegenüber der Öffentlichkeit zu verschleiern.

Mit der Schaffung des »Ministerrats für die Reichsverteidigung« – dem neben Göring als Vorsitzendem auch Reichsinnenminister Frick, Reichswirtschaftsminister Funk, Reichskanzleichef Lammers, der Chef des Oberkommandos der Wehrmacht Keitel und Parteichef Heß angehörten – schien sich bei Kriegsbeginn die Wiedereinführung einer Art inneren Kabinetts abzuzeichnen, zumal dem Ministerrat zur Entlastung des »Führers« zugestanden wurde, von Göring unterzeichnete Erlasse mit Gesetzeskraft zu verkünden (soweit sich Hitler dies nicht im Einzelfall selbst vorbehielt). Der Ministerrat kam jedoch nur sechsmal zusammen, verkündete eine Reihe von Verwaltungs- und Wirtschaftsverordnungen – und traf sich nach dem 15. November 1939 nie wieder.

Göring, dessen Regierungsstil praktisch ebenso willkürlich wie der Hitlers war, ließ überraschenderweise die Gelegenheit verstreichen, den Ministerrat zu seinem eigenen Machtinstrument auszubauen. Hitler war es mehr als recht, daß diese potentiell bedeutende Institution schon wieder einging, noch ehe sie sich voll entfaltet hatte. Zwar erließ der Ministerrat weiterhin Verordnungen, diese wurden aber im Umlaufverfahren beraten und nicht auf gemeinsamen Sitzungen.

Ebensowenig traf sich das sogenannte »Dreierkollegium« (Frick, Funk und Keitel), dessen Verordnungsvollmachten

[4] Lothar Gruchmann, Die »Reichsregierung« im Führerstaat. In: Günther Doeker und Winfried Steffani (Hrsg.), Klassenjustiz und Pluralismus. Festschrift für Ernst Fraenkel zum 75. Geburtstag. Hamburg 1973, S. 202.

im Verwaltungs-, Wirtschafts- und Verteidigungsbereich auf einem Reichsverteidigungsgesetz vom September 1938 basierten, zur gemeinsamen Arbeit. Die Entwürfe der einzelnen Erlasse wurden lediglich mit den jeweils anderen zwei Behörden abgesprochen.

Der zentrale Regierungsapparat des Reichs, dessen Zusammenwirken insgesamt bereits seit den Anfangsjahren der Herrschaft Hitlers stark rückläufig gewesen war, löste sich unter den Kriegsbedingungen in seine Einzelteile auf. Die Reichskanzlei spielte bei der Mehrzahl der Verordnungs- und Gesetzesberatungen praktisch keine Koordinationsrolle mehr[5]. Und auch für Reichskanzleichef Hans-Heinrich Lammers wurde es nun oft schwierig, sich Zugang zum »Führer« zu verschaffen. Gegen Ende der dreißiger Jahre vergingen manchmal Wochen, ohne daß Hitler ihn zur Besprechung dringender Regierungsangelegenheiten empfangen hätte[6].

In den ersten Kriegsjahren hatte Lammers dann wieder häufiger Zugang zum »Führer« und konnte mit ihm nun durchschnittlich einmal pro Woche zu einer kurzen Unterredung zusammenkommen. Nach dem Einmarsch in die Sowjetunion sank die Zahl dieser Zusammenkünfte allerdings abrupt auf 39 im Jahr 1942 und nur noch 18 im folgenden Jahr[7]. Vor jeder Unterredung mit dem »Führer« mußte Lammers nun eine schriftliche Zusammenfassung der gewünschten Gesprächspunkte jenem Mann vorlegen, der mittlerweile den Zugang zu Hitler kontrollierte: Martin Bormann.

Bormann hatte sich von der Öffentlichkeit unbemerkt nach oben gearbeitet. Sein Talent lag nicht auf demagogischem und agitatorischem, sondern auf organisatorischem Gebiet, wo sich bei ihm ideologischer Fanatismus mit bürokratischen Fähigkeiten, machiavellistischer Verschlagenheit, unermüdlicher Energie und einer beachtlichen Belastbarkeit bei der Arbeit verband. An der Parteibasis war er kaum bekannt, und von den Naziführern wurde er zunächst allgemein unterschätzt. Dennoch schuf er in den dreißiger Jahren

[5] Siehe Rebentisch, Führerstaat und Verwaltung, S. 374, sowie Anm. 11.
[6] Gruchmann, Die »Reichsregierung«, S. 196f.
[7] Rebentisch, Führerstaat und Verwaltung, S. 401.

in zweifacher Hinsicht die Grundlage für seine spätere Machtstellung im Dritten Reich. Erstens kontrollierte er den zentralen Parteiapparat, den er nach 1933 als »Stabsleiter beim Stellvertreter des Führers«, Heß, aufgebaut hatte, und zweitens bekam er nach 1934 zu Hitler einen recht engen persönlichen Kontakt dadurch, daß er dessen private Finanzen verwaltete und für ihn den »Berghof« auf dem Obersalzberg bei Berchtesgaden als Rückzugs- und Erholungsmöglichkeit erwarb. Im Führerhauptquartier war Bormann nach Kriegsausbruch ständig an Hitlers Seite.

Nachdem Heß' Schottlandflug in einem Debakel geendet hatte, wurde Bormann zum Leiter der Parteikanzlei ernannt. Dabei übertrug man ihm neben der Parteileitung auch verschiedene Rechte, die schon Heß ausgeübt hatte: Er besaß den Rang eines Reichsministers und das Recht zur Mitwirkung an der Gesetzgebung wie auch der Personalpolitik. Als mit Kriegsbeginn die Politik im Hinblick auf zentrale Aspekte der NS-Ideologie immer radikaler wurde, erhielt die Partei einen weit größeren Einfluß, als sie in den ersten Jahren des Dritten Reichs gehabt hatte. Schon allein unter diesem Gesichtspunkt kam Bormann eine entscheidende Rolle zu. Er griff immer stärker in die Regierungsgeschäfte ein und umging gelegentlich sogar einfach die Reichsregierung, wenn er in den annektierten Gebieten bestimmte Verfügungen durchsetzen wollte. Mehr als jeder andere war er dafür verantwortlich, daß im Jahre 1941 der »Kirchenkampf« wieder aufflammte. Bormanns einzigartige Machtbasis resultierte jedoch daraus, daß er neben der Leitung der NSDAP (die sich immer stärker in die Regierungs- und Verwaltungsarbeit einmischte) auch den – zunächst inoffiziellen, ab 12. April 1943 dann offiziellen – Posten des persönlichen »Sekretärs des Führers« innehatte.

Anfangs teilten sich Bormann und Lammers ihrer Kompetenzbereiche entsprechend die Entscheidung darüber, wer Zugang zu Hitler erhielt und wer nicht. Der Einfluß des Reichskanzleichefs nahm jedoch zwangsläufig ab. Ab 1944 hatte Lammers praktisch nur noch dann Zugang zu Hitler, wenn es der »Sekretär des Führers« wollte. Im Oktober des Jahres mußte er seinen Platz im Führerhauptquartier räumen und kam nur noch ein einziges Mal – eine Viertelstunde lang – offiziell mit Hitler zusammen, als er am 27. März 1945 dessen Unterschrift für einen Gesetzentwurf benötigte[8].

In den Kriegsjahren spielte Bormann für Hitlers Machtausübung demnach eine ganz entscheidende und zentrale Rolle. Er bestimmte nicht nur zu einem gut Teil, wer zu Hitler vorgelassen wurde, sondern auch, welche Informationen der »Führer« erhielt. Bormann stand mit Block und Bleistift bereit, um jede bedeutsam erscheinende Bemerkung Hitlers zu notieren, und sorgte darüber hinaus in wachsendem Maße dafür, daß die Äußerungen des »Führers« und seines »Wollens« in Handlungsdirektiven kanalisiert wurden, wobei er immer wieder einmal Sätze, die Hitler beiläufig bei Tisch fallenließ, als verbindliche Weisungen interpretierte.

Einigen NS-Größen konnte allerdings selbst Bormann, trotz all seiner Macht, den Zugang zu Hitler nicht verwehren. Doch je länger der Krieg andauerte und Hitlers Isolierung wuchs, desto mehr schrumpfte die Zahl derjenigen, die jederzeit beim »Führer« vorstellig werden konnten, auf eine Handvoll zusammen: Neben Bormann selbst waren es Göring, Goebbels, Himmler, Ribbentrop, Ley, Sauckel, Speer und Keitel sowie die meisten Gauleiter. Göring, Himmler und Ribbentrop sorgten bei eigener Abwesenheit dafür, daß ihre Interessen im Führerhauptquartier durch ihre Adjutanten wahrgenommen wurden. Andere, darunter vor allem Goebbels und nach 1942 auch Reichsjustizminister Thierack, reichten häufig Berichte ein – sogenannte »Führerinformationen«, auf die Hitler sporadisch reagierte[9]. Insofern erhielt er selbst dann, wenn Nachrichten ihren Weg nicht direkt über Bormann nahmen, größtenteils selektierte Informationen; sie stammten von einer Führungsclique, die sich Hitler und der (mittels verschiedener Machtapparate angestrebten) Verwirklichung seiner »Idee« mit Leib und Seele verschrieben hatte.

Weiter weg vom Zentrum der Macht, in den Ländern und besetzten Gebieten, äußerten sich die starken persönlichen Loyalitätsbindungen, die zwischen Hitler und den Gauleitern wechselseitig bestanden, darin, daß letztere zur Umset-

[8] Gruchmann, Die »Reichsregierung«, S. 211, 223, Anm. 115.

[9] Rebentisch, Führerstaat und Verwaltung, S. 399f.

zung des locker definierten »Führerwillens« weitgehende Handlungsfreiheit hatten. Dadurch war für eine anhaltende Radikalisierung der politischen Initiativen gesorgt.

Im Dritten Reich hatten die Gauleiter bei der Ausübung der NS-Herrschaft in den Ländern schon zu Friedenszeiten eine entscheidende Rolle gespielt – vor allem dann, wenn sie gleichzeitig als Reichsstatthalter fungierten. Den Posten des Reichsstatthalters hatte Hitler typischerweise auch nach Abschaffung der Länderautonomie im Jahre 1934 beibehalten, obwohl ihm nun keine ersichtliche Funktion mehr zukam. So vermied der »Führer«, seine getreuen Gauleiter vor den Kopf zu stoßen und sie eines Teils ihrer Macht zu berauben; gleichzeitig wurde dadurch deren unmittelbare Bindung an Hitler selbst gestärkt und dafür gesorgt, daß die regionalen Parteifürsten weiterhin als Instrument seiner Macht in den Ländern fungierten. Von Ausnahmen abgesehen hatten die meisten Gauleiter Gelegenheit, mit dem »Führer« entweder einzeln oder als Gruppe bei den regelmäßigen Gauleitertagungen zusammenzutreffen, die auch dann noch stattfanden, als es eine regelrechte Staatsregierung längst nicht mehr gab. Während des Krieges kamen die Gauleiter von solchen Treffen manchmal mit Handlungsdirektiven – oder von Hitler ausgegebenen groben Richtlinien – zurück, die sie dann ihrerseits nutzten, um die zentrale Staatsbürokratie unter Druck zu setzen.

Außerdem wurden den Gauleitern im Krieg in ihrer Eigenschaft als »Reichsverteidigungskommissare« zahlreiche neue Aufgaben übertragen, mit denen weitreichende Befugnisse zur Mobilisierung der Bevölkerung und Reserven für die Kriegsanstrengungen verbunden waren. Dadurch wurde wiederum die Rolle der Parteifanatiker und -aktivisten an der Basis der Gesellschaft erweitert und somit der Einfluß derjenigen gestärkt, deren Macht sich unmittelbar von der Hitlers ableitete.

Die Stellung, die ein Gauleiter in seinem Zuständigkeitsbereich hatte, ließ sich beinahe mit der eines unabhängigen Vizekönigs vergleichen. Die zentrale Staatsverwaltung übte auf ihn nur beschränkten Einfluß aus, und selbst gegenüber dem zentralen Parteibüro nahm keiner der Gauleiter eine unterwürfige Haltung ein. Ihre persönliche Bindung an den Führer bildete die entscheidende Stütze ihrer Position. Dies war selbst im sogenannten Altreich, dem Deutschen Reich in den Grenzen von 1937, der Fall. Mit der Annexion Österreichs und der Tschechoslowakei und dann vor allem der Eroberung Polens und großer Teile der Sowjetunion erhielten die Gauleiter sogar noch weitreichendere Befugnisse und bildeten nun eine personalisierte Machtinstanz, die staatliche Vorrechte umgehen, blockieren, außer Kraft setzen oder an sich reißen konnte. Die Gauleiter ließen sich auch nicht zweimal bitten, um aus den ihnen unterstellten annektierten Gebieten möglichst viel herauszuholen. Für die zentral »von oben« erteilte umfassende Handlungsvollmacht revanchierte man sich »unten« durch Initiativen, mit denen man dem mutmaßlichen »Willen des Führers« zu entsprechen hoffte – »Initiativen«, die dann in der Regel ihrerseits mit Zustimmung aus Berlin rechnen konnten.

Wenn die staatliche Bürokratie schon gegenüber den Gauleitern in deren territorialen Machtbereichen hilflos war und sich damit abfinden mußte, daß die eigenen Verfügungen in weiten Teilen des Großdeutschen Reichs keine Gültigkeit besaßen[10], so wurde sie als zentrales Machtorgan zusätzlich durch die Vermehrung und Erweiterung der »Sonderbehörden« untergraben, die schon vor dem Krieg ein Kennzeichen des Hitlerregimes gewesen waren.

Ab 1942 war es selbst der Reichskanzlei kaum mehr möglich, die Übersicht über das krebsartige Anwachsen der vielschichtigen, sich häufig überschneidenden und miteinander konkurrierenden politischen Entscheidungsorgane zu behalten. Göring hatte seine Zuständigkeit als Beauftragter für den Vierjahresplan inzwischen auf nicht weniger als 22 Bereiche mit Sonderbefugnissen ausgedehnt – darunter Preiskontrolle, chemische Produktion, Bergbau, Straßen und Schiffahrtswege, Transportwesen sowie die Ausbeutung des geplünderten polnischen Staatsvermögens[11]. Der Reichsminister für Bewaffnung und Munition (Fritz Todt, nach seinem Tod Albert Speer), der Reichskommissar für Wohnungswesen (Robert Ley) und der Generalbevollmächtigte für den Arbeitseinsatz (Fritz Sauckel) leiteten andere große Machtkomplexe, die einen direkten Draht zu Hitler besaßen

[10] Siehe Broszat, Der Staat Hitlers, S. 384f.

[11] Rebentisch, Führerstaat und Verwaltung, S. 362f.

und außerhalb der normalen Regierungsbürokratie standen. Die für die Umsetzung der NS-Ideologie entscheidendsten »Sonderbehörden« waren der Polizei/SS-Bereich, Himmlers (sich teilweise damit überschneidender) Zuständigkeitsbereich als »Reichskommissar für die Festigung des deutschen Volkstums« (RKFDV) ab Oktober 1939 und die »Kanzlei des Führers« unter Philipp Bouhler.

Trotz ihres großartig klingenden Titels war die »Kanzlei des Führers« ursprünglich eine ziemlich unbedeutende Einrichtung. Sie war von Hitler zu Beginn des Dritten Reichs ins Leben gerufen worden, um die Petitionen und Gesuche zu bearbeiten, die an ihn als Parteichef geschickt wurden. Ende der dreißiger Jahre machten sich Kanzleichef Bouhler und sein nicht weniger machthungriger Stellvertreter Brack ihre Nähe zum »Führer« zunutze, um im Dschungel der konkurrierenden Behörden für die Führerkanzlei eine Sonderstellung durchzusetzen, die in keinem Verhältnis zu der bescheidenen Rolle stand, die für dieses Amt ursprünglich vorgesehen gewesen war. Von hier gingen die Initiativen aus, die in der Koordinierung der mörderischen »Euthanasieaktion« gipfelten[12].

Als eines Tages ein Vater, der ein schwer mißgebildetes Kind hatte, in einer Petition an die Führerkanzlei um die Erlaubnis zu dessen »Einschläferung« nachsuchte, autorisierte Hitler seinen Leibarzt Karl Brandt, die Bitte zu erfüllen, und ermächtigte anschließend sowohl Brandt als auch Führerkanzleichef Bouhler dazu, in ähnlich gelagerten Fällen genauso zu handeln. Die ideologische Intention zur »Lösung« der »Euthanasiefrage« hatte sich bei Hitler schon viel früher angedeutet, allerdings hatte er einschränkend gemeint, daß sich diese Angelegenheit nur im Rahmen eines Krieges erledigen lassen würde. Nachdem die Erlaubnis zur Durchführung der »Euthanasie« bei Kindern erteilt worden war, erkundete man, ob die Kirchen Einwände dagegen hätten, um dann – zum Teil unter dem Eindruck ihrer Reaktion – auch eine »Aktion« für Erwachsene zu beschließen. Von seinem Stellvertreter Brack wurde Bouhler angestachelt, sich

[12] Siehe Ernst Klee, »Euthanasie« im NS-Staat. Die »Vernichtung lebensunwerten Lebens«. Frankfurt a. M. 1983, und ders. (Hrsg.), Dokumente zur »Euthanasie«. Frankfurt a. M. 1985.

um die Überantwortung der organisatorischen Leitung des »Programms« zu bemühen. Da Hitler an einer »unbürokratischen« Lösung und größter Geheimhaltung gelegen war, wollte er seinerseits die Gesundheitsbehörden im schwerfälligen Reichsinnenministerium erst gar nicht damit befassen.

Im Oktober 1939 war der Aufbau der Maschinerie und Organisation innerhalb der »Kanzlei des Führers« abgeschlossen, so daß – dank der bereitwilligen Kooperation vieler Ärzte, von denen man Listen der »in Frage kommenden« Patienten erhielt – mit der »Aktion« begonnen werden konnte. Das Ergebnis war der Tod von über 70000 psychisch kranken oder physisch behinderten Patienten in einigen ausgewählten Anstalten. Später fungierte die »Kanzlei des Führers« quasi als Stellenvermittlung: Sie beschaffte das Personal für die »Aktion Reinhard« – die Vernichtung der polnischen Juden in den Todeslagern von Belzec, Sobibor und Treblinka.

Die »Euthanasieaktion« ist ein klassisches Beispiel dafür, wie im Dritten Reich eine mörderische »Initiative« Gestalt annehmen konnte. Bei der Entfaltung der »Aktion« griffen verschiedene Schlüsselkomponenten ineinander: die Machtgier von Bouhler und Brack und deren Augenmerk für eine günstige Gelegenheit; die Willfährigkeit von Anstaltsärzten, die nur zu bereit waren, ihren Teil dazu beizutragen, »im Sinne des Führers« zu arbeiten (zumal es mit Eugenik und »Rassenhygiene« um Themen ging, die schon lange vor dem Dritten Reich in diesen Kreisen auf große Resonanz gestoßen waren); Hitlers Abneigung gegen die Bürokratie und seine Vorliebe dafür, die staatlichen Behörden völlig zu ignorieren, wenn bei »heiklen« Angelegenheiten »unbürokratisches« Handeln gefordert war; und nicht zuletzt eine ideologische Zielsetzung, die sich eng an zentralen Punkten der Hitlerschen »Weltanschauung« orientierte.

Am Beispiel der »Euthanasieaktion« wird außerdem deutlich, daß Hitlers Autorisation nicht nur eine entscheidende Rolle spielte, sondern daß er im Rahmen der Kriegsbedingungen und in vollem Einklang mit seinem »Sendungsbewußtsein« auch nicht vor Entscheidungen zurückschreckte, durch die Zehntausende von Zivilisten zum Tode verurteilt wurden. Seine Entscheidungen bekamen allerdings einen zunehmend informellen Charakter, und daran wurde erneut deutlich, daß angesichts der umfassenden – aber zerstörerischen – personalisierten Macht des »Führers« alles zusammengebrochen war, was an ein (wenn auch noch so autoritäres) organisiertes Staatssystem erinnerte.

Im Fall des »Euthanasieprogramms« kam es zunächst zu Schwierigkeiten, als die Ermächtigung, die Bouhler und Brandt offenbar nur mündlich erteilt worden war, in Zweifel gezogen wurde. Da außer Lammers kein Minister darüber informiert worden war, konnten derartige Nachfragen angesichts der Schwere des Sachverhalts kaum überraschen. Als Folge sah sich Hitler gegen Ende Oktober 1939 zu einer schriftlichen Autorisation genötigt. Diese wurde nicht in Form einer Verordnung oder eines Gesetzes erteilt (weil er das in diesem Fall ablehnte), sondern als Blankovollmacht, die aus ein paar Zeilen auf seinem privaten Briefpapier bestand – und die er bezeichnenderweise auf den ersten Kriegstag zurückdatierte[13]. So unanfechtbar war inzwischen das Recht mit der Person des »Führers« verbunden, daß selbst einer solchen locker und informell erteilten Ermächtigung bindende Gesetzeskraft zuerkannt wurde.

Hitler, dem die genaue Form der Gesetzgebung ohnehin völlig gleichgültig war, neigte im Krieg immer stärker dazu, das Instrument des persönlichen Erlasses anzuwenden, statt förmliche Verordnungen oder Gesetze zu verabschieden. Viele dieser Erlasse, darunter einige besonders wichtige mit weitreichenden Folgen, wurden nicht einmal öffentlich bekanntgegeben. Himmler erhielt durch einen solchen unveröffentlichten Erlaß am 7. Oktober 1939 den neugeschaffenen Posten des »Reichskommissars für die Festigung des deutschen Volkstums«, mit dem ihm Blankovollmachten zur Durchführung einer schonungslosen »Germanisierung« und »rassischen Säuberung« der eroberten Ostgebiete übertragen wurden[14]. Aufgrund dieses Erlasses konnte Himmler einen umfangreichen Apparat aufbauen, der dazu diente, Massendeportationen der dort ansässigen Bevölkerung zu organisieren.

Von ihrer Art her mußten Hitlers Beschlüsse zu anhalten-

[13] Klee, Dokumente, S. 85.

[14] Dokument 686-PS, Der Prozeß gegen die Hauptkriegsverbrecher vor dem Internationalen Militärgerichtshof (IMG). Bd. 26, Nürnberg 1947, S. 255ff.

der Unsicherheit und dauernden Konflikten führen. Manche der Schwierigkeiten entstanden dort, wo sich ein Führererlaß als unausführbar erwies – und damit Hitler in seiner Forderung bestärkte, erst alle Argumente und Gegenargumente abzuwägen, bevor man sich auf ein Gesetz einigte. Durch die unpräzise Art, in der manche Erlasse umfangreiche Vollmachten erteilten, die im Widerspruch zu den Befugnissen anderer Instanzen standen, konnten sich bei der Ausführung ernste Probleme ergeben. So hatte beispielsweise die Reichskanzlei (wenn natürlich auch nicht aus moralischen, so doch aus formaljuristischen Gründen) Probleme mit einem Erlaß, zu dem Hitler im März 1942 von Rosenberg überredet worden war; Rosenberg wurde darin mit einem denkbar weitgefaßten Auftrag praktisch dazu ermächtigt, das von den Nationalsozialisten besetzte Europa kulturell auszuplündern. Trotz der Differenzen wurde der Erlaß letzten Endes in nahezu unveränderter Form aufrechterhalten[15].

Auf allen Ebenen wurde somit eine Regierungsform, die auf systematischen Prinzipien beziehungsweise abstrakten Gesetzes- und Verfassungsnormen beruhte, durch die an Hitler und die Erfüllung seiner ideologischen Vision gebundenen Exekutivinstanzen gründlich untergraben. Die Strukturen, die statt dessen entstanden, lassen sich kaum als tatsächliches Staats*system* begreifen. An die Stelle des »Rechts« – das die Grundlage aller Herrschaftssysteme bildet, die man als (wenn vielleicht auch autoritäre) »Staaten« ansehen kann – war willkürliche Gewalt getreten, die unter Berufung auf die mystische Macht des »Führers« gerechtfertigt wurde. Der Prozeß der Ersetzung des Rechts durch Gewalt war 1942 – als sich Hitler am 26. April vom Reichstag zum »Obersten Gerichtsherrn« ernennen ließ[16], der an keine bestehenden Rechtsvorschriften gebunden war – in Deutschland selbst schon weit fortgeschritten, in den besetzten Gebieten aber bereits abgeschlossen. Das augenfälligste Beispiel für die vollständige Gesetzlosigkeit des Hitlerregimes ist die Privatisierung öffentlicher Gewalt: Hitlers Leibwache wur-

[15] Rebentisch, Führerstaat und Verwaltung, S. 381.

[16] Max Domarus, Hitler. Reden und Proklamationen 1932–1945, kommentiert von einem deutschen Zeitgenossen. München 1965, S. 1874–1877.

de eine Position zuerkannt, in der die Staatspolizei von ihr geschluckt werden konnte[17]. Eine »Mafiabande« hatte die Herrschaft im Staat an sich gerissen. Es war eine Gesellschaftsform, »in der die herrschenden Gruppen die übrige Bevölkerung direkt kontrollieren – ohne die Vermittlung durch den wenigstens rationalen, bisher als Staat bekannten Zwangsapparat«[18].

Die »Idee« wird Wirklichkeit

Menschen, die vom Nationalsozialismus nicht überzeugt waren und dennoch Hitlers Ergüsse in ›Mein Kampf‹ lasen, mußte Hitlers »Weltanschauung« auch gegen Ende der dreißiger Jahre noch grotesk erscheinen. Doch 1941 war dann die Vision von der endgültigen Kraftprobe mit dem Bolschewismus und dem doppelten »Kreuzzug« zur Eroberung von »Lebensraum« und zur Vernichtung der Juden bittere Realität geworden. Wie kam es dazu, daß Hitlers »Idee« in die Tat umgesetzt wurde, und was trug der Diktator selbst zur Verwirklichung seiner ideologischen Ziele bei?

Dem Kartenhaus der europäischen Diplomatie versetzte Hitler den letzten Stoß. Für die deutsche Expansion der Jahre 1938/39 spielten verschiedene, ineinandergreifende Gründe eine Rolle – ökonomischer Druck, militärische Logistik, ideologische Stoßkraft und die Schwäche der westlichen Demokratien –, die in ihrem Zusammenspiel die Dynamik verstärkten und beschleunigten, durch die Europa über den Rand des Abgrunds und in den Krieg gedrängt wurde. Jede dieser Expansionsbedingungen existierte unabhängig von Hitler. Zu einer deutschen Expansion wäre es wahrscheinlich selbst dann gekommen, wenn Hitler 1938 abgesetzt oder umgebracht worden wäre. Doch Verlauf, Art und Tempo der Expansion tragen Hitlers Stempel. Bei einer von Beck und Goerdeler geleiteten deutschen Regierung wäre

[17] Siehe Wolfgang Benz, Partei und Staat im Dritten Reich. In: Martin Broszat und Horst Möller (Hrsg.), Das Dritte Reich. München 1983, S. 78.

[18] Neumann, Behemoth, S. 543.

ein ähnlich riskantes Vabanquespiel wie unter Hitler beispielsweise kaum denkbar gewesen. Als der Krieg drohte, scheute selbst Göring sichtlich vor Hitlers gefährlichem Spiel mit dem Feuer zurück. Die Regierungsstruktur hatte sich soweit aufgelöst, daß ein einzelner Mann – angespornt von einer kleinen Bande politischer und militärischer Desperados – eine so enorme und uneingeschränkte Macht ausüben konnte.

Die zwei NS-Größen, die (vor allem nach den wichtigen Veränderungen vom Februar 1938) in außenpolitischen Fragen auf Hitler den meisten Einfluß ausübten, waren Ribbentrop und Göring. Ihre Ansichten stimmten mit denen Hitlers nicht völlig überein, stellten aber auch keine grundverschiedenen oder gar entgegengesetzten Alternativen dar.

Ribbentrop war weniger auf die Zerschlagung des »jüdischen Bolschewismus« fixiert als Hitler und eher traditionell machtpolitisch orientiert[19]. Für ihn war nicht Rußland, sondern Großbritannien die Hauptzielscheibe. Die wiederaufpolierte Kolonialpolitik des Jahres 1937, die sich deutlich gegen England richtete, trägt unverkennbar seine Handschrift. Als die Beziehungen zu England gegen Ende der dreißiger Jahre merklich abkühlten, wuchs Ribbentrops Einfluß auf Hitler und erreichte seinen Höhepunkt mit der Unterzeichnung des deutsch-sowjetischen Nichtangriffspakts am 23. August 1939. Es gibt jedoch keinerlei Anzeichen dafür, daß dieser Pakt – durch den scheinbar die ganze bisherige NS-Politik auf den Kopf gestellt wurde – für Hitler nicht schon von Anfang an genau das gewesen ist, als was er sich dann tatsächlich herausstellte: eine aus strategischen Gründen notwendige, doch nur vorübergehende Vereinbarung. Und als sich die Gelegenheit bot, diese Vereinbarung über den Haufen zu werfen, begann Ribbentrops Einfluß wieder zu schwinden. Es zeigte sich, daß seine »alternative« außenpolitische Konzeption für Hitler nur ein Instrument war, das er eine Zeitlang nach Belieben benutzte, um es dann fallenzulassen. Zu keinem Zeitpunkt stellten die Ribbentropschen Vorstellungen eine grundlegende Alternative zu Hitlers rassenimperialistischer »Vision« dar, sondern arbei-

[19] Die wichtigste Arbeit über Ribbentrop hat Wolfgang Michalka veröffentlicht: Ribbentrop und die deutsche Weltpolitik 1933–1940. München 1980.

teten letzten Endes in die gleiche Richtung; sie wurden den Hitlerschen Zielen untergeordnet und von ihnen schließlich verdrängt.

Auch Göring hatte eine etwas andere Vorstellung von den außenpolitischen Zielen als Hitler[20]. Doch je mehr sich Hitler von Einschränkungen befreite, die seiner Neigung zum riskanten Vabanquespiel Grenzen setzten, desto geringer wurden die Erfolgsaussichten für Görings pragmatischere Ziele.

Zwischen 1934 und 1938 spielte Göring in der Außenpolitik eine wichtige Rolle. Dies gilt insbesondere für die Gestaltung der Beziehungen zu den südosteuropäischen Ländern und zu Italien, aber auch für den Beschluß zur Intervention im Spanischen Bürgerkrieg, für die Politik gegenüber Österreich und vor allen Dingen für die Anschlußkrise selbst, bei der nicht Hitler, sondern Göring maßgeblich aktiv war. Hitlers rassenimperialistische Zwangsvorstellungen waren für Göring nur in geringem Maße von unmittelbarer Bedeutung; ihm kam es mehr darauf an, für Deutschland in Mittel- und Südosteuropa die wirtschaftliche Vormachtstellung zu sichern, die die Grundlage für eine – durch ein Bündnis mit England konsolidierte – kontinentale politische Hegemonie bilden sollte. Während Ribbentrop mit seiner antibritischen Haltung Hitlers Bereitschaft zum Krieg mit Großbritannien (das dieser für stark geschwächt hielt) entgegenkam, suchte Göring, gegen die äußerst riskante Politik zu arbeiten – und vor allen Dingen einen Krieg mit England zu vermeiden. Dabei kam er zum Teil Befürchtungen entgegen, die von seinen zahlreichen Gesprächspartnern in Unternehmer-, Offiziers- und Grundbesitzerkreisen geäußert worden waren.

Seinen großen und, wie sich dann herausstellte, gleichzeitig letzten Triumph hatte Göring bei der Unterzeichnung des Münchner Abkommens im September 1938. Dabei hatte sein Stern allerdings schon sichtlich zu sinken begonnen. Hitler nahm es Göring übel, daß der ihn an den Verhandlungstisch gebracht und von dem Konflikt abgelenkt hatte, den er die ganze Zeit hatte haben wollen. In den folgenden

[20] Die folgenden Bemerkungen stützen sich hauptsächlich auf Alfred Kube, Pour le mérite und Hakenkreuz. Hermann Göring im Dritten Reich. München 1986, insbesondere S. 299ff.

Monaten sah man Göring, der offenbar an einer nervösen Depression litt, nur noch selten in Hitlers Umgebung, und er wurde auch kaum zu Entscheidungen hinzugezogen, etwa als der Beschluß gefaßt wurde, den noch verbliebenen Rest der Tschechoslowakei zu besetzen und Polen bei nächster Gelegenheit anzugreifen. Görings vorsichtigere Vorgehensweise kollidierte jetzt mit den – nach dem Münchner Abkommen voll zum Vorschein kommenden – ungeduldigen Bestrebungen Hitlers, das Tempo der deutschen Expansion eher noch zu beschleunigen als zu verlangsamen und bewußt ein hohes Risiko einzugehen. Daraufhin wurde Göring, der bis dahin Hitlers wichtigster außenpolitischer Berater gewesen war, für entbehrlich befunden und durch einen ausgesprochenen »Falken« ersetzt: Ribbentrop.

Unmittelbar vor Kriegsausbruch versuchte Göring ziemlich halbherzig, durch Verhandlungen mit England feindselige Auseinandersetzungen zu verhindern. Er unternahm auch einen verspäteten Versuch, Hitler von seinem riskanten Vorhaben abzubringen, damit die Westmächte nicht ins Spiel kämen und das Ganze für Deutschland nicht in einer Katastrophe endete. Am 29. August 1939 beschwor er Hitler, nicht alles auf eine Karte zu setzen, aber der entgegnete ihm in der für ihn typischen Art, er habe in seinem Leben »immer va banque gespielt«[21].

Letzten Endes erwiesen sich Görings »alternative« außenpolitische Ziele – genau wie die seines Erzrivalen Ribbentrop – als zu eng an Hitlers Zielvorstellungen angelehnt, um einen mehr als nur vorübergehenden Einfluß ausüben zu können. Hinzu kam, daß seine unterwürfige Haltung gegenüber Hitler und seine Abhängigkeit von ihm den »zweiten Mann im Reich« ganz wesentlich daran hinderten, eine wirklich brauchbare »alternative« politische Linie zu entwerfen.

Wenn schon in Hitlers unmittelbarer Gefolgschaft unterschiedliche außenpolitische Vorstellungen existierten, braucht wohl nicht besonders erwähnt zu werden, daß auch in den weiteren Führungskreisen in Regierung, Bürokratie, Militär und Wirtschaft unterschiedliche Ansichten bestanden, ebenso wie in jenen »Amateur«-Gruppen in der Partei-

[21] Leonidas E. Hill (Hrsg.), Die Weizsäcker-Papiere 1933–1950. Berlin 1974, S. 162.

organisation, die mit Deutschlands außenpolitischen Beziehungen befaßt waren. Neben einem traditionellen, gegen England gerichteten pangermanischen Kolonialismus waren Interessen im Spiel, die aus agrarwirtschaftlicher Sicht eine Landnahme in Osteuropa befürworteten und aus kommerziellen Gründen eine Vorherrschaft im Balkan anstrebten. Innerhalb der Wehrmacht sah die Marine – die genau wie die Luftwaffe das NS-Regime weit leidenschaftlicher unterstützte, als das beim ehemals preußischen Offizierskorps des Heeres der Fall war – ihre eigenen Interessen besser durch die Vorbereitung auf eine Auseinandersetzung mit Großbritannien gewahrt als durch den Einsatz knapper Ressourcen zum Aufbau einer Landstreitmacht für einen Krieg gegen die Sowjetunion.

Bei allen Unterschieden in der Schwerpunktsetzung bestand jedoch weitgehend Konsens darüber, daß eine expansive Außenpolitik betrieben und in Mitteleuropa die deutsche Hegemonie hergestellt werden müsse, und dieser Grundkonsens reichte selbst bis in die Reihen derjenigen, die erste, vorsichtige Schritte hin zu einer totalen Opposition gegen das NS-Regime machten[22]. Die Kombination aus weitreichendem Konsens zur Expansion einerseits und Zusammenbruch von institutionellen Einschränkungen für Hitler andererseits bildete den Rahmen für die immer gefährlicheren »Spiele« des Diktators, auf die sich die deutsche Gesellschaft mit zusehends geringeren Fluchtmöglichkeiten eingelassen hatte.

Während Hitlers Handlungsfreiheit von innen, aus den Reihen des Regimes, immer weniger eingeengt wurde, stieß sie paradoxerweise immer stärker auf äußere Schranken. Ohne Expansion war dem ökonomischen Druck nicht viel länger standzuhalten. Das hektische Aufrüstungsprogramm führte schon 1938 zu ernsten Problemen, die einen wesentlichen Motivationsfaktor für die Expansion nach Österreich und in die Tschechoslowakei bildeten und 1939 ein noch akuteres Ausmaß annahmen. Noch wichtiger war ein Umstand, dessen sich Hitler nur zu bewußt war: Die Zeit arbei-

[22] Siehe K.-J. Müller, Nationalkonservative Eliten zwischen Kooperation und Widerstand. In: Jürgen Schmädeke und Peter Steinbach (Hrsg.), Der Widerstand gegen den Nationalsozialismus. München 1985, S. 28–31.

tete beim Wettrüsten gegen Deutschland. Die Rüstungsanstrengungen der anderen Länder würden den deutschen Rüstungsvorsprung schon bald zunichte machen. Damit hätte man die Initiative aus der Hand gegeben. Außerdem würde die günstige internationale Konstellation – insbesondere Englands und Frankreichs Schwäche – wohl kaum länger andauern. »Uns bleibt nichts anderes übrig, wir müssen handeln«, erklärte Hitler daher seinen Generälen im August 1939[23].

Innerhalb der Grenzen seines unveränderten, langfristigen Ziels – dem Kampf um »Lebensraum« – und im Rahmen eines durch ökonomische und militärstrategische Überlegungen immer enger werdenden Optionsspielraums waren Hitlers außenpolitische Entscheidungen der Jahre 1938/39 im höchsten Maße pragmatisch und opportunistisch. Bei den drei großen Krisen – Österreich, Sudetenland und Polen – waren rasche, beinahe impulsive politische Kurskorrekturen zu verzeichnen, außerdem eine Bereitschaft zu brutaler Gewalt sobald auf diplomatischen Druck mit Widerstand reagiert wurde und man das eigene Prestige gefährdet sah; darüber hinaus machte sich immer drängender das Gefühl bemerkbar, daß jetzt der Moment zum Handeln gekommen sei und man das Risiko eingehen müsse, weil die Zeit gegen Deutschland arbeite. Und als sich Ende September 1938 in München die Schwäche der Westmächte voll zeigte, wuchs Hitlers Selbstvertrauen in einem solchen Maße, daß er überzeugt war, die Westmächte würden wegen Polen keinen Krieg erklären. »Unsere Feinde sind kleine Würmchen«, sagte Hitler seinen Generälen im August 1939. »Ich sah sie in München.«[24]

In jeder der drei Krisen standen für die deutsche Expansion strategische Überlegungen an erster Stelle, wirtschaftliche Erfordernisse spielten (zumindest im Falle Österreichs und der Tschechoslowakei) eine kaum geringere Rolle, während ideologische Fragen nur von untergeordneter Bedeutung waren. Hitlers Entscheidungen und seine politischen Kurskorrekturen waren opportunistisch: in Österreich einzumarschieren, als Schuschnigg unverhofft einen Volksent-

[23] Dokument 798-PS, IMG, Bd. 26, S. 340.
[24] Ebenda, S. 343.

scheid anberaumte; Österreich dem Deutschen Reich einzuverleiben, nachdem Hitler in Linz überschwenglich empfangen worden war; die Tschechoslowakei bei allernächster Gelegenheit zu zerschlagen, nachdem Deutschland bei der »Wochenendkrise« vom 20./21. Mai 1938 durch die tschechische Mobilmachung blamiert worden war; und Polen anzugreifen, nachdem diplomatische Avancen zurückgewiesen worden waren und Großbritannien eine Garantieerklärung abgegeben hatte. Bei all diesen Entschlüssen blieb die Zielsetzung jedoch im Grunde genommen konstant: Deutschland in Mitteleuropa die Vorherrschaft zu verschaffen, sich die Option für einen Schlag gegen den Osten oder den Westen offenzuhalten, letztlich aber den Bolschewismus zu vernichten und »Lebensraum« zu erobern. Als Ribbentrop sich – wieder einmal – das Zögern der westlichen Diplomaten zunutze machen konnte und den Pakt mit der Sowjetunion aus dem Hut zauberte, war der Weg für einen Angriff auf den Westen frei – sobald man, wie mit der Sowjetunion insgeheim vereinbart, Polen vollends zerschlagen hatte.

Obwohl es zu den einzelnen – zuletzt in einem Krieg kulminierenden – folgenschweren außenpolitischen Schritten nicht in erster Linie aufgrund der Forderungen der Hitlerschen Weltanschauung kam und obwohl diese Schritte schließlich sogar zu einem Bündnis mit dem ideologischen Erzfeind führten, förderten sie doch in ihrer Gesamtheit auf vielfältige Weise den ideologischen Radikalisierungsprozeß sowohl in den erst gerade annektierten Gebieten als auch in Deutschland selbst.

In Österreich und im Sudetenland (anschließend auch im verbliebenen Teil der besetzten Tschechoslowakei) erhielten Partei und Gestapo neue »Aufgaben«, denn es galt, »Rechnungen« mit politischen und »rassischen« Feinden zu begleichen. Für Hitzköpfe in der Partei und für Polizeibürokraten erinnerte diese Zeit an die Ära der »Machtergreifung«. Allerdings hatte die Partei in der Verwaltung der neuen Gebiete nun von Anfang an eine gestärkte Position, und der Gestapo/SS-Apparat funktionierte sogar noch effizienter und schonungsloser, als das bei der Polizei im Jahre 1933 der Fall gewesen war.

In dem so geschaffenen Klima konnte mit neuer Schärfe

gegen die sozialistische und kommunistische Linke losgeschlagen und mit einer offenen Brutalität gegen österreichische Juden vorgegangen werden, die in ihrer ungezügelten Bösartigkeit sogar die bisherigen Vorkommnisse in Deutschland übertraf. Durch die neuen »organisatorischen Möglichkeiten« zur Lösung der »Judenfrage« erhielt Adolf Eichmann – der damals noch eine unbedeutende Figur im SD-eigenen »Judenreferat« in Berlin war – die Gelegenheit, in Wien und (ab Juli 1939) in Prag die brutale SS-Politik zur beschleunigten Emigration der Juden zu organisieren.

In Deutschland selbst hatte sich im Umgang mit den Juden schon im September 1937 ein neuerlicher Radikalisierungsschub angekündigt, als sich Hitler auf dem Nürnberger Parteitag in wütenden Attacken gegen den »jüdischen Bolschewismus« erging. Dies genügte, um eine neue Welle antisemitischer Gewalt einzuleiten und im Kontext der wachsenden ökonomischen Probleme des Vierjahresplans die »Arisierung« – oder Zwangsenteignung – jüdischer Unternehmen zu sanktionieren. Dieser Prozeß wurde wiederum durch die Annexion Österreichs und des Sudetenlands beträchtlich verstärkt.

Durch das grüne Licht, das Hitler der NSDAP in seiner Septemberrede gab, erhielt der Parteiaktivismus neuen Auftrieb und entlud sich während der spannungsgeladenen Monate im Frühjahr und Sommer 1938 in neuerlichen und noch heftigeren Gewaltakten gegen Juden und ihren Besitz. Die Aggression war nun bedrohlicher und weitreichender als sie es selbst bei der vorherigen Welle von Angriffen im Sommer 1935 gewesen war.

Seinen Höhepunkt erreichte der anschwellende antisemitische Terror in der berüchtigten »Reichskristallnacht« – dem schrecklichen Pogrom vom 9. auf den 10. November 1938. Hitler brauchte wiederum nur stillschweigendes Einverständnis zu signalisieren, und schon entfesselte Goebbels, als eigentlicher Rädelsführer, den aufgestauten Haß der Partei- und SA-Aktivisten zu einem Rausch der Gewalt. Bei dem landesweiten Pogrom wurden rund einhundert Juden getötet, zahllose Synagogen niedergebrannt, jüdischer Besitz geplündert und zerstört und schätzungsweise 30000 jüdische Männer als Geiseln in Konzentrationslager verbracht, um das Tempo der Auswanderung mit Gewalt zu beschleunigen. Die Juden waren nun außerdem vom deutschen Wirtschaftsleben völlig ausgeschlossen und noch mehr zu einem Schattendasein am Rande der Gesellschaft gezwungen. Das Ganze führte schließlich dazu, daß die zentrale Kontrolle über die »Lösung« der »Judenfrage« in die Hände der SS überging und Eichmann – der nun die Früchte seiner in Österreich erzielten »Erfolge« erntete – beauftragt wurde, für das gesamte Reich die Auswanderung der Juden zu organisieren. Dies war ein wesentlicher Schritt auf dem Weg von dem »gefühlsmäßigen Antisemitismus« und der öffentlichen Gewalt des Pogroms – dessen Erscheinungsbild bei vielen Deutschen Abscheu erregte – zu den »rationalisierten«, nichtöffentlichen Fließbandmorden in den Todeslagern.

Von Hitler selbst war kaum eine direkte Initiative ausgegangen, um die dramatische Verschärfung der Judenverfolgung herbeizuführen. Das war auch gar nicht nötig gewesen. Seine Handlanger hatten nur seiner Erlaubnis bedurft, um das auszuführen, was sie für seine »Wünsche« hielten. Diese »Wünsche« deckten sich nicht nur mit den Überzeugungen der fanatischen Antisemiten in der NS-Bewegung. Vielmehr erkannten auch viele Menschen, die zwar keine völlig paranoiden Judenhasser waren, aber die antijüdische Politik bereitwilligst für ihre eigenen Zwecke ausnutzten, daß sich beim Umsetzen dieser »Wünsche« die Chance eröffnete, befördert zu werden, persönlich voranzukommen, sich zu bereichern und sich selbst mächtig zu fühlen. Da der Antisemitismus im nationalsozialistischen Kredo eine so zentrale Stellung einnahm, ließ sich praktisch jede Aktion mit dem Hinweis rechtfertigen, sie sei erforderlich, um die Juden von der deutschen Gesellschaft noch weiter auszuschließen. Den verschiedenen Ämtern, Ministerien und Organisationen, die im Dritten Reich bei der Umsetzung des angeblichen »Führerwillens« miteinander konkurrierten, diente das »Endziel« eines »judenfreien« Deutschland zur Legitimierung ihrer politischen Initiativen.

Bei einem seiner »Tischgespräche« gab Hitler später zu, daß er lange Zeit gezwungen gewesen war, gegenüber den Juden »tatenlos« zu bleiben[25] – eine taktische Selbstbe-

[25] Werner Jochmann (Hrsg.), Adolf Hitler. Monologe im Führerhauptquartier 1941–1944. Die Aufzeichnungen Heinrich Heims. Hamburg 1980, S. 108.

schränkung, um Deutschlands internationale Beziehungen nicht unnötig zu belasten. Als 1938 im erweiterten Reichsgebiet der erwähnte Radikalisierungsprozeß ablief, hatte der »Führer« während des ganzen Jahres in der Öffentlichkeit kaum etwas zur »Judenfrage« zu sagen. Selbst in einer vertraulichen Ansprache vor führenden Pressevertretern am Morgen nach dem Pogrom erwähnte er die Ereignisse der »Kristallnacht« mit keinem Wort[26].

Am 30. Januar 1939 wandte sich Hitler in einer Reichstagsrede jedoch mit neuem, bedrohlichem und Angst einflößendem Unterton erneut der »Judenfrage« zu. Er sagte, er wolle »wieder ein Prophet sein«, und erklärte: »Wenn es dem internationalen Finanzjudentum in und außerhalb Europas gelingen sollte, die Völker noch einmal in einen Weltkrieg zu stürzen, dann wird das Ergebnis nicht die Bolschewisierung der Erde und damit der Sieg des Judentums sein, sondern die Vernichtung der jüdischen Rasse in Europa.«[27]

Solche Äußerungen waren zum Teil auch Propaganda. Hitler wiederholte hier in unheilverkündendem Ton eine Drohung, auf die er in den dreißiger Jahren schon mehrfach bei anderen Gelegenheiten angespielt hatte: Man werde die Juden als »Geiseln« nehmen, falls Deutschland in eine bewaffnete Auseinandersetzung gedrängt würde. Diesmal war es jedoch mehr als nur Propaganda. Zwischen 1941 und 1942 berief sich Hitler (und auch einige aus dem »inneren Kreis« der NS-Führung) in seinen Reden (aber auch in Bemerkungen, die er gegenüber seinem unmittelbaren »Gefolge« fallenließ) wiederholt auf eben diese Aussage – genau zu der Zeit also, als die »Endlösung« eingeleitet wurde. Und er datierte diese Aussage durchgängig falsch und behauptete immer wieder, sie am 1. September 1939, dem Tag des Kriegsausbruchs, gemacht zu haben. Dies hieß seiner Ansicht nach einfach, daß der kommende Krieg auf die eine oder andere Weise die Vernichtung der Juden bedeutete. Wie es dazu kommen würde, wußte weder er noch sonst jemand. Doch er war sich sicher, *daß* es dazu kommen würde.

[26] Der Wortlaut der Rede findet sich bei Domarus, Hitler. Reden und Proklamationen, S. 970–973.

[27] Ebenda, S. 1058.

Unterdessen waren außer den Juden noch andere Bevölkerungsgruppen zu Zielscheiben der eskalierenden ideologischen Radikalisierung der späten dreißiger Jahre geworden: »Zigeuner«, Homosexuelle, Prostituierte, »Tagediebe«, Bettler, »Versager«, »Asoziale«, »Arbeitsscheue«, »Gewohnheitsverbrecher« und andere »rassisch unerwünschte« oder »fremdvölkische Elemente«. Dabei spielten nicht nur traditionelle soziale Vorurteile eine Rolle, sondern auch das starke Interesse der Polizei daran, das eigene Reich weiter auszudehnen und immer neue zu verfolgende »Volksfeinde« aufzuspüren. Darüber hinaus trieb der gesundheitspolitische und sozialhygienische Übereifer Medizinexperten und Gesundheitsämter dazu, bereitwillig die Anforderungen der entstehenden nationalsozialistischen Eugenik- und Sterilisierungsprogramme zu erfüllen. Zahllose Einzelpersonen und unzählige Organisationen sorgten aus unterschiedlichsten Motiven mit ihren Anstößen und Initiativen dafür, daß sich am Vorabend des Zweiten Weltkriegs neue Möglichkeiten zur Lösung ideologischer Schlüsselprobleme abzuzeichnen begannen – gerade auch solcher, die den Kern der persönlichen »Weltanschauung« Hitlers berührten. Durch den Krieg und seine brutalisierende Wirkung konnten diese »Lösungsmöglichkeiten« dann genozidale Formen annehmen.

Für die Besetzung Polens erteilte Hitler wiederum von oben die Genehmigung zu barbarischem Vorgehen: Er instruierte seine militärischen Befehlshaber, ihre Herzen gegen Mitleid zu verschließen, für »brutales Vorgehen« zu sorgen und die (angeblichen) deutschen Rechte mit »größte[r] Härte« durchzusetzen[28]. Der Rassenkampf in Polen gestatte keine gesetzlichen Einschränkungen, merkte er nach erfolgreich beendetem Feldzug gegenüber Keitel an: »Die Methoden werden mit unseren sonstigen Prinzipien unvereinbar sein.«[29]

Einige Offiziere wandten sich gegen die gnadenlose Barbarei während und im Gefolge des Polenfeldzugs, aber ihre Einwände wurden von Hitler verächtlich als »kindische« Klagen von Heerführern abgetan, die Krieg mit »Heils-

[28] Dokument 1014-PS, IMG, Bd. 26, S. 523.
[29] Dokument 864-PS, IMG, Bd. 26, S. 379.

armee-Methoden« führen wollten[30]. Die meisten militärischen Befehlshaber hatten jedoch weniger Skrupel oder weniger Mut und fanden sich mit den drakonischen Maßnahmen bei der barbarischen Zerstörung Polens sowie den dort angewandten schonungslosen »Germanisierungsmethoden« ab.

Da die neu eingesetzten NS-Größen vom »Führer« die Blankovollmacht erhalten hatten, so vorzugehen, wie sie es für angebracht hielten, spielte der improvisierte Terror bald eine wachsende Rolle. Die westlichen Teile Polens (sowie ein an Ostpreußen grenzender Landstrich), die dem Reich nun einverleibt und von den normalen Bestimmungen des deutschen Strafrechts ausdrücklich ausgenommen waren, wurden zu Experimentierfeldern für die nationalsozialistische »Neue Ordnung« gemacht. Hitler erklärte, er verlange von seinen Gauleitern im Osten nichts weiter, als daß sie ihm nach zehn Jahren melden könnten, daß ihre Gebiete »rein deutsch« seien. Welche Methoden sie dabei anwendeten, interessiere ihn nicht[31]. Zur Durchsetzung der barbarischen Politik brauchten die Gauleiter ihrerseits nur auf »Sonderaufgaben« zu verweisen, die ihnen der »Führer« persönlich übertragen habe, auch wenn diese Aufgaben niemals im einzelnen erläutert oder gar schriftlich dargelegt wurden.

Das übrige Polen – das von Hans Frank geleitete »Generalgouvernement« – wurde zu einer Art Abladeplatz für »rassisch minderwertige Elemente« umfunktioniert. Heydrichs »Einsatzgruppen« machten sich daran, die polnische Intelligenz auszurotten. In seiner neuen Eigenschaft als »Reichskommissar für die Festigung des deutschen Volkstums« koordinierte Himmler die Deportations- und »Umsiedlungs«-Maßnahmen von Abertausenden von Menschen. Auf Heydrichs Befehl wurden die Juden nun zusammengetrieben und in Ghettos und »Judenlager« gesteckt. Die dortigen, sich rasch verschlechternden Lebensbedingungen und die nicht unter Kontrolle zu bringenden Epidemiewellen verstärkten

[30] Hildegard v. Kotze (Hrsg.), Heeresadjutant bei Hitler 1938–1943. Aufzeichnungen des Majors Engel. Stuttgart 1974, S. 68.

[31] Nach Helmut Krausnick und Hans-Heinrich Wilhelm, Die Truppe des Weltanschauungskrieges. Die Einsatzgruppen der Sicherheitspolizei und des SD 1938–1942. Stuttgart 1981, S. 626f. Siehe auch Martin Broszat, Nationalsozialistische Polenpolitik 1939–1945. Frankfurt a.M. 1965, S. 200.

aus der Sicht der nationalsozialistischen Machthaber zusehends die Notwendigkeit, möglichst rasch eine »Endlösung« für das »Judenproblem« zu finden, das durch die unter ihre Herrschaft geratenen rund drei Millionen polnischer Juden nun noch um ein Vielfaches größer geworden war und zur Rechtfertigung einer »radikalen Lösung« herhalten mußte. Und gegenüber dem nichtjüdischen Teil der polnischen Bevölkerung entfaltete die nationalsozialistische Besatzungsmacht eine Schreckensherrschaft, von der kaum eine Familie verschont blieb. Während im Reich selbst der Schein eines – wenn auch noch so korrumpierten und pervertierten – Rechts gewahrt blieb, wurde in Polen das »Recht« durch die Launen von Gauleitern und Höheren SS- und Polizeiführern bestimmt. Hitlers Handlungsauftrag gab die Richtung vor. Die schmutzige Arbeit selbst wurde dann bereitwillig von anderen erledigt.

In seiner Entschlossenheit zum Angriff auf Polen war Hitler überzeugt gewesen, daß die westlichen Demokratien wegen Danzig und dem Korridor keinen Krieg erklären würden. Am 3. September 1939 stellte sich heraus, daß er sich verrechnet hatte – auch wenn die Westmächte nichts gegen die Zerstückelung Polens unternahmen (die die Nationalsozialisten nach dem Überfall auf das Land typischerweise improvisierten). Es war nicht allein das durch die rasche Zerschlagung der polnischen Armee gewonnene Selbstvertrauen, das Hitler ungeduldig auf das Ende des Polenfeldzugs warten ließ. Ihn schreckte immer noch vor allem die Vorstellung, daß die Zeit – besonders angesichts des wohl nicht besonders dauerhaften Pakts mit Rußland – sowohl militärisch als auch diplomatisch gesehen gegen Deutschland arbeite. Deshalb wollte er gleich nach dem Polenfeldzug gegen den Westen losschlagen, denn er glaubte, Deutschlands westliche Gegner durch einen solchen Angriff endgültig vernichten zu können. Bei seinen Generälen stieß er allerdings auf Widerstand; sie hielten so einen Feldzug mitten im Winter für äußerst riskant. In der Tat kam es durch schlechte Witterungsverhältnisse zu einer Reihe von Verzögerungen, bis – nach den Erfolgen in Skandinavien – der erstaunliche Westfeldzug die Welt in lähmende Angst versetzte. Frankreich blieb am Boden zerstört zurück, und England war isoliert, während sich der triumphierende Hitler auf dem Höhepunkt seiner Popularität und Macht befand.

Nur fünf Wochen nachdem Frankreich den Waffenstillstandsvertrag unterzeichnet hatte und zu einem Zeitpunkt als die Truppenstärke der Wehrmacht gerade reduziert wurde, befahl Hitler bei einer Zusammenkunft in Berchtesgaden am 31. Juli 1940 seinen Armeeführern, einen Angriff auf Rußland vorzubereiten, der im Mai 1941 stattfinden sollte[32]. Das erklärte Ziel war, Rußland innerhalb von fünf Monaten vollständig zu zerstören. Die Kraftprobe mit dem Bolschewismus, die in Hitlers Denken ständig eine Rolle gespielt hatte, auch wenn er nicht wußte, unter welchen Bedingungen sie vonstatten gehen würde, nahm nun langsam konkrete Gestalt an.

Besondere ideologische Überlegungen spielten bei der Konstellation der Motive, die hinter der ersten Angriffsplanung steckten, keine direkte Rolle. Entscheidend war, daß man Großbritannien zu einer Einigung zwingen mußte, damit Deutschland in Europa das Sagen und, wie gewünscht, freie Hand hätte, um aus dem Osten den benötigten »Lebensraum« zu machen. Ein zweiter wichtiger Grund war die besorgniserregende Expansion der Sowjetmacht im Baltikum und vor allem auf dem Balkan, wo ihre Gebietsannexionen inzwischen eine markante Bedrohung der rumänischen Ölfelder darstellten, die für die deutschen Kriegsanstrengungen von ganz entscheidender Bedeutung waren. Bei dem Entschluß zum Angriff auf die Sowjetunion hatte man daher kaum die »freie Wahl«, aus ideologischen Gründen die in ›Mein Kampf‹ beschriebene »Vision« in die Realität umzusetzen. Hier handelte es sich vielmehr um eine strategische und ökonomische Notwendigkeit.

Wieder einmal bestimmte im wesentlichen die Dynamik des Krieges die Grenzen, in denen Hitler agieren konnte. Sein ins Gigantische gesteigertes Vabanquespiel um die Hegemonie in Europa drückte seiner Entscheidung eine eigene »Logik« auf. Und es entsprach ganz Hitlers Art, den Entschluß zum Angriff auf die Sowjetunion wieder einmal durch die Behauptung zu rechtfertigen, er habe keine andere

[32] Hans-Adolf Jacobsen (Hrsg.), Generaloberst Halder, Kriegstagebuch. 3 Bde., Stuttgart 1962–1964, Bd. 2, S. 49f.

Wahl: Ein weiteres Abwarten werde mit Sicherheit negative Folgen haben[33].

Obwohl dies bedeutete, Krieg an zwei Fronten zu führen – der alte deutsche Alptraum –, scheint die nationalsozialistische Führung darin kaum Grund zur Beunruhigung gesehen zu haben. Der deutsche Generalstab unterschätzte in krassem Maße die sowjetische Kampfkraft, und so wiegte man sich in der optimistischen Überzeugung, Rußland innerhalb von ein paar Monaten vollständig zerstören zu können, um dann den Weg für den Angriff auf die britischen Bastionen im Nahen Osten frei zu haben. Durch den vorgesehenen Sieg über die Sowjetunion würde Deutschland mit einem Schlag lebenswichtige Wirtschaftsreserven erhalten, während England, seinem Schicksal überlassen, kapitulieren oder eine Invasion gewärtigen müßte und die USA durch die vermehrten Chancen, die sich Japan dann im Fernen Osten böten, noch mehr unter Druck geraten und von einer Einmischung in den Krieg abgehalten werden würden.

Auch wenn Hitlers ideologische Zwangsvorstellungen für den Entschluß zum Angriff auf die Sowjetunion keine ausschlaggebende Rolle gespielt haben, war der Einfluß der nationalsozialistischen Rassenphilosophie im Anschluß an diese Entscheidung und vor allem bei der detaillierten Planung der Invasion im Frühjahr 1941 unverkennbar. Hitler selbst erklärte, daß er den Pakt mit der Sowjetunion als Bruch mit seiner Herkunft und seiner politischen Überzeugung empfunden habe und sich erst seit der Entscheidung, den Pakt zu beenden, innerlich frei fühle[34]. Als wäre er jahrelang in der Wahl der Mittel gegen seine Feinde eingeengt gewesen, nun aber von dieser taktisch bedingten Zurückhaltung befreit, fühlte sich Hitler jetzt in seinem Element – angesichts der Realität des Krieges, von dem er immer gewußt hatte, daß er ihn würde führen müssen, wenn auch unter unvorhersehbaren Bedingungen. Er erklärte seinen Generälen, daß dieser Krieg, anders als der im Westen, ein »Vernichtungskampf« sein werde[35]. Die politischen Kommissare der Roten Armee

[33] Hitler an Mussolini, 21. 6. 1941, in: Akten zur deutschen auswärtigen Politik (ADAP). Göttingen 1969, Serie D, Bd. 12, Dokument 660, S. 889.

[34] Ebenda, S. 892.

[35] Halder, Kriegstagebuch, Bd. 2, S. 336f.

sollten ohne Umstände erschossen werden[36]. Die Wehrmacht wurde angewiesen, mit den Erschießungskommandos des SD zusammenzuarbeiten, denen unter Himmlers Leitung »Sonderaufgaben« übertragen worden waren[37]. Worin diese »Sonderaufgaben« bestanden, zeigte sich in den Anweisungen, die Heydrich den Einsatzgruppenleitern erteilte: Kommunistische Funktionäre, »Juden in Partei- und Staatsstellungen« sowie »sonstige radikale Elemente« seien zu liquidieren[38]. Ungeachtet der strategischen und ökonomischen Gründe, die den Angriff auf die Sowjetunion aus nationalsozialistischer Sicht erforderlich machten, stellte Hitler den Kampf als ideologischen Kreuzzug gegen den »jüdischen Bolschewismus« dar. Im Frühjahr 1941 wurde dann der »Quantensprung«[39] zum Genozid vollzogen.

Es sollte allerdings noch einige Zeit vergehen, bis der Beschluß gefaßt wurde, alle Juden in dem von Deutschen besetzten Teil Europas auszurotten. Die Eskalation des Tötens, zu der es in den ersten triumphalen Wochen des Rußlandfeldzugs kam, war immer noch mit dem »Endziel« einer so bezeichneten »Umsiedlung hinter den Ural« zu vereinbaren. Doch selbst wenn man letzteres durchgeführt hätte, wäre dies zweifellos nur auf eine andere als die praktizierte Form von Genozid hinausgelaufen. Der Prozeß des Mordens war schon nicht mehr umkehrbar und entwickelte rasch eine Eigendynamik.

Heydrichs Befehle hatten den Einsatzgruppenleitern offenbar viel Platz für eigene Interpretationen gelassen. Die meisten Einsatzkommandos brachten anfangs nur männliche Juden um, andere hingegen ganze Familien. Wahrscheinlich suchte man um Klarstellung nach. Diese scheint von Himmler im August 1941 gegeben worden zu sein[40]. Als sich der militärische Vormarsch verlangsamte und immer mehr Juden den Deutschen in die Hände fielen, nahm jedenfalls die

[36] Hans Buchheim, Martin Broszat, Hans-Adolf Jacobsen und Helmut Krausnick, Anatomie des SS-Staates. 2 Bde., 5. Aufl. München 1989, Bd. 2, S. 211, 225f.

[37] Ebenda, S. 198–205.

[38] Ebenda, S. 364f.

[39] Siehe Christopher Browning, The Final Solution and the German Foreign Office. New York 1978, S. 8.

[40] Siehe Philippe Burrin, Hitler et les juifs. Genèse d'un génocide. Paris 1989, S. 117f.

Zahl der Ermordungen gegen Ende August und bis in den September hinein dramatisch zu und umfaßte nun allgemein nicht nur männliche, sondern *alle* Juden, einschließlich Frauen und Kinder. Die Wehrmacht, die inzwischen den letzten Rest humanitärer Empfindungen verloren hatte, das bei den ersten grausamen Vorkommnissen in Polen wohl noch vorhanden gewesen war, arbeitete mit den Mordkommandos zusammen und beging auch ihrerseits zahlreiche Greueltaten[41].

Ende Juli hatte Heydrich von Göring (der seit 1939 nominell für die Koordinierung der »Lösung« der »Judenfrage« verantwortlich war) die erforderliche und gewünschte Vollmacht zur Vorbereitung der kommenden »Gesamtlösung« erhalten[42]. Bis Mitte September scheint man dabei immer noch von einer territorialen »Lösung« ausgegangen zu sein: Deportation in ein Judenreservat im Osten, das zweifellos zu einer Art gigantischem Konzentrationslager geworden wäre. Als sich dann jedoch die Aussichten auf einen raschen Sieg über die Sowjetunion immer weiter verringerten, wurde Hitler – der bis dahin eine Deportation in militärisch sensible Gebiete abgelehnt und statt dessen im Anschluß an einen siegreich beendeten Feldzug die endgültige Umsiedlung der europäischen Juden in den Osten vorgesehen hatte – dazu überredet, die Deportation der deutschen Juden anzuordnen[43]. Unter den gegebenen Umständen lief der Deportationsbefehl auf einen Beschluß zur Ausrottung hinaus. Jedenfalls folgten nun, Schlag auf Schlag, die entscheidenden Schritte zur voll entwickelten »Endlösung« – zur versuchten systematischen Ermordung aller europäischen Juden.

Innerhalb eines Monats erreichten die ersten Transporte mit deportierten deutschen Juden das Lodzer Ghetto. Dort herrschten zu diesem Zeitpunkt bereits unbeschreibliche Zustände, und schon vor Monaten war die »Erledigung« der Inhaftierten »durch irgendein schnell wirkendes Mittel« als »Lösung« erwogen worden[44]. Kurze Zeit später folgten

41 Siehe Omer Bartov, The Eastern Front 1941–1945. German Troops and the Barbarisation of Warfare. London 1985.

42 Anatomie des SS-Staates, Bd. 2, S. 372f.

43 Burrin, Hitler et les Juifs, S. 138f.

44 Bundesarchiv Koblenz, R 58/954, f. 189–191.

große Zugtransporte nach Riga, wo die ersten deutschen Juden Ende November erschossen wurden.

Etwa im Oktober 1941 übertrug Himmler dem SS- und Polizeiführer des Distrikts Lublin, Odilo Globocnik, die Leitung der später so genannten »Aktion Reinhard« mit dem Auftrag, die Juden Polens auszurotten. Schon bald darauf wurde mit den Planungen für das erste der Vernichtungslager in Globocniks Zuständigkeitsbereich begonnen: Belzec – dem später Sobibor und Treblinka folgten. Der stellvertretende Leiter der »Kanzlei des Führers«, Viktor Brack, konnte dank seiner Erfahrungen mit dem »Euthanasieprogramm« die benötigten Vergasungs-»Fachleute« und das durch die »Euthanasieaktion« erprobte und »bewährte« Personal besorgen, das den Auftrag durchführen sollte. Jetzt wurde auch mit den Arbeiten am Vernichtungslager Birkenau innerhalb des Lagerkomplexes von Auschwitz begonnen. Zu etwa der gleichen Zeit suchte ein aus Himmlers Männern bestehendes »Sonderkommando« unter der Führung von Herbert Lange (der zuvor damit befaßt gewesen war, in Ostpreußen psychisch Kranke mit Hilfe eines »Gaswagens« zu ermorden) im »Warthegau« nach einem geeigneten Gelände zur »Erledigung« der Juden aus dem Lodzer Ghetto. Man entschied sich für einen Platz in der Nähe von Chelmno und begann dort Anfang Dezember 1941 mit der Arbeit. Damit war die »Endlösung« in Gang gesetzt, deren Logistik dann am 20. Januar 1942 auf der Wannsee-Konferenz ausgearbeitet werden sollte.

Im Sommer 1941 entstand durch den unerbittlichen Verlauf des Rußlandfeldzugs, durch die zunehmenden Schwierigkeiten, die sich aus der Ghettoisierung von Abertausenden von Juden ergaben, durch das starke Interesse, das die Gauleiter daran hatten, die auf ihrem Territorium noch verbliebenen Juden loszuwerden, und durch die organisatorischen Ambitionen der SS ein wachsender Druck zur »Endlösung« der »Judenfrage«. Von vielen Seiten gingen Initiativen aus. Durch die Natur des Führerstaats bedingt, blieb Hitler jedoch der Schlüssel zu jeglicher umfassenden Aktion.

Von ihm ging die Inspiration zur »Endlösung« selbst dort aus, wo die direkten Initiativen von anderen kamen. Goebbels bezeichnete ihn als »unentwegte[n] Vorkämpfer und

Wortführer einer radikalen Lösung«[45]. Auf allen Ebenen berief man sich ausnahmslos auf den »Befehl« oder »Wunsch« des »Führers«, wenn es darum ging, die Aktionen zur Ermordung der Juden in Gang zu setzen und durchzuführen[46]. Bei wichtigen Entscheidungen war Hitlers Zustimmung erforderlich. Laut Himmler ging der gegen Mitte August 1941 erteilte Befehl, in der Sowjetunion nun auch jüdische Frauen und Kinder zu töten, auf Hitler zurück[47]. Auf Drängen von Goebbels und Heydrich stimmte er im August 1941 der Einführung des gelben »Judensterns« zu, den deutsche Juden von da an zu tragen hatten – eine Maßnahme, die der »Führer« aus taktischen Gründen bislang abgelehnt hatte[48]. Hitler selbst fällte die Entscheidung, die deutschen Juden in den Osten zu deportieren, und besiegelte damit ihr Schicksal. Es ist keine schriftliche Anweisung Hitlers mit dem Befehl zur »Endlösung« überliefert. Höchstwahrscheinlich hat es eine solche auch nie gegeben. Es kann aber keinen ernsthaften Zweifel daran geben, daß Hitler die mündlichen Befehle zur Ermordung der europäischen Juden erteilt hat – selbst wenn diese Befehle nur in einer einfachen Blankovollmacht für Himmler und Heydrich bestanden haben sollten.

Zwischen Krieg und Juden bestand in Hitlers Denken von Anfang an eine essentielle Verbindung. Er hatte die Juden schon für den verlorenen Ersten Weltkrieg verantwortlich gemacht. Er hatte ihnen im Falle eines neuen Kriegs mit Vernichtung gedroht. Im Spätsommer 1941 wurden der Krieg und das Schicksal der Juden tatsächlich untrennbar miteinander verknüpft. Als sich der Vormarsch der deutschen Truppen verlangsamte und aus den bisherigen Zweifeln die Gewißheit wurde, daß der entscheidende, schnelle Vernichtungsschlag gegen die Sowjetunion mißlungen war, Deutschland nun vor einem längeren Krieg stand und die Aufgabe, den Endsieg zu erringen, damit ins Gigantische gewachsen war, wurde Hitler pessimistisch. Aus dieser Stimmung heraus genehmigte er die Schritte, die dafür sor-

[45] Louis P. Lochner (Hrsg.), Goebbels Tagebücher aus den Jahren 1942–43. Zürich 1948, S. 143.

[46] Belege dafür finden sich bei Gerald Fleming, Hitler und die Endlösung. »Es ist des Führers Wunsch«. Wiesbaden, München 1982.

[47] Burrin, Hitler et les juifs, S. 118, 151.

[48] Ebenda, S. 136.

gen sollten, daß sich seine »Prophezeiung« aus dem Jahre 1939 buchstabengetreu erfüllte. »Die Juden« sollten Deutschland kein zweites Mal eine Niederlage bereiten können. Genau in jenen Monaten, als die entscheidenden Schritte zum totalen Genozid getan wurden (September und Oktober 1941), wurde der »Führer« wieder hoffnungsvoll und zuversichtlich[49].

Obwohl bei der Vernichtung der Juden die maßgeblichen Entscheidungen in der Tat von Hitler getroffen wurden, kann man die »Endlösung« nicht einfach unter personalisierten Gesichtspunkten sehen. Die Radikalisierung der antijüdischen Politik in den dreißiger Jahren fand vor den Augen der deutschen Gesellschaft statt und ohne daß Hitler besonders aktiv eingegriffen hätte. Auch wenn viele normale Bürger die Geschehnisse mit zunehmender Besorgnis ansahen, gab es doch so gut wie keine Opposition. Die Kirchen achteten auf ihre eigenen Interessen und blieben als Institutionen trotz der unmenschlichsten Vorgänge stumm. Industrie und Wirtschaft machten aus pragmatischen Gründen Einwände geltend, sobald der Außenhandel gefährdet schien, fanden sich aber leicht damit ab, daß jüdisches Eigentum systematisch und gnadenlos geplündert und wirtschaftlich ausgebeutet wurde. Vom einflußreichen Ressortleiter bis zum kleinen Büroangestellten, der die Fahrpläne für die Deportationszüge zusammenstellte, arbeiteten Angestellte und Beamte emsig daran, aus irrationalen ideologischen Vorgaben bürokratische Diskriminierungsvorschriften zu machen. Die Wehrmacht war über manche der »Auswüchse« in Polen zwar teilweise beunruhigt, zeigte sich aber beim Kampf gegen den »jüdisch-bolschewistischen« Erzfeind kooperativ. Und in der SS hatte Hitler jene Organisation, die im Dritten Reich die dynamischste war, ihr gesamtes Ethos aus einer Rassenherrschaftsdoktrin bezog und in enger Verbindung zu der als zentral erachteten Notwendigkeit einer Lösung der »Judenfrage« stand. Der deutsche Genozid war also alles andere als die Tat eines einzelnen Mannes. Er war vielmehr

[49] Ebenda, Kap. 6, insbes. S. 164ff. Siehe auch Arno Mayer, Der Krieg als Kreuzzug. Das Deutsche Reich, Hitlers Wehrmacht und die »Endlösung«. Reinbek 1989.

das Ergebnis der von ganz unterschiedlichen Teilen der Gesellschaft gezeigten Bereitschaft, auf die visionären Ziele eines »charismatischen Führers« hinzuarbeiten – eines Führers, der zu dem Zeitpunkt, als die Umstände für den Genozid gegeben waren, keinerlei verfassungsrechtlichen oder gesetzlichen Beschränkungen mehr unterlag.

Während die Todesfabriken im Osten auf Volltouren arbeiteten, schwand für Deutschland immer mehr die Aussicht auf einen »Endsieg«. Militär- und Wirtschaftsberater erklärten Hitler im November 1941, daß der Krieg nicht zu gewinnen sei. Er selbst sprach zum erstenmal den Gedanken aus, daß das deutsche Volk im Kampf vernichtet werden könnte[50]. Doch trotz sinkender Gewinnchancen riskierte Hitler skrupellos immer mehr. Strategie wurde zusehends durch Willenskraft, Vernunft immer stärker durch Irrationalität ersetzt. Die Meinungsverschiedenheiten mit seinen Generälen vertieften sich in der Winterkrise 1941/42 zu einer schwer überbrückbaren Kluft. Angesichts der Fehlschläge suchte er nach Sündenböcken. Zahlreiche Generäle wurden entlassen. Dem Oberbefehlshaber des Heeres, von Brauchitsch, gelang es schließlich, seinen Abschied zu nehmen. Nun übernahm Hitler selbst die Heeresführung und mußte sich dadurch mit allen möglichen Befehlsdetails herumschlagen.

Mitten in der Winterkrise war Japans Angriff auf Pearl Harbor am 7. Dezember 1941 für Deutschland die beste Nachricht, die es sich hatte erhoffen können. Deutschland hatte nämlich seit dem vorangegangenen April versucht, Japan in den Krieg hineinzuziehen, um die USA vom europäischen Kriegsschauplatz fernzuhalten[51]. Mit diesem Ziel im Sinn war Hitler schon vor Pearl Harbor bereit gewesen, Deutschland für den Fall einer japanischen Aggression in einen Krieg gegen Amerika zu führen. Ein förmliches Abkommen darüber mußte aber erst noch unterzeichnet werden. Durch den japanischen Überraschungsangriff bekam Hitler, was er monatelang gewollt hatte. Deutschland hätte sich nun, so könnte man denken, jeder Aktion enthalten und

[50] Joachim C. Fest, Hitler. Eine Biographie. Frankfurt a.M., Berlin 1976, S. 892.

[51] Siehe dazu Eberhard Jäckel, Hitler in History. Hannover, London 1984, Kap. 4.

darüber freuen können, daß Amerikas Energien in einem pazifischen Konflikt gebunden waren. Schließlich bestand keine förmliche Verpflichtung zur Intervention. Und das einzige, was Hitler den Japanern entlocken konnte, war das Zugeständnis, mit Amerika keinen Separatfrieden zu schließen. Dennoch verkündete er am 11. Dezember 1941 die Kriegserklärung Deutschlands gegen die USA. Dies war ein typischer Schachzug Hitlers: Er versuchte, die Initiative in einem Konflikt zu ergreifen, der – wie er argumentierte – mit den USA in Wirklichkeit längst bestand und ohnehin über kurz oder lang offen ausbrechen mußte. Dieser Schritt erfolgte jedoch aus einer Position der Schwäche und nicht der Stärke. Und er war irrationaler als jede bis dahin getroffene strategische Entscheidung. Zum erstenmal würfelte hier ein offensichtlicher Verlierer um den Sieg.

Eine Zeitlang täuschten Deutschlands militärische Erfolge in Rußland und Nordafrika über die eigentliche Lage hinweg. In einer internen Analyse stellte das Oberkommando fest, daß die Wehrmacht Mitte 1942 schwächer als ein Jahr zuvor war[52]. Und die deutsche Kriegswirtschaft stand unter enormem Druck. Mit dem Rücken an der Wand sollte die Wirtschaft unter Speers Führung zwischen 1942 und 1944 allerdings noch eine beachtliche Zähigkeit zeigen, auch wenn man nicht mehr wirklich darauf hoffen konnte, mit der vereinten Wirtschaftsmacht der Alliierten konkurrieren zu können. An der militärischen Front bildeten die Niederlage in El Alamein und vor allem das katastrophale Opfer der deutschen 6. Armee in Stalingrad entscheidende Wendepunkte, von denen an Deutschlands Schicksal eine andere Richtung nahm. In Stalingrad verlor man annähernd 250000 Soldaten in einer schrecklichen, zwei Monate dauernden Schlacht, die am 2. Februar 1943 für die 91000 Überlebenden mit der Kapitulation und anschließender sowjetischer Kriegsgefangenschaft endete.

Die Niederlage von Stalingrad symbolisierte – und das nicht nur rückblickend – den Anfang vom Ende der Herrschaft Hitlers. In weiten Kreisen sah man, daß er für das Debakel die persönliche Verantwortung trug. Die wachsen-

[52] Wolfgang Schumann u. a (Hrsg.), Deutschland im Zweiten Weltkrieg. 6 Bde., Berlin/DDR, Köln 1974–1985, Bd. 2, S. 329.

de Kritik am Regime machte nicht länger vor dem Führer halt. Im Untergrund begann sich der Widerstand neu zu formieren. Hitlers Macht war erschüttert. Doch sie war immer noch sehr groß und nur durch einen Putsch oder eine totale militärische Niederlage zu brechen.

Siebtes Kapitel
Die Hybris der Macht

In der griechischen Mythologie fordert die Hybris mit ihrer anmaßenden Überschreitung der Grenze zwischen Menschen und Göttern den Zorn von Nemesis heraus, der Göttin der Vergeltung, die arrogante Überheblichkeit rächt und frevelhafte Verbrechen bestraft. Diese Metapher drängt sich für die Beschreibung der Phase geradezu auf, in der Hitlers Macht den kritischen Punkt überschritt: Es war der Anfang vom Ende.

Vor 1941 war eine Serie atemberaubender Triumphe mit einer wachsenden Macht und Selbstverherrlichung Hitlers einhergegangen. Vom hohen Roß herab konnte er der schwachen Opposition mit grenzenloser Verachtung begegnen. Doch vermochten die Eroberungen keinen »Endsieg« herbeizuführen. Und mit dem Scheitern des Blitzkriegs gegen die Sowjetunion und dem Eintritt der USA in den Krieg wurde die dünne Trennungslinie zwischen Sieg und unaufhaltsamer Niederlage überschritten; das größenwahnsinnige Vabanquespiel um die Weltmacht war verloren. Nach 1941 erlebte Hitler nur noch Unglücke und Katastrophen. Bei seinen abrupten Stimmungsschwankungen fiel er von einem Extrem ins andere, glaubte einerseits mit unverwüstlichem, zunehmend irrationalem Optimismus, daß sein Wille letzten Endes triumphieren und die »Vorsehung« ihn schon nicht im Stich lassen würde; andererseits reagierte er mit Depression und Resignation darauf, daß es nicht in seiner Macht stand, den Sieg zu erringen oder wenigstens der Niederlage zu entgehen. Entsprechend wütend attackierte er alle um sich herum und machte nur vor Selbstkritik halt.

Während dieser letzten Jahre war Hitlers Macht ein Paradoxon. Erst in den letzten Monaten seiner Herrschaft machten sich Auflösungserscheinungen bemerkbar; bis dahin blieb seine Macht intakt und ungebrochen: Seine Befehle wurden nicht verweigert, sondern ausgeführt, und er fungierte weiterhin für jede Form von Autorität im Dritten Reich als legitimierende Instanz. Andererseits lag es angesichts der sich verschlimmernden Situation nicht mehr in seiner Macht, den Verlauf und Charakter der Ereignisse zu bestimmen. Er hatte die Initiative ein für allemal verloren. Sein Unvermögen, das Kriegsglück noch zu wenden, spiegelte sich in einer immer wirreren Irrationalität, die auf die Regierungsstruktur und Regierungsführung katastrophale Auswirkungen hatte. Die Unfähigkeit, den Krieg entweder durch einen Sieg oder durch einen vernünftigen Friedensschluß zu beenden, kulminierte nicht nur darin, daß Hitler sich selbst den Tod wünschte, sondern daß er auch sein Volk, das ihn seiner Ansicht nach im Stich gelassen hatte, zu Untergang und Verderben verurteilte. Hitlers Hybris der Macht hatte ihren logischen Höhepunkt erreicht.

Als der Rußlandfeldzug in den zweiten Winter ging, begann auch Hitlers Gesundheit unter dem unerbittlichen Druck des Krieges zu leiden. Ab 1943 kränkelte er immer wieder und wurde zuweilen – wie im Herbst 1944 und noch einmal im April 1945 – ernstlich krank.

Alles deutet darauf hin, daß Hitler Ende 1942 und Anfang 1943 – nach erbitterten Auseinandersetzungen mit seinen Generälen über die Strategie im Kaukasus und nach der Katastrophe von Stalingrad – akute nervöse Beschwerden hatte. Während dieser Zeit aß Hitler meistens allein und verließ seine Privaträume so wenig wie möglich. Er schlief schlecht. Seine einzige Form der Entspannung waren kurze Spaziergänge mit seinem Hund. Er wollte sich nicht einmal mehr Wagner anhören. Seine tiefe Depression machte sich in unkontrollierten Wutausbrüchen Luft, die sich – auf der Suche nach Sündenböcken – vor allem gegen seine Generäle richteten.

In den letzten Kriegsjahren entfernte sich Hitler immer mehr von der Realität. Seine selbstgewählte Isolation im fernen Führerhauptquartier in Ostpreußen (1942/43 auch kurze Zeit in Winniza in der Ukraine) vergrößerte bei ihm in starkem Maße die Tendenz, die unangenehme Wirklichkeit zugunsten einer illusorischen Welt auszublenden, in der stets der »Wille« triumphierte. Er ließ sich nicht mehr an der Front sehen, seit er im September 1943 zum letztenmal einem Feldhauptquartier einen Besuch abgestattet hatte. Der Krieg wurde ganz vom Kartenraum des Führerbunkers aus geführt. Da es keine Erfolge zu vermelden gab, zog er sich von der deutschen Öffentlichkeit zurück. Er besuchte keine einzige zerbombte Stadt, und die Zerstörung öffentlicher Gebäude schockierte ihn mehr als Berichte über menschliches Leid. Außer für ein paar auserwählte NS-Führer war er für niemanden erreichbar. Die einzige Konzession an gesellschaftliche Verpflichtungen machte er gegenüber seinen Sekretärinnen, Adjutanten, Ärzten und dem allgegenwärtigen Bormann, die er spätnachts mit endlosen Monologen über zukünftige Architekturvorhaben in einem utopischen Nachkriegsdeutschland und mit Erinnerungen aus seinem Leben und seinem »Kampf« beglückte. In zwischenmenschlichen Beziehungen gab er sich meistens kühl und distanziert. Daß ihn seine wachsende Isolierung allerdings nicht unberührt ließ, wurde aus einer Bemerkung gegenüber Albert Speer deutlich, dem er sagte, bald würden Fräulein Braun und sein Hund seine einzigen Freunde sein[1]. Auf Speer machte er den Eindruck eines innerlich ausgebrannten Mannes.

Während der letzten zwei Kriegsjahre wurde Hitler auch körperlich immer mehr zum Wrack. Seiner starken Neigung zur Hypochondrie kam sein quacksalbernder Leibarzt Dr. Morell entgegen, der ihn allein in den letzten vier Kriegsjahren mit nicht weniger als 90 verschiedenen Arzneimitteln und Präparaten vollpumpte[2]. Ob ihm die 28 verschiedenen Pillen, die er täglich einnahm, und die regelmäßigen Hormon- und sonstigen Spritzen in irgendeiner Weise geholfen haben, ist äußerst zweifelhaft. In jedem Fall bewirkte seine ungesunde Lebensweise mit ständigem Streß, Schlaflosigkeit, schlechter Ernährung, Bewegungsmangel und völlig fehlender Entspannung zwangsläufig eine starke Beschleunigung des Alterungsprozesses. Göring meinte 1943, daß Hitler seit Kriegsbeginn um fünfzehn Jahre gealtert sei[3]. Das Zittern seines linken Arms sowie die Schwindelanfälle und Gleichgewichtsstörungen waren möglicherweise Symptome der Parkinsonschen Krankheit; doch läßt sich das im nachhinein nicht zuverlässig nachweisen. Nach dem Attentat vom 20. Juli 1944 beschleunigte sich bei Hitler der körperli-

[1] Albert Speer, Erinnerungen. Frankfurt a.M., Berlin 1969, S. 315.

[2] David Irving, Die geheimen Tagebücher des Dr. Morell, Leibarzt Adolf Hitlers. München 1983, S. 69, 293–303.

[3] Louis P. Lochner (Hrsg.), Goebbels Tagebücher aus den Jahren 1942–43. Zürich 1948, S. 241.

che Verfall[4]. Im September wurde anhand eines Elektrokardiogramms erneut eine rasch fortschreitende Arteriosklerose diagnostiziert, die bereits im Frühjahr 1943 zum erstenmal bemerkt worden war. Gegen Ende des Monats erkrankte Hitler an Gelbsucht. Zu etwa der gleichen Zeit machte sich bei ihm das Gliederzittern wieder stärker bemerkbar, das nach dem Schock, den er bei der Explosion in der »Wolfsschanze« erlitten hatte, zunächst verschwunden gewesen war. Er litt unter chronischen Kopfschmerzen sowie Magen- und Darmkrämpfen, und ihm war oft stundenlang übel und schwindlig. Dr. Morell hielt die im September 1944 gehäuft auftretenden gesundheitlichen Probleme Hitlers für einen »kleinen Zusammenbruch«, den er als eine späte Reaktion auf das Attentat vom Juli betrachtete[5].

In den letzten Kriegsmonaten war Hitler, obwohl erst Mitte Fünfzig, körperlich ein alter Mann. Sein Haar war grau, sein Kopf und seine Hände zitterten deutlich. In seiner gebückten Haltung war er kaum in der Lage, mehr als ein paar schleppende und schwankende Schritte zu machen. Er hatte blutunterlaufene Augen, und aus seinen Mundwinkeln troff häufig der Speichel[6].

Warum und wie der psychisch labile und körperlich verbrauchte Mann – der Deutschlands Geschicke von einem Hauptquartier aus leitete, das nach Jodls Schilderung ein Mittelding zwischen Kloster und Konzentrationslager war[7] – weiterhin Macht ausüben konnte, ist Gegenstand dieses letzten Kapitels. Eine kurze Sichtung einiger Aspekte der NS-Politik ergibt in der Tat, daß Hitlers Autorität weiterhin höchste Priorität genoß und unangefochten blieb. Dabei wird auch deutlich, wie völlig absurd und – von ihrer Zerstörungsfähigkeit abgesehen – letztlich hilflos die immer willkürlichere Ausübung der personalisierten Macht in ihrer vollen Hybris war.

Angesichts der weitgehend fragmentierten Regierung stellte im Dritten Reich allein Hitler die Verbindung zwi-

[4] Siehe zum folgenden Irving, Tagebücher des Dr. Morell, S. 193–202.

[5] Ebenda, S. 201 f.

[6] Percy Ernst Schramm (Hrsg.), Kriegstagebuch des Oberkommandos der Wehrmacht. 4 Bde., Frankfurt a. M. 1961–1965, Bd. 4, Teil 2, S. 1701 f.

[7] Helmut Heiber (Hrsg.), Hitlers Lagebesprechungen. Die Protokollfragmente seiner militärischen Konferenzen 1942–1945. Stuttgart 1962, S. 32.

schen den wichtigsten Politikbereichen her. Politische Beratungen sahen so aus, daß der Diktator mit einzelnen Personen (zum Beispiel mit Himmler über Fragen der Rassenpolitik und der besetzten Gebiete oder mit Bormann und Lammers über innenpolitische Probleme) diskutierte oder daß Gruppen von Rüstungsexperten und (mit Rüstungsproduktion oder Kriegsstrategie befaßte) Militärangehörige herbeigeschafft wurden. Doch nach wie vor liefen bei Hitler die einzelnen Fäden zusammen.

Als es in Stalingrad zur Niederlage kam, hatte Hitler den Posten des Reichskanzlers schon seit langem praktisch »nur noch im Nebenberuf« ausgeübt[8]. Goebbels klagte Anfang 1943 wiederholt über einen »Mangel an Führung in der Innen- und Außenpolitik«, eine »völlige Direktionslosigkeit in der deutschen Innenpolitik« und eine »Führungskrise«[9]. In privatem Kreis sprach Goebbels nicht nur von einer Führungs-, sondern sogar von einer »Führerkrise«[10]. Er konnte einfach nicht verstehen, warum Hitler das wichtige Feld der »Politik« zugunsten der ganz und gar zweitrangigen Aufgabe des militärischen Oberbefehls hintangestellt hatte.

Goebbels' Bemerkungen fielen in Zusammenhang damit, daß man ihn von einem letzten Versuch zur Bildung einer Art Kollektivregierung ausgeschlossen hatte. Auf Initiative der Reichskanzlei bildeten Lammers, Keitel und Bormann – die Göring spöttisch als »heilige drei Könige«[11] bezeichnete – einen sogenannten Dreierausschuß, der zwischen Januar und August 1943 elfmal zusammentrat. Göring, Goebbels, Speer und andere prominente NS-Führer, die man gleichfalls nicht mit einbezogen hatte, verbrachten die nächsten Monate damit, gegen den Ausschuß zu intrigieren. Sie beabsichtigten, Bormanns Einfluß auf Hitler zu brechen und Görings Vollmachten als Vorsitzender des aufs Abstellgleis geschobenen Reichsverteidigungsrats wiederzubeleben. Das mißlang ihnen jedoch – zum einen, weil Göring seit dem Versagen der Luftwaffe gegen die alliierten Bomber bei Hitler nicht mehr besonders gut angeschrieben war, zum anderen,

[8] So formuliert Heiber in Lagebesprechungen, S. 32.

[9] Goebbels Tagebücher, S. 241, 274, 296.

[10] Speer, Erinnerungen, S. 271.

[11] Goebbels Tagebücher, S. 240.

weil diejenigen, die sich an der Intrige beteiligten, ihre persönlichen Rivalitäten nicht begruben.

Sie hätten sich jedoch kaum Sorgen machen müssen, nun von einer neuen, wirklichen Machtinstitution übergangen zu werden. In der Praxis wurde der Dreierausschuß nämlich schon bald vom üblichen Verwaltungschaos des Dritten Reiches lahmgelegt. Er sah sich rasch mit den Eigeninteressen der verschiedenen Machtblöcke und -bereiche konfrontiert, die von Anfang an für die Torpedierung einer einheitlichen, vereinfachten und koordinierten Zentralverwaltung sorgten. Außerdem mußte der Ausschuß damit zurechtkommen, daß Hitler immer wieder einmal willkürlich eingriff und »aus politischen Gründen« administrative Maßnahmen blockierte, die von Bormann, Lammers und Keitel ausgearbeitet worden waren. So verhinderte der »Führer« beispielsweise, daß Frauen über 45 zum Arbeitsdienst eingezogen oder Ortsbehörden zusammengelegt wurden, und mischte sich sogar ein, als es um den Fortbestand von Pferderennen und Wettbüros ging.

Die Behandlung der Frage, ob man für die Dauer des »totalen Krieges« Pferderennen verbieten solle[12], beleuchtet die chaotische Art der Entscheidungsfindung bei innenpolitischen Angelegenheiten und zeigt nicht zuletzt auch, daß man zur Legitimation des eigenen Standpunkts die Zustimmung des Führers benötigte, Hitler aber nur sehr begrenzt fähig war, zu einer klaren, unzweideutigen Entscheidung zu gelangen.

Es begann damit, daß Goebbels, der zur Zeit der Niederlage von Stalingrad die Stimmung in der Öffentlichkeit besonders aufmerksam verfolgte, bei Hitler um ein Verbot von Pferderennen nachsuchte, nachdem die Arbeiter einer Berliner Panzerfabrik angeblich ihr Mißfallen darüber geäußert hatten, daß nebenan Rennen stattfanden, während sie sonntags arbeiten mußten. Hitler teilte dem Propagandaministerium per Schnellbrief mit, daß er anderer Ansicht sei: Es herrsche ohnehin ein Mangel an Vergnügungsveranstaltungen, und der Besuch der Rennen sei gerade bei den genannten Fabrikarbeitern eine beliebte Freizeitbeschäftigung.

[12] Die folgenden Bemerkungen stützen sich auf Dieter Rebentisch, Führerstaat und Verwaltung im Zweiten Weltkrieg. Stuttgart 1989, S. 490ff.

Goebbels machte sich daraufhin zum Führerhauptquartier auf und berichtete anschließend der Reichskanzlei, daß sich der »Führer« – im Gegensatz zur Darstellung im Schnellbrief – gegen eine Fortsetzung der Pferderennen ausgesprochen habe.

Nach hektischen Beratungen, bei denen man wiederum Hitler konsultierte, wurden Pferderennen zwar erlaubt, aber auf eine begrenzte Anzahl von Rennbahnen beschränkt, während alle anderen Rennbahnen sowie die Wettbüros geschlossen wurden. Den Reichsverteidigungskommissaren (die alle auch Gauleiter waren) wurde gestattet, zusätzlich Rennen zu verbieten, wenn sie es aus psychologischen Gründen für erforderlich hielten. Doch im Gegensatz dazu machte eine Reihe von Gauleitern nun dringende Gründe geltend, warum gerade ihre Pferderennbahnen von dem allgemeinen Verbot ausgenommen werden sollten. In München kam es wegen der Fortsetzung der Galopprennen im Vorort Riem zu einem Streit zwischen Gauleiter Paul Giesler und Christian Weber, einem »Kampfgenossen« Hitlers aus alten Münchner Tagen, der es vom Rausschmeißer einer Kneipe inzwischen zum Präsidenten des Wirtschaftsbundes deutscher Reitstallbesitzer gebracht hatte. Beide beschwerten sich bei Hitler, der daraufhin das salomonische Urteil fällte, wegen des erhöhten Kraftstoffverbrauchs beim Transport der Zuschauer Pferderennen zwar nicht mehr im Vorort Riem, dafür aber auf der Theresienwiese im Stadtzentrum stattfinden zu lassen.

Kurze Zeit darauf entdeckte Hitler in einer Zeitung Werbung für Berliner Pferderennen und meinte daraufhin zu Bormann, daß München hinter der Reichshauptstadt nicht zurückstehen dürfe. Er gab sofort Anweisung, auch in Riem wieder Rennen zuzulassen. In jenen Monaten, in denen sich praktisch der Krieg militärisch entschied, wechselten Bormann, Lammers, Goebbels und verschiedene Gauleiter weiterhin Briefe zur Frage der Pferderennen. Schließlich einigten sich Bormann und Lammers dahingehend, daß es im Einklang mit der vom »Führer« geäußerten »Willensmeinung« sei, Pferderennen und Wettbüros wieder allgemein zuzulassen, den Reichsverteidigungskommissaren aber die Möglichkeit einzuräumen, sie bei Bedarf zu verbieten.

Es dauerte rund fünf Monate, bis man bei dieser Farce zu

einer Lösung gelangte. Hitler war mehrere Male persönlich damit befaßt. Für jede der beteiligten Parteien war es entscheidend, einen »Führerbeschluß« zu bekommen. Die »Beschlüsse« waren jedoch willkürlich, kaum konsequent und jeweils stark davon beeinflußt, wie und von wem der Fall gerade vorgetragen wurde. Das Ganze endete mit dem Eingeständnis der »Zentralregierung«, daß man sich zu keiner Entscheidung durchringen könne und die eigentliche Durchführung von den Gauleitern bestimmt werde.

Der »Dreierausschuß« hatte sich ständig bemüht, »im Sinne des Führers« zu handeln, und nie Entscheidungen erwogen, die den ausdrücklichen Wünschen Hitlers hätten zuwiderlaufen können. Das Versagen dieses Gremiums machte jedoch ein letztes Mal deutlich, daß sich systematische Verwaltungsarbeit einfach nicht mit der willkürlichen und unsystematischen Macht des »Führers« vertrug.

In den letzten zwei Jahren des Dritten Reichs erreichte die fortschreitende Zersplitterung und Auflösung der Regierung ihren Höhepunkt. Zwar plante Bormann im März 1945, Aufgaben der »Kanzlei des Führers« sowie des Büros von Reichsorganisationsleiter Ley bei Bedarf der Partei-Kanzlei zu übertragen und somit die Kontrolle über die Partei (und seine eigene Machtbasis) noch stärker zu zentralisieren[13]. Doch ist darin kaum ein rationaler Schritt zu einer koordinierten Regierungsstruktur zu sehen. Denn inzwischen bestand angesichts zerbombter Verwaltungsgebäude, verbrannter Akten und Dokumente sowie zerstörter Kommunikationsnetze ein beträchtliches Mißverhältnis zwischen der wachsenden Flut Bormannscher Anweisungen und deren Durchführbarkeit.

Hitler blieb bis zuletzt wachsam darauf bedacht, seine Rechte als oberste Entscheidungsinstanz zu wahren. Beispielsweise war Goebbels als »Reichsbevollmächtigter für den totalen Kriegseinsatz« ermächtigt, Weisungen zu erteilen, konnte aber keine verbindlichen Rechtsvorschriften erlassen, und Hitler behielt sich ausdrücklich vor, in Fällen, in denen Goebbels' Weisungen auf Widerstand stießen, das

[13] Jochen von Lang, Der Sekretär. Martin Bormann – Der Mann, der Hitler beherrschte. Stuttgart 1977, S. 304.

letzte Wort zu haben[14]. Goebbels verstand es geschickt, gegenüber Hitler und seinen Vorurteilen den richtigen Ton zu treffen, und so dessen Einwilligung für die meisten seiner Aktionen zu bekommen. Wenn er jedoch einmal – und das nicht selten bei Kleinigkeiten, die Hitlers Aufmerksamkeit auf sich gezogen hatten – auf Widerstände stieß, gab er widerspruchslos nach[15].

Hitlers Autorität wurde also nicht in Frage gestellt; seine Rückendeckung war eine notwendige Voraussetzung, um handeln zu können. Ungehorsam oder Untreue ihm gegenüber waren für NS-Führer nicht denkbar[16]. Doch übte er seine Macht nun noch weniger kohärent und rational aus als je zuvor. Seine Machtausübung war auf impulsive und sprunghafte Weise eher *reaktiv* als klar, schlüssig und konstruktiv.

Dies war eine Folge der Irrationalität der Machtstruktur selbst. Der Zerfall aller vermittelnden Autoritätsstrukturen und die Aufrechterhaltung der obersten Entscheidungskompetenz des »Führers«, die mit der Wahrung seines Prestiges Hand in Hand ging, hatte zu einem außergewöhnlichen Machtzuwachs geführt und damit aber auch zu einer starken Personalisierung des Entscheidungsprozesses, die sich mit einer systematischen Regierungs- und Verwaltungsarbeit nicht vereinbaren ließ. Bei Hitler lag die letzte Verantwortung sowohl für die weitreichendsten als auch für die trivialsten politischen Entscheidungen. Es war jedoch allgemein bekannt, daß er bei komplexen oder heiklen Angelegenheiten nur ungern Beschlüsse faßte oder nach Kompromissen suchte[17]. Und er war immer weniger gewillt, Verantwortungen zu delegieren und Zuständigkeiten abzugeben.

Solange die Serie diplomatischer und militärischer Triumphe anhielt, war es mit der »genialen« Strategieführung zu vereinbaren gewesen, daß Hitler von Natur aus träge war. Doch er kam dann nicht mehr zurecht, als die Bedingungen des totalen Krieges herrschten und ihm die selbstauferlegte, ungeminderte Arbeitsbelastung und strapaziöse Tagesrouti-

[14] Rebentisch, Führerstaat und Verwaltung, S. 516f.

[15] Ebenda, S. 520f.

[16] Siehe Speer, Erinnerungen, S. 272.

[17] Ebenda, S. 221f., 306, 360.

ne zu schaffen machten, die daraus resultierten, daß sich die Leitung sowohl ziviler als auch militärischer Angelegenheiten in seinen Händen konzentrierte. Durch die Aufgabe, in allen wichtigen Fragen verantwortliche Entscheidungen treffen zu müssen, wurden Anforderungen an die intellektuellen Kräfte, die Kompetenz und Energie gestellt, die jeden einzelnen Menschen überfordert hätten. Für Hitler waren sie in jedem Fall zuviel.

Die von Goebbels beklagte mangelnde Leitung in der Innenpolitik resultierte ebenfalls daraus, daß Hitler nicht bereit und fähig war, klare und systematische politische Kontrollrichtlinien zu schaffen, Prioritäten zu setzen und volle Befehlsgewalt zu delegieren. Nur wenn Gefahr von innen drohte (der Alptraum einer Wiederholung der Ereignisse von 1918), wurde Hitler plötzlich aktiv – wenn er auch verspätet reagierte. Beispielsweise brachte ihn erst Mussolinis Sturz dazu, im Reichsinnenministerium den jahrelang erfolglos agierenden Frick durch Himmler zu ersetzen. Und erst unter dem Eindruck des Bombenanschlags vom Juli 1944 ließ sich Hitler schließlich dazu überreden, Goebbels für die totale Mobilisierung entsprechende Vollmachten zu geben (die allerdings längst nicht so umfassend waren, wie man aufgrund seines Titels hätte meinen können). Da der innenpolitische Handlungsspielraum inzwischen durch die äußeren Ereignisse stark eingeschränkt war, hatte sich die »Politik« wiederum zu Propaganda und Terror verdichtet. Wichtig war allein, daß man die Massen dazu brachte, durchzuhalten und weiterzukämpfen, und daß man alles unterdrückte, wodurch dieses Ziel hätte gefährdet werden können. Allein dieser Politikersatz war den Nationalsozialisten geblieben.

In den letzten Kriegsjahren bildete die Rüstungsproduktion den entscheidensten Politikbereich. Für ihn zeigte Hitler ein besonders großes, direktes Interesse und ein entsprechend starkes Engagement. Und so läßt sich daran der eigentliche Charakter der Macht Hitlers besonders aufschlußreich veranschaulichen.

Als Fritz Todt, der seit den ersten Jahren des Dritten Reichs für die staatlichen Bauprojekte maßgeblich verantwortlich gewesen war, Anfang Februar 1942 bei einem Flugzeugabsturz ums Leben kam, übertrug Hitler dem von ihm besonders bevorzugten »Hofarchitekten« Albert Speer ohne vorherige Rücksprache unvermittelt sämtliche Ämter Todts, darunter auch das des Rüstungsministers. Speers Einwand, daß er von Waffenproduktion keine Ahnung habe, wurde von Hitler mit den Worten beiseite gewischt, er sei überzeugt, daß Speer mit dieser Aufgabe fertig werde, und im übrigen habe er niemand anderes für diesen Posten. Hitler gab ihm die gewünschten Vollmachten und blockte sofort Görings Versuch ab, sich in Speers neues Aufgabengebiet einzumischen[18]. Allerdings wurde Speers Macht- und Verantwortungsbereich bezeichnenderweise nur vage und ungenau abgegrenzt.

Der neue Rüstungsminister erwies sich als geniale Wahl. Ehrgeizig, gewieft und dynamisch wie er war, krempelte er die überbürokratisierte, ineffiziente Rüstungsproduktion um, die 1941 immer noch nicht den Stand des Ersten Weltkriegs erreicht hatte[19]. »Speer, ich unterschreibe alles, was von Ihnen kommt«, soll Hitler zu ihm gesagt haben[20]. In den folgenden Jahren sollte sich dennoch zeigen, daß Hitlers Autorisation niemals so umfassend war, wie sie zu sein schien. Im »Dschungel« des Dritten Reichs mußte Speer sein ganzes – durchaus beträchtliches – Taktier- und Durchsetzungsvermögen aufwenden, um sich durchzuboxen. Blockiert wurde er nicht nur durch die widersprüchlichen Befugnisse, die Fritz Sauckel als »Generalbevollmächtigtem für den Arbeitseinsatz« erteilt worden waren. Vielmehr mußte er auch mit Intrigen seiner eigenen engsten Mitarbeiter fertig werden – Xavier Dorsch, Leiter des Zentralbüros der früheren »Organisation Todt«, und Karl Otto Saur, Leiter des technischen Amts in Speers Ministerium. Beiden vertraute Hitler in besonderem Maße. Und beide intrigierten mehrfach gegen Speer und gingen hinter seinem Rücken zu Hitler. 1945 hatte der zielstrebige Saur Speer praktisch beiseite gedrängt. So erlebte Speer nun aus erster Hand, wie sehr Hitlers willkürliche, impulsive und dilettantische Interventionen jede rationale rüstungspolitische Planung untergraben konnten.

[18] Ebenda, S. 210–217.

[19] Ebenda, S. 228.

[20] Willi A. Boelcke (Hrsg.), Deutschlands Rüstung im Zweiten Weltkrieg. Hitlers Konferenzen mit Albert Speer 1942–1945. Frankfurt a. M. 1969, S. 27.

Genau wie in anderen Dingen hatte sich Hitler auch in bezug auf waffentechnische Fragen als Autodidakt ein beachtliches Wissen angeeignet und konnte sich dabei selbst kleinste Details außergewöhnlich gut merken. Bei den kriegswirtschaftlichen Konferenzen zeigte er sich daher durchaus informiert und meist in gelösterer Stimmung als bei den Strategiekonferenzen mit seinen Generälen. Trotz seines beeindruckenden Detailwissens legte er in bezug auf Waffensysteme jedoch weder sehr differenzierte, breitgefächerte Kenntnisse, noch eine besondere Weitsicht an den Tag. In vielerlei Hinsicht fußte seine Rüstungskonzeption auf den technischen Entwicklungen des Ersten Weltkriegs und der zwanziger Jahre. Außerdem brachte er kaum die nötigen Voraussetzungen mit, um die komplizierten wissenschaftlichen und technologischen Zusammenhänge moderner Waffensysteme zu verstehen[21].

Hitler griff selbst regelmäßig und direkt in Entscheidungen ein, die im Bereich der Rüstungsproduktion beinahe täglich getroffen werden mußten. In den Protokollen der kriegswirtschaftlichen Konferenzen sind von Speer und seinen Mitarbeitern (die sich bei den Daten, die sie Hitler vortrugen, auf die Angaben und das technische Fachwissen der großen Rüstungsfirmen stützten) zwischen 1942 und 1945 rund 2500 »Führer-Entscheidungen« festgehalten worden[22]. Die Entscheidungen wurden normalerweise entweder während oder unmittelbar nach den mündlichen Berichten Speers und seiner Fachleute getroffen, allerdings gelegentlich auch im Verlauf der jeweiligen – manchmal mehrere Tage dauernden – Konferenz noch abgeändert. Die protokollierten Entscheidungen wurden aber ohnehin noch von Speer und seinen Kollegen »überarbeitet«. An allen möglichen Stellen wurden Formeln wie »der Führer hat entschieden« oder »nach der Meinung des Führers« hinzugefügt, um den Anweisungen Speers entsprechenden Nachdruck zu verleihen[23].

Speer wußte, wie er seine Vorschläge formulieren mußte, um Hitlers Zustimmung zu erlangen. Dessen Einverständnis

[21] Ebenda, S. 32ff., 37.

[22] Rebentisch, Führerstaat und Verwaltung, S. 403.

[23] Speer, Erinnerungen, S. 550f.

war ausschlaggebend, da die Entscheidungen des »Führers« tatsächlich von allen Seiten als verbindlich anerkannt wurden. Und Speer konnte sich dann zu eigenen Gunsten darauf beziehen, wenn er Weisungen an Reichsminister und Wehrmacht weiterleitete. So sorgte der Rüstungsminister dafür, daß aus Hitlers Zustimmung, Wünschen und Forderungen rasch eine Kette von Verordnungen und Befehlen wurde.

Speer verstand es anfangs meisterlich, seine enge Verbindung zu Hitler so zu nutzen, daß der »Führer« ohne viele Fragen Erlasse unterschrieb oder Vorschläge, die der Rüstungsminister bei den kriegswirtschaftlichen Konferenzen machte, mit einem Kopfnicken »absegnete«. Außerdem konnte er mit Hilfe der Autorität Hitlers Energiereserven im System freimachen[24]. Doch je hoffnungsloser die Kriegslage und je aussichtsloser Hitlers verzweifelte Bemühungen um ein »Wunder« wurden, desto mehr mußte Speer bei ihm mit völlig unvorhersehbaren, willkürlichen und dogmatischen Interventionen rechnen. Und je ernster Deutschlands militärische Lage wurde, um so mehr verschloß Hitler sich Gegenargumenten und Alternativvorschlägen.

Hitler neigte zu übertriebenen Vereinfachungen, verrechnete sich bei Strategieentscheidungen, zog instinktiv Offensiv- den Defensivwaffen vor, reduzierte komplexe Zusammenhänge auf Willensfragen, war ständig bereit, sich mehr von der Produktion als der Leistung einer Waffe beeindrukken zu lassen[25], und betrog sich (bisweilen aufgrund von Fehlinformationen von Speer, der selbst beileibe nicht immer gut informiert war[26]) immer wieder selbst – das alles führte dazu, daß der Politikgestaltung Grenzen gesetzt waren, die sich mehrfach als nachteilig erwiesen. Aufgrund suggestiver Anspielungen, die von Speers Rivalen ausgingen und sich mit Hitlers bekannten Vorurteilen deckten, aber auch bedingt durch Hitlers Überschätzung der eigenen Kenntnisse und Fähigkeiten und durch die ständige Beto-

[24] Ebenda, S. 249.

[25] Boelcke, Deutschlands Rüstung, S. 37ff.; Speer, Erinnerungen, S. 248.

[26] Nach Boelcke, Deutschlands Rüstung, S. 416ff., erhielt Hitler zum Beispiel am 12. Oktober 1944 völlig irreführende Informationen über den Stand der Jägerproduktion. Entweder informierte Speer Hitler bewußt falsch, oder – und das ist wohl wahrscheinlicher – er kannte die Produktionszahlen selbst nicht genau.

nung seiner im Ersten Weltkrieg als »einfacher Frontsoldat« gemachten Erfahrungen, kam es bei der Waffenkonstruktion und -produktion zu erheblichen Fehlern.

Einer dieser Fehler war, auf einem schweren, langsamen Panzertyp zu beharren, der für den Kampf mit den beweglicheren Sowjetpanzern schlecht gerüstet war. Um mit dem russischen T 34 fertig zu werden, sollte auf Hitlers Geheiß die Panzerung verstärkt, nicht aber die Geschwindigkeit erhöht werden. Das führte dazu, daß das Gewicht des deutschen »Tigers« von ursprünglich 50 auf 75 Tonnen stieg und der neue, leichte »Panther« bald von 30 auf 48 Tonnen anwuchs. Da er sich vom Eingehen auf Hitlers Präferenzen Vorteile für seine Firma versprach, machte Ferdinand Porsche – dessen Name heutzutage der Inbegriff leichter, schneller Wagen ist – sich daran, langsame, schwere Panzer herzustellen. Was dabei herauskam, war die »Maus« – ein 100-Tonnen-Ungeheur, dem sogar noch größere Prototypen folgten, die sich jedoch als absolute Fehlkonstruktionen entpuppten[27]. Zwar lag es nicht an Hitlers starrköpfiger Anordnung, daß Deutschland den Krieg verlor, denn es wurden auch weiterhin mehrheitlich leichte Panzer produziert, und ab 1944 erwies sich der nur 16 Tonnen schwere »Hetzer« als wirksamste deutsche Panzerwaffe[28]. Doch sorgte er durch seine Weisungen für eine nachteilige Vielfalt konkurrierender Projekte, statt die Produktion unter rationellen Gesichtspunkten zu konzentrieren.

Wesentlich nachteiliger für Deutschlands Kriegsanstrengungen wirkte sich dagegen der Umstand aus, daß Hitler zauderte, die Serienproduktion der Me 262 anzuordnen[29]. Dieses Jagdflugzeug hätte Deutschlands wirksamste Waffe gegen die zunehmende Luftüberlegenheit der Alliierten werden können. Mit einer Geschwindigkeit von bis zu 800 Stundenkilometern konnte der neu entwickelte Düsenjäger jedem damaligen Flugzeug mühelos davonfliegen. Er wurde im Mai 1943 in Auftrag gegeben, im September jedoch – offenbar nach einem Hinweis auf den hohen Treibstoffverbrauch –

[27] Speer, Erinnerungen, S. 246ff.

[28] Wolfgang Schumann u. a (Hrsg.), Deutschland im Zweiten Weltkrieg. 6 Bde., Berlin/DDR, Köln 1974–1985, Bd. 5, S. 477f.

[29] Speer, Erinnerungen, S. 372ff.

von Hitler nicht mehr als dringlich eingestuft[30]. Im Januar 1944 räumte Hitler dem Vorhaben plötzlich wieder Priorität ein, nachdem er in der Zeitung Berichte über britische Düsenflugzeugexperimente gelesen hatte. Mit seiner charakteristischen Vorliebe für Offensiv-, statt Defensivwaffen und offenbar auch durch Bemerkungen des Konstrukteurs Professor Willy Messerschmitt irregeführt[31], bestand Hitler zur Bestürzung aller am Projekt Beteiligten nun allerdings darauf, das Flugzeug als Bomber einzusetzen. Und als sich im Sommer 1944 die Versuche häuften, ihn zu einer Änderung seiner Entscheidung zu bewegen, lehnte es Hitler rundweg ab, die Angelegenheit noch weiter zu diskutieren. Ende März 1945 ordnete er dann überraschend an, die Me 262 wieder als Jäger zu bewaffnen[32]. Inzwischen gab es aber keinen Treibstoff mehr, und der Krieg war ohnehin so gut wie beendet.

Ein anderer schwerer Fehler bei der Rüstungsproduktion war, daß Hitler aus Propaganda- und Prestigegründen auf der Herstellung und dem Einsatz von V1-Flugbomben und V2-Fernraketen bestand und damit das Schwergewicht in völlig deplazierter Weise auf Offensivwaffen legte, statt für defensive Boden-Luft-Raketen zu plädieren, mit denen man den alliierten Bombern etwas entgegenzusetzen gehabt hätte. Als Speer nach erfolgreichen Versuchen in Peenemünde den »Führer« im Oktober 1942 vom Potential der Fernraketenbombe überzeugte, verlangte Hitler bezeichnenderweise auf der Stelle ihre Massenproduktion in einer Größenordnung, die sich aufgrund der mangelhaften Treibstoffversorgung in Deutschland mit anderen dringenden Erfordernissen überhaupt nicht vereinbaren ließ. Einige Monate später gab er dem Projekt die gleiche Priorität wie der Panzerproduktion[33]. Selbst wenn es möglich gewesen wäre, gegen Großbritannien die 5000 Fernraketen aufzubringen, die Hitler (nach über fünf Monaten Produktionszeit) auf einen Schlag einsetzen wollte, hätte deren Bombenlast nicht einmal der

[30] David Irving, Führer und Reichskanzler. Adolf Hitler 1933–1945. München, Berlin 1989, S. 573.

[31] William Carr, Hitler. A Study in Personality and Politics. London 1978, S. 80.

[32] Speer, Erinnerungen, S. 451.

[33] Ebenda, S. 374–378.

Hälfte eines einzigen vereinten anglo-amerikanischen Bombenangriffs entsprochen[34]. So aber wurden viel Energie und beträchtliche Finanzmittel von lohnenderen Projekten abgezogen und in die Entwicklung einer Waffe gesteckt, die – als im September 1944 schließlich nicht 5000 auf einmal, sondern 25 Raketen in einem Zeitraum von zehn Tagen gegen England abgefeuert wurden – für die Alliierten und ihre Kriegsanstrengungen nur eine irritierende Randerscheinung darstellten.

Obwohl Hitlers dilettantische Festlegung der Rüstungsprioritäten zu ernsten Fehlern führte, sind die Schwächen der deutschen Rüstungsprogramme in den letzten Kriegsjahren nicht ausschließlich oder auch nur hauptsächlich seinen exzentrischen, persönlichen Interventionen zuzuschreiben. Im Falle der V2 hatte das Heereswaffenamt sich zum Beispiel seit Jahren um die Anerkennung seines Raketenprogramms bemüht (während die Luftwaffe ihrerseits danach trachtete, Finanzmittel für das eigene Konkurrenzsystem, die V1-Rakete oder -Flugbombe, zu bekommen)[35]. Doch Speer, der das V2-Programm begeistert unterstützte, konnte Hitlers Bedenken gegen das Projekt erst nach einigen Monaten zerstreuen. Und er stimmte Hitlers Entscheidung, der V2 höchste Priorität zu geben, nicht nur einfach zu, sondern favorisierte dieses Rüstungsprojekt selbst[36]. So gingen die im Fall der V2 gemachten Fehler mindestens ebensosehr auf das Konto des Rüstungsministers wie auf das des »Führers«, auch wenn Hitlers Intervention bei der Festlegung der Prioritäten den Ausschlag gab. Hitlers Dilettantismus war faktischer Ausdruck der hoffnungslosen Position, in der sich die oberste deutsche Führung befand, nachdem an die Stelle des optimistisch riskierten Blitzkriegs eine verspätet und unzulänglich eingeschlagene, ausweglose Defensivstrategie getreten war.

Seit Kriegsbeginn und vor allem seit Beginn des Rußlandfeldzugs hatte Hitler sich vorwiegend mit der militärischen Strategielenkung befaßt. Und als er dann in der Winterkrise 1941 den Oberbefehl sowohl über das Heer als auch über die

[34] Ebenda, S. 572, Anm. 9.
[35] Deutschland im Zweiten Weltkrieg, Bd. 5, S. 486–495.
[36] Speer, Erinnerungen, S. 375.

gesamten Streitkräfte übernahm, beschäftigte er sich fast mit nichts anderem mehr.

Beim Westfeldzug hatte Hitler sich 1940 den gewagten Angriffstrick von General von Manstein zu eigen gemacht und entgegen dem ausdrücklichen Rat zahlreicher Generäle eine Offensivstrategie verfolgt, die ihm einen bemerkenswerten militärischen Triumph eintrug. Nachdem im Winter 1941 der Angriff auf seine Initiative hin von Moskau weg auf die Flanken von Leningrad und den Kiewer Keil gerichtet worden war, bestand er darauf, den Rückzug von Moskau zu stoppen, und ersparte wohl dadurch der Wehrmacht ein noch größeres Desaster. Durch solche Erfolge wuchs seine Verachtung für die Generäle und mit ihr sein Selbstvertrauen. Nach dem großen Konflikt mit der Wehrmachtsführung im Herbst 1942 spielte Hitlers Beschränktheit und Starrheit in strategischen und taktischen Fragen – wobei er den Willen als entscheidenden militärischen Faktor stets überschätzte – für die Katastrophe von Stalingrad eine entscheidende Rolle.

Als Oberbefehlshaber des Heeres wurde Hitler mehr als jedes andere Staatsoberhaupt im Zweiten Weltkrieg Tag für Tag durch die zentrale Festlegung taktischer Einzelheiten in Anspruch genommen. Für die deutsche Armee hatte das katastrophale Auswirkungen. Durch die von Hitler geschaffene Kommandostruktur wurde ihm sowohl die Verantwortung für die allgemeine Leitung der Feldzüge als auch für deren taktische Einzelheiten übertragen. So entstand eine absurde und kontraproduktive Machtkonzentration. Weitere Konflikte zwischen Hitler und seinen Generälen waren damit vorprogrammiert.

Die Vertrauenskrise gegenüber der Obersten Heeresleitung bestand fort. Angesichts der schwierigen Lage und des sich rasch verringernden Handlungsspielraums suchte Hitler die Schuld für Rückschläge überall, nur nicht bei sich. Er äußerte sich vor allem abfällig über die Inkompetenz und Arroganz seiner Heerführer, und sein Mißtrauen ihnen gegenüber trug schon vor dem Attentat vom 20. Juli 1944 reichlich paranoide Züge. Nach Stalingrad war Hitler überzeugt, daß seine Generäle ihn soweit wie möglich anschwindelten und nichts von »ihr[em] eigene[n] Kriegshandwerk« verstünden. Er hielt sie für schlecht ausgebildet und meinte, die militärische Erziehung sei »seit Generationen« falsch angelegt[37].

Von den Generälen, die bei Hitler in Ungnade gefallen waren, wurden selbst von Manstein und Guderian – die in der Armeeführung zu Hitlers größten Anhängern gezählt und brillante militärische Leistungen vollbracht hatten – gegen Kriegsende ihrer Posten enthoben, nachdem sie seiner Ansicht nach in ihrem Siegeswillen und ihrem zähen Kampf gegen die Niederlage nachgelassen hatten. Ein Protest oder auch nur die geringste Unbotmäßigkeit wären bei solchen Entlassungen undenkbar gewesen.

Im Zentrum der militärischen Kommandoführung – und im Mittelpunkt der Tagesroutine im »Führerhauptquartier« – stand die mittägliche, zwei bis drei Stunden dauernde Lagebesprechung. Diese Konferenzen waren für alle Beteiligten, einschließlich Hitler, eine anstrengende Angelegenheit. Der Versuch, sich einen strategischen Überblick zu verschaffen und gleichzeitig immer wieder in taktische Detailprobleme einzugreifen, war verheerend. In der Überzeugung, daß die Erfahrung des Weltkriegsgefreiten mehr wert sei als die förmliche militärische Ausbildung der Berufssoldaten, gelang es Hitler des öfteren, seine Generäle durch sein beeindruckendes Detailwissen in Verlegenheit zu bringen. Andererseits unterliefen ihm jedoch auch schwere Fehleinschätzungen, da er den Ratschlägen seiner Kommandeure im Feld nicht die gebührende Aufmerksamkeit schenkte und darauf beharrte, das Kriegsgeschehen persönlich und vom Kartenraum seines Hauptquartiers aus zu leiten. Während die Umklammerung immer enger wurde und es gleichzeitig kaum mehr zu übersehen war, daß man sie nicht würde aufbrechen können, wurde Hitler immer inflexibler, sturer, intoleranter und reizbarer, suchte bei Fehlern immer rascher nach Sündenböcken und griff zur Problemlösung fast nach jedem sich bietenden Strohhalm. So bestand kaum Aussicht auf eine vernünftige militärische Leitung; dafür war die Wahrscheinlichkeit, daß es bei der Kriegsführung zu verheerenden Fehlern kommen würde, um so größer.

Deutschland verlor den Krieg jedoch nicht, weil Hitler militärische Fehler machte, sondern weil seine Form der Po-

[37] Goebbels Tagebücher, S. 255.

litik Deutschland in einen Krieg getrieben hatte und dieser Krieg so geführt worden war, daß kein politischer Ausweg blieb. Hitler hatte die Politik gegen den Krieg getauscht. Die alliierte Forderung nach »bedingungsloser Kapitulation« war die logische Konsequenz, die von Hitler durchaus ernst genommen wurde[38].

Im Gegensatz zu Behauptungen, die manche Apologeten nach dem Krieg verbreiteten, trifft es auch nicht zu, daß Hitler seine strategischen Fehlentscheidungen diktatorisch einer widerstrebenden Armeeführung aufzwängte, die Deutschland sonst zu einem Endsieg geführt hätte. Auf militärischem Gebiet waren Hitlers Entscheidungen keineswegs alle so absurd, wie sie im nachhinein manchmal hingestellt worden sind[39]. Außerdem kam der Kreis seiner festen Militärberater gewöhnlich seinen bekannten Wünschen entgegen, unterstützte seine Vorschläge und hielt sich mit Kritik zurück. Und die Empfehlungen, die von Frontkommandeuren eingingen, waren bisweilen widersprüchlich oder beruhten auf falschen Geheimdienstinformationen und stützten oftmals Hitlers überoptimistische Einschätzung der für Deutschland bestehenden Aussichten.

Die Machtlosigkeit der Generäle lag nicht an einer individuellen Unfähigkeit, sich Hitler gegenüber zu behaupten. Halder, Jodl, Guderian und von Manstein gehörten zu denen, die Hitler nicht selten die Stirn boten. Auch andere Generäle hatten den einen oder anderen Zusammenstoß mit ihrem Oberbefehlshaber. Unter den obersten Dienstgraden befanden sich nur wenige ausgemachte Nazis. Das Problem bestand jedoch darin, daß sie das Regime gemeinsam unterstützt hatten, solange es zu gewinnen schien. Und als es dann verlor, hatten sie keinen Fluchtweg. Zusammen mit Hitler waren sie erfolgreich gewesen, jetzt mußten sie auch mit ihm untergehen. Bei den Lagebesprechungen sagte Hitler wiederholt, daß es kein Zurück gebe: Die Generäle hätten genau wie er die Brücken hinter sich abgebrochen[40].

In diesem Kontext machten die Militärs aus Hitlers charakteristischer Reaktion – Angriff, um die Initiative wieder-

[38] Speer, Erinnerungen, S. 305.

[39] Heiber, Lagebesprechungen, S. 31.

[40] Speer, Erinnerungen, S. 306.

zuerlangen – die zwei letzten großen deutschen Militäroffensiven im Zweiten Weltkrieg: das »Unternehmen Zitadelle« im Juli 1943 und der Sturmangriff über die Ardennen im Dezember 1944. Beides waren gewagte strategische Unternehmen, die von Hitler selbst ausgedacht und initiiert wurden. Seine Kommandeure führten die Befehle jedoch nicht nur bereitwillig aus, sondern übernahmen auch deren konkrete Ausgestaltung. Keines der Unternehmen hatte große Erfolgschancen. Beides waren Verzweiflungsschritte, die aus einer Position der Schwäche heraus erfolgten. Mit ihrem Scheitern waren Deutschlands militärische Anstrengungen, genauso wie seine politische Führung, am Ende.

Inzwischen hatte man auch noch in einem anderen grundlegenden Sinne die Brücken hinter sich abgebrochen. Während sich ein militärischer Sieg zunehmend als illusorisch erwies, meinte man den Kampf zur Ausrottung von Deutschlands Rassenfeinden noch gewinnen zu können. Am augenfälligsten manifestierte sich dies in dem Nachdruck, mit dem man die physische Vernichtung der europäischen Juden noch zu vollenden trachtete, obwohl sich die militärische Niederlage schon überdeutlich abzeichnete. Doch im Vergleich zu Hitlers aktiver Präsenz bei der Gestaltung der Rüstungspolitik und militärischen Strategie ist seine Beteiligung an der letzten Phase der nationalsozialistischen Genozidpolitik weit weniger deutlich zu erkennen.

Im März 1943 erteilte Hitler Goebbels den Auftrag, aus Berlin alle Juden zu entfernen[41]. Im April versuchte er – wenn auch erfolglos –, Admiral Horthy dazu zu überreden, ungarische Juden in Konzentrationslager zu schaffen[42]. Nach einer mehrstündigen Unterredung mit Himmler am 19. Juni 1943 ließ Hitler den »Reichsführer-SS« wissen, daß er die geplanten radikalen Maßnahmen zur Deportation der Juden voll und ganz unterstütze[43]. Auf Vorschlag des Reichsbevollmächtigten in Dänemark, Werner Best, ordnete Hitler im September die Deportation der dänischen Juden an. Auf Anraten Ribbentrops veranlaßte er im Monat darauf

[41] Goebbels Tagebücher, S. 264.

[42] Peter Longerich (Hrsg.), Die Ermordung der europäischen Juden. Eine umfassende Dokumentation des Holocaust 1941–1945. München 1989, S. 321 f.

[43] Irving, Führer und Reichskanzler, S. 571.

per Führeranweisung, Roms 8000 Juden »als Geiseln« ins österreichische KZ Mauthausen zu schicken, wobei allerdings die meisten Juden, derer man habhaft wurde, entgegen der Anweisung unmittelbar nach Auschwitz verbracht wurden[44].

Diese Blankobefehle genügten. Alles andere konnte er der SS und Himmlers unermüdlichem »Cheforganisator« der »Endlösung«, Adolf Eichmann, überlassen. Hitler traf sich mehrmals wöchentlich mit Himmler. Bei ihren Treffen war häufig niemand sonst zugegen, und ein Protokoll wurde nicht geführt. Es ist aber kaum vorstellbar, daß dabei der Fortgang der »Lösung« der »Judenfrage« nie angesprochen wurde. Hitler wurde zweifellos im großen und ganzen auf dem laufenden gehalten. Es ist allerdings eher unwahrscheinlich, daß er sich eingehend nach Einzelheiten erkundigte. Er vertrat zwar barbarische Ansichten, äußerte sich aber selbst vor engen Gefolgsleuten über das Schicksal der Juden nur ganz allgemein und längst nicht so unverblümt wie Himmler. Er war anscheinend damit zufrieden zu wissen, daß seine Prophezeiung von 1939 nun erfüllt wurde. Zum letzten Mal erwähnte er diese »Erfüllung« seiner »Prophezeiung« am 26. Mai 1944 in einer Ansprache an seine Generäle, die seine Ausführungen mit Beifall bedachten[45].

Bis in die letzten Wochen des Dritten Reichs hinein trafen Hitlers »Befehle«, die – häufig aus einer augenblicklichen Laune heraus vage erteilt – manchmal widersprüchlich, oft brutal und in vielen Fällen willkürlich oder geradezu exzentrisch waren, immer wieder auf willige Anhänger, die sie zu interpretieren und in die Praxis umzusetzen versuchten. Trotz Hitlers paranoider Befürchtungen wurden seine Wünsche bis in die letzte Phase des Dritten Reichs hinein weder vom Generalstab, noch von anderen Teilen des NS-Regimes konterkariert, ignoriert oder sabotiert.

Hitler hatte zweifellos eine starke Persönlichkeit. Doch so

[44] Raul Hilberg, Die Vernichtung der europäischen Juden. Berlin 1982, S. 392, 463; siehe auch Meir Michaelis, Mussolini and the Jews. German-Italian Relations and the Jewish Question in Italy 1933–1945. Oxford 1978, S. 362–369.

[45] Hans-Heinrich Wilhelm, Hitlers Ansprache vor Generalen und Offizieren am 26. Mai 1944. In: Militärgeschichtliche Mitteilungen 20 (1976), S. 156; siehe dort auch S. 168, Anm. 77.

sehr die Menschen in seiner unmittelbaren Umgebung auch von ihr in Bann gezogen wurden, läßt sich seine ungebrochene Herrschaft durch sie allein kaum ausreichend erklären. Die Gründe für die zu beobachtende fortgesetzte Unterwürfigkeit dürfen nicht in Hitler selbst, sondern müssen in den Befehlsstrukturen des NS-Staats gesucht werden, aber auch in persönlichen Interessenlagen, die viele Menschen selbst noch an das untergehende Regime banden, sowie in den noch immer nicht erschöpften Loyalitätsreserven und in der starken Repression, die den meisten einfachen Bürgern in Deutschland kaum eine Alternative ließ.

Hitlers Macht blieb zunächst einmal gerade aufgrund des im NS-Regime fehlenden Regierungssystems ungebrochen. Es war durchgängig so, daß der »Führer« vor jeder nur denkbaren Beschränkung seiner Machtbefugnisse auf der Hut und nicht bereit war, sich von formalen Strukturen oder Verfassungsnormen einengen zu lassen; an klaren Kontrollinstanzen hatte er kein Interesse. Die Absetzung Mussolinis durch den Großen Faschistischen Rat bestärkte Hitler im Juli 1943 in seiner Furcht vor Kontrollinstitutionen. Ein NS-Senat, der ursprünglich eingerichtet werden sollte, um Hitlers Nachfolger zu wählen, kam deshalb nie zustande. Durch die konsequente Auflösung des Staats als Regierungs*system* wurde die Stellung des »Führers« für das Funktionieren des Regimes als Ganzes unentbehrlich. Der politische Entscheidungsprozeß war in höchstem Maße fragmentiert. Beschlüsse kamen in den verschiedenen Teilbereichen nur dadurch zustande, daß Hitler mit einzelnen Personen oder Gruppen, nicht aber mit einer stabilen, kollektiven, eine Zentralregierung darstellenden Körperschaft verhandelte. Dies bedeutete, daß Partikularinteressen nur dadurch gedient werden konnte, daß man die eigene Bindung an den »Führer« aufrechterhielt. Seine Autorität war notwendig, wenn man den Konkurrenzkampf im Dritten Reich erfolgreich bestehen wollte; seine Sanktion wurde benötigt, um politischen Initiativen Priorität zu geben. Insofern war die Schwäche der einzelnen Teile des »Systems« die Stärke der Hitlerschen Autorität.

Die nichtnationalsozialistischen Eliten hatten Hitler bis zur Mitte des Krieges unterstützt und von seinen Erfolgen profitiert. Zu den wichtigsten unter ihnen zählten die führenden Köpfe der Wehrmacht und der Industrie. Sie hatten sich oftmals nur partiell im NS-System »engagiert« und zu einem Großteil auch weiterhin Vorbehalte gehabt. Doch solange sie umfassend kollaborierten, war ihre begrenzte Begeisterung akzeptierbar gewesen. Und als sie schließlich merkten, daß Hitler sie unerbittlich in den Ruin führte, konnten sie auch nur partiell vom NS-Regime abrücken. Ihre Distanzierung war natürlich dort am größten, wo es um ihre persönlichen Interessen ging. Doch bis in die Endphase des Krieges hinein bestand in mancher Hinsicht immer noch eine beträchtliche Verbundenheit mit der NS-Führung.

Angesichts der unausweichlichen Niederlage war die deutsche Industrie in der Endphase des Krieges vor allem damit beschäftigt, möglichst viel von ihrem Besitz vor der Zerstörung zu bewahren und sich um die weitere Existenz in einer nichtnationalsozialistischen Zukunft zu kümmern. Dennoch gab es kaum ein größeres deutsches Unternehmen, das nicht tief in die Plünderung Europas verstrickt gewesen war und nicht von seiner Beteiligung an den Kriegsanstrengungen profitiert hatte. In den verschiedenen Gruppen, die den Kreis der Verschwörer vom Juli 1944 gegen Hitler bildeten, war kein einziger führender Industrieller oder hochrangiger Manager zu finden. So gerne viele von ihnen zu diesem Zeitpunkt auch das Ende Hitlers und seines Regimes gesehen hätten, waren sie doch nicht bereit, aktiv zu der Verwirklichung dieses Zieles beizutragen. Vom Standpunkt der Industriellen aus sollte der Bruch mit dem Nationalsozialismus – wenn es denn dazu käme – so reibungslos wie möglich vollzogen werden, und man wollte die unter der NS-Herrschaft bekräftigten autoritären Strukturen zwischen Unternehmern und Arbeitern beibehalten.

Diejenigen Offiziere aus den Reihen der Wehrmachtsführung, die so weit beunruhigt waren, daß sie – aus welchen Motiven auch immer – das Risiko einer Verschwörung zur Beseitigung Hitlers auf sich nahmen, bildeten eine mutige, aber unrepräsentative Minderheit. Die meisten führenden Generäle – darunter selbst solche, die wie Guderian, von Manstein und von Rundstedt bereit waren, Hitlers Ansichten hin und wieder offen in Frage zu stellen – blieben bis zum Ende loyal. Andere, die wie von Kluge inzwischen weniger begeistert waren, schwankten zwar, konnten sich dann aber doch nicht zu einer direkten Opposition durchringen. Die Luftwaffen- und Marineführung, die dem NS-Regime von Anfang an mit größerer Begeisterung begegnet waren als die Heeresführung, unterstützten das Regime größtenteils auch weiterhin loyal und aus Überzeugung. Als Feldmarschall Weichs im Februar 1944 gebeten wurde, eine persönliche Erklärung seiner Treue zum »Führer« zu unterschreiben, bezeichnete er eine solche Bekräftigung des Fahneneids als »unmilitärisch«, da die Treue des Offiziers eine Selbstverständlichkeit sein müsse[46]. Selbst im März 1945 betrachtete es Feldmarschall Kesselring noch als seine soldatische Pflicht, Hitlers Befehle ohne zu fragen auszuführen[47]. Feldmarschall Busch soll sogar so weit gegangen sein, Dönitz den Vorwurf zu machen, er handle nicht im Sinne Hitlers, als sich der neue Oberbefehlshaber der Wehrmacht Anfang Mai 1945 weigerte, den Kampf fortzusetzen[48].

Der glühende Patriotismus, aus dem heraus die wenigen heroischen Verschwörer zu der Überzeugung gelangten, daß Deutschland nur noch durch Hitlers Tod zu retten sei, sorgte bei der Mehrheit der Wehrmachtsführer – und ihren Untergebenen – weiterhin für eine gewisse Bindung an Hitler. Durch die Abscheu vor dem Bolschewismus und die Angst vor den Folgen einer Niederlage wurde diese Bindung selbst dort noch verstärkt, wo die Hoffnungslosigkeit der militärischen Lage eigentlich nicht mehr zu übersehen war. Außerdem stellte der Treueeid, den die Wehrmacht gegenüber Hitler persönlich geschworen hatte, ein »heiliges« Band dar, bei dem sich wiederum nur wenige vorstellen konnten, es zu brechen. Die zwischen dem Militär und Hitler bestehenden Bindungen gingen allerdings über die übliche Treue der Soldaten gegenüber dem Staatsoberhaupt hinaus. Die Wehrmacht hatte sich bereitwillig und aktiv am Kreuzzug gegen den Bolschewismus beteiligt. Sie hatte ihren Anteil an den Greueltaten und barbarischen Vorkommnissen in den »Ostgebieten«. Ihre komplizenhafte Beteiligung am Völkermord war nicht erzwungen worden. Der Beifall, den die Generäle im Mai 1944 Hitlers und Himmlers unzweideutigen Äuße-

[46] Irving, Führer und Reichskanzler, S. 631.
[47] Speer, Erinnerungen, S. 446.
[48] Ebenda, S. 495.

rungen über die »Endlösung« zollten[49], deutet darauf hin, daß zwischen Wehrmacht und NS-Führung selbst bei diesem schrecklichsten Resultat der Rassenpolitik eine gewisse Affinität vorhanden war.

Die Anführer der Verschwörung zur Ermordung Hitlers am 20. Juli 1944 waren sich bewußt, daß ihr versuchter Coup selbst dann, wenn er gelänge, im Volk auf wenig Gegenliebe stoßen und eigentlich auf einen »Widerstand ohne ›Volk‹«[50] hinauslaufen würde. Ihre Einschätzung zeugt davon, daß sich das Regime – und Hitler selbst – auch in einer sich drastisch verschlechternden Situation immer noch auf einen breiten Rückhalt im Volk stützen konnte. Wenn man die Bedingungen der letzten Kriegsjahre in Rechnung stellt, erfreute sich Hitler beim deutschen Volk immer noch einer bemerkenswerten Popularität, auch wenn diese inzwischen seit dem Höhepunkt seiner Triumphe im Jahr 1940 massiv abgenommen hatte. Auch und gerade die an der Front gefangengenommenen, einfachen Soldaten gaben bis in die letzten Wochen des Dritten Reichs hinein ein hohes Maß an Bewunderung für die Person des »Führers« zu erkennen. Sein Rückhalt im Volk war noch immer nicht ganz verschwunden.

Der Nimbus des »Führers« wurde natürlich hauptsächlich von den engagierten Funktionären und Aktivisten der NSDAP und ihrer zahlreichen Gliederungen aufrechterhalten. Es gab einen harten Kern fanatischer Anhänger, die auch in einer Extremsituation nicht in ihrer Überzeugung wankten. In diesem Fall ging es auch nicht einfach um die Frage einer affektiven Bindung an das Regime. Das Heer der »Apparatschiks« lief schließlich Gefahr, durch Hitlers Sturz in materieller Hinsicht eine Menge zu verlieren.

Dies galt vor allem für die Naziführung selbst. Durch den Krieg hatte sich die Zahl derjenigen vervielfacht, die vom Dritten Reich materiell profitierten – die Status und Macht erlangt und Nutzen daraus gezogen hatten, daß das Regime

[49] Siehe Wilhelm, Hitlers Ansprache, sowie Bradley F. Smith und Agnes F. Peterson (Hrsg.), Heinrich Himmler. Geheimreden 1933 bis 1945 und andere Ansprachen. Frankfurt a.M. 1974, S. 203.

[50] Hans Mommsen, Gesellschaftsbild und Verfassungspläne des deutschen Widerstandes. In: Walter Schmitthenner und Hans Buchheim (Hrsg.), Der deutsche Widerstand gegen Hitler. Köln, Berlin 1966, S. 75f.

raubte, plünderte und korrumpierte. Mit großzügigen »Geschenken« gelang es Hitler, nicht nur bei Parteisatrapen, sondern auch bei Feldmarschällen der Wehrmacht brüchig gewordene Loyalitäten zu festigen. 1940 hatte Hitler davon gesprochen, daß er es für einen klugen politischen Schachzug halte, seine Armeeführer nicht nur mit Beförderungen zum Generalfeldmarschall und Generaloberst, sondern auch mit einer steuerfreien »geldlichen Ehrung« zu belohnen, die sie an ihren Treueeid erinnern würde[51]. Im weiteren Verlauf des Krieges gehörten Sperrle, Keitel, Guderian, von Leeb und die Familie des verstorbenen Generalfeldmarschalls von Reichenau zu denen, die mit beträchtlichen »Dotationen« bedacht wurden[52].

Die nationalsozialistische Elite sowie bedeutende Teile der nichtnationalsozialistischen Eliten blieben auch auf andere Weise an Hitler gebunden. Durch den Krieg – vor allem durch den barbarischen Völkermordkrieg im Osten – wuchs in starkem Maße die Zahl derjenigen, die gemeinsam mit dem NS-Regime alle Brücken hinter sich abgebrochen hatten und durch ihre Beteiligung am Massenmord an Hitler gebunden waren. Ähnlich wie für Hitler – der erklärte, daß man »manche Brücke hinter sich abbrechen« müsse, »um Großes vollbringen zu können«[53] – gab es auch für sie keinen Ausweg. Und es mag durchaus die Absicht dahinter gestanden haben, noch einmal daran zu erinnern, daß alle »im selben Boot sitzen«, als Himmler im Oktober 1943 in den berüchtigten Posener Reden vor seinen SS-Führern und anschließend vor den versammelten Gauleitern offen und unmißverständlich von der Ausrottung der Juden sprach (und bei dieser Gelegenheit die Namen derjenigen notierte, die seine Rede *nicht* gehört hatten)[54]. Aus dem gleichen Motiv heraus sahen sich Hitler und Himmler bei ihren Reden vor den Generälen im Mai 1944 wohl auch veranlaßt, un-

[51] Hildegard v. Kotze (Hrsg.), Heeresadjutant bei Hitler 1938–1943. Aufzeichnungen des Majors Engel. Stuttgart 1974, S. 85f.

[52] Bundesarchiv Koblenz, R 43 II/1087a; bezüglich Sperrle siehe Nicolaus von Below, Als Hitlers Adjutant 1937–45. Mainz 1980, S. 341. Siehe auch Heiber, Lagebesprechungen, S. 618 und Anm. 4.

[53] Werner Jochmann (Hrsg.), Adolf Hitler. Monologe im Führerhauptquartier 1941–1944. Die Aufzeichnungen Heinrich Heims. Hamburg 1980, S. 406.

[54] Irving, Führer und Reichskanzler, S. 606f.

mißverständlich auf die »Endlösung« anzuspielen beziehungsweise sich kategorisch über den Genozid an den Juden zu äußern.

Natürlich sorgte auch der Krieg selbst – in seiner verzweifelten Defensivphase in mancher Hinsicht noch stärker als während der anfänglichen Triumphe – bei den Eliten wie beim Volk für eine gewisse Bindungskraft. Obwohl die meisten Deutschen nichts mehr herbeisehnten als das Ende des Krieges, verschmolz die patriotische Verteidigung gegen die Invasionskräfte mit den rassenideologischen Vorstellungen der in Deutschland herrschenden Desperados – vor allem im Osten, wo tiefsitzende antibolschewistische Gefühle hinzukamen. Die Angst vor der Zerstörung und vor der Rache der »roten Horden« – ein deutliches Anzeichen dafür, daß die nationalsozialistische Propaganda in dieser Hinsicht erfolgreich gewesen war – schuf eine sogar noch stärkere Negativbindung, ebenso wie die Tatsache, daß seit der alliierten Forderung nach bedingungsloser Kapitulation einfach eine Alternative fehlte.

Hinzu kam, und das gewiß nicht zuletzt, daß der Terror, auf den sich Hitlers Macht vom Anfang bis zum Ende wesentlich stützen konnte, wild eskalierte, als das Regime im Todeskampf lag und die positiven Bindungselemente viel von ihrer bisherigen Kraft verloren. In den letzten Monaten des Dritten Reichs – wenn nicht schon vorher – war dieser Terror die entscheidende Grundlage für Hitlers ungebrochene Macht. Der Zwangsapparat war Hitler bis zu den letzten Tagen der NS-Herrschaft treu ergeben und blieb in den Händen des fanatischsten und skrupellosesten Teils der NS-Bewegung, der SS, die bei ihrer Verteidigung der Macht zum Äußersten bereit war. Durch das mit loyalen Funktionären besetzte nationalsozialistische Organisationsnetz war sichergestellt, daß auch die banalsten »defätistischen«, illoyalen Äußerungen drakonisch bestraft wurden. Die einzige Organisation, von der Hitler hätte beseitigt werden können, die Wehrmacht, war am 20. Juli 1944 mit ihrem Staatsstreichversuch gescheitert. Angesichts des darauf folgenden Aderlasses und der extrem verschärften Sicherheitsmaßnahmen sowie des unübersehbar bevorstehenden Endes des Regimes gelangte man – was kaum überraschen dürfte – fast überall zu dem Schluß, daß jede weitere Herausforderung des untergehenden Regimes sinnloser Wahnsinn sei.

Erst in den allerletzten Tagen des Dritten Reichs, als die Russen schon vor den Toren Berlins standen, wurde Hitlers Autorität sogar von den obersten NS-Funktionären in Frage gestellt[55]. Da Hitler sich im Bunker verschanzt hatte und fest entschlossen war, dort zu bleiben, berief sich Göring mit einiger Berechtigung auf die Verordnung vom Juni 1941, die ihn zum Nachfolger bestimmte, und bat darum, die Führung des Reichs übernehmen zu dürfen, falls er innerhalb der nächsten Stunden keine Antwort auf sein Telegramm erhalte und davon ausgehen müsse, daß Hitler nicht mehr handlungsfähig sei. Bormann, der Erzfeind des Reichsmarschalls, hielt dies für offenen Verrat, und Göring wurde prompt aller Ämter enthoben und von der Nachfolge Hitlers ausgeschlossen. Inzwischen machte sich auch Himmler – dessen Phantastereien hinter denen Hitlers nicht zurückstanden – Hoffnungen darauf, nach Hitlers Tod einer neuen deutschen Regierung vorstehen zu können, die mit den westlichen Alliierten ein Abkommen zur weiteren Bekämpfung des Bolschewismus treffen würde. Er beabsichtigte sogar, eine neue Partei zu gründen: die »Nationale Sammlungspartei«. Als die Nachricht von Himmlers Verrat zu Hitler in den Bunker drang, bäumte er sich ein letztes Mal auf. Ehe er die Vorbereitungen zur Beendigung seines Lebens traf, sorgte er kochend vor Wut dafür, daß auch Himmler Amt, Ehre und Anspruch auf die Nachfolge verlor. In dem Testament, mit dem er das, was von seiner Autorität noch übriggeblieben war, auf Admiral Dönitz übertrug, bekräftigte Hitler noch einmal, daß Göring und Himmler von der Nachfolge ausgeschlossen seien.

Solange Hitler lebte, war seine Ablösung durch einen anderen Führer kein Thema. Dennoch war seine tatsächliche Macht schon Monate vor dem letzten Drama im Bunker sichtlich in Auflösung begriffen.

Seit September 1944 war es bereits mit Hitlers Autorität bergab gegangen. Als er ersucht wurde, die Gauleiter in Rüstungsangelegenheiten Speers Kontrolle zu unterstellen, ver-

[55] Im folgenden siehe H. R. Trevor-Roper, Hitlers letzte Tage. Zürich 1948, S. 99–111, 136–146, 182–188.

mied Hitler es zunächst wie üblich, sich festzulegen, um Speer dann halbherzig seine Zustimmung anzubieten. In der gegebenen Form war sie jedoch nichts wert und wurde von den Gauleitern einfach ignoriert. Wo es ihnen paßte, griffen diese auch weiterhin in die Wirtschaft ein. Hitlers Unfähigkeit, sich eindeutig auf die eine oder andere Seite zu stellen, rief nun erste Anzeichen für einen Autoritätsschwund hervor – und war dabei weniger eine simple persönliche Eigenheit als das Produkt seiner hilflosen Abhängigkeit von gegensätzlichen Kräften[56].

Kurze Zeit später weigerte Speer sich offen, den von Hitler in einem Wutanfall erteilten (und anschließend wieder geänderten) absurden Befehl auszuführen, die gesamte Flugzeugproduktion einzustellen[57]. Anfang 1945 widersprach Generalstabschef Guderian Hitler in der Frage eines taktischen Rückzugs im Osten heftiger, als das jemals vorher vor Zuhörern der Fall gewesen war. Und Hitler gab überraschenderweise nach. Dies war ein weiteres Anzeichen dafür, daß Hitlers – immer noch intakte – Autorität unter Druck stand[58].

Vor allem aber sabotierte Speer konsequent Hitlers »Nero-Befehl«, sämtliche Industrieeinrichtungen sowie die gesamte Infrastruktur zu zerstören und dem Feind nur Ruinen zu überlassen, denn in den letzten Wochen dieses offensichtlich verlorenen Krieges bedeutete eine solche Politik der »verbrannten Erde« nichts weniger, als das eigene Volk wegen seiner »Schwäche« im Kampf mit dem »stärkeren Ostvolk« zum Untergang zu verdammen[59]. Selbst noch nachdem Speers Machtbefugnis suspendiert worden war, gab er durch verschiedene Kanäle Anweisung zu verhindern, daß die neuerlichen Zerstörungsbefehle durch weiterhin eifrige Gauleiter und andere NSDAP-Fanatiker ausgeführt würden (und das, obwohl Befehlsverweigerern drakonische Strafen drohten, die in einigen Fällen auch vollstreckt wurden). Dabei zeigte sich nicht nur, daß Speer selbst von der Sinnlosigkeit dieser Befehle überzeugt war, sondern auch, daß die

[56] Speer, Erinnerungen, S. 405ff.

[57] Ebenda, S. 415ff.

[58] Ebenda, S. 428f.

[59] Ebenda, S. 409–413, 434, 442–446, 448, 450, 452–462; siehe auch Trevor-Roper, Hitlers letzte Tage, S. 50f.

»Industriekapitäne« nicht gewillt waren, einfach zuzusehen, wie ihr zukünftiges Kapital zusammen mit dem NS-Regime zugrunde ging. Als Hitler seinen Rüstungsminister wegen dessen Befehlsverweigerung zur Rede stellte und dieser seinen Rücktritt anbot, lehnte der »Führer« das typischerweise aus Prestigegründen ab. Er forderte von Speer unbedingten Gehorsam, akzeptierte aber letzten Endes dann doch in recht kläglicher Weise dessen nichtssagende Loyalitätsbezeugung[60].

In den letzten Wochen unterlag Hitler im Berliner Bunker immer stärkeren Stimmungsschwankungen. Auf euphorische Momente – beispielsweise als er von Roosevelts Tod erfuhr und darin ein Zeichen der »Vorsehung« sah, daß sich das Blatt für Deutschland nun zum Besseren wenden würde – folgten abrupt tief depressive Phasen, in denen er endlich erkannte, daß die Niederlage nicht mehr abzuwenden war. Er war ein ausgebranntes menschliches Wrack. Die ruhige, distanzierte, apathische Resignation konnte bei ihm jedoch im Nu einem unkontrollierbaren Wutanfall Platz machen, wenn er sich wieder einmal über das Versagen irgendeiner Wehrmachtsdivision erregte, die es in Wirklichkeit nicht einmal mehr gab. Bis zuletzt erwarteten um ihn herum loyale Generäle seine Befehle[61]. Doch nun hatte er keine mehr zu geben. Bis zum Moment seines Selbstmords wurden Hitlers Befehle von seinem »Hofstaat« in der unwirklichen Welt des Bunkers nicht in Frage gestellt. In der realen Welt außerhalb des Bunkers war seine Macht jedoch zu Ende.

[60] Speer, Erinnerungen, S. 457–461.
[61] Trevor-Roper, Hitlers letzte Tage, S. 91.

Das Merkmal der Macht Hitlers war Zerstörung. Seine politische »Karriere« begann auf den Trümmern des Deutschlands, mit dem er sich bis dahin identifiziert hatte und das in seinen Augen durch die »marxistische« Revolution von 1918 zerstört worden war; sie endete 1945 mit der weit umfassenderen Zerstörung »seines« Deutschlands, das eine totale Niederlage und Verwüstung erlebte. Durch die zwölf Jahre seiner Herrschaft wurde das »alte« Deutschland – sein Territorium und seine Sozialordnung – zerstört. Zertrümmert wurde durch sie aber auch das »alte« Europa, und zwar sowohl physisch als auch hinsichtlich seiner politischen Ordnung.

Hitlers mächtigste Triebkraft war von Anfang an destruktiv. Ob bei seinen ersten Reden in Münchner Bierkellern oder bei seinen apokalyptischen Visionen im ostpreußischen Führerhauptquartier und im Berliner Bunker – das Wort »Vernichtung« floß ihm immer leicht von den Lippen.

Von den Tagen seiner Tätigkeit als Spitzel der Reichswehr bis zur Abfassung seines politischen Testaments am 29. April 1945 war und blieb die Vernichtung der Juden ein zentrales Element seines Denkens. Die Forderung nach Beseitigung der »parasitären« Kapitalisten, der »dekadenten« liberalen Demokratie und der »subversiven« Marxisten gehörte seit den ersten Tagen seiner politischen Aktivität zu seinem demagogischen Arsenal. Und die Vernichtung des »jüdischen Bolschewismus« wurde bald zum Eckpfeiler seiner gesamten »Weltanschauung«.

Sein Destruktionstrieb verließ ihn selbst dann nicht, als er in den ersten Jahren nach 1933 umständehalber gezwungen war, die Rolle des Frieden suchenden Politikers und Staatsmanns zu spielen. Im Spätsommer 1938 war er darüber enttäuscht, die Tschechen nicht vernichten zu können. Im Sommer 1939 war er fest entschlossen, sich von niemandem daran hindern zu lassen, die Polen zu vernichten. Seine politischen Richtlinien für Polen gründeten auf der Zerschlagung nicht nur des polnischen Staates, sondern auch des polnischen Volkes. In Deutschland selbst hatte Hitler in der Zwischenzeit persönlich ein – auf den Tag des Kriegsausbruchs datiertes – Aktionsprogramm zur Vernichtung des »lebensunwerten Lebens« von »Geisteskranken« und Körperbehinderten gebilligt.

1941 erfuhren die Generäle, daß die Machtprobe mit dem Bolschewismus sich vom Krieg im Westen völlig unterscheiden werde: Sie solle zum totalen »Vernichtungskrieg« werden. Das Endergebnis werde entweder die völlige Vernichtung des Feindes oder die totale Zerstörung Deutschlands sein. Es folgten das unsägliche Abschlachten der sowjetischen Juden und die systematische Ermordung sowjetischer Kriegsgefangener. Der Völkermordcharakter des Konflikts kam nicht erst später durch Hitler hinzu, sondern war entscheidende Prämisse des Krieges. Dadurch war ein Kompromiß ausgeschlossen. Der – trotz der erstaunlichen Triumphe von 1940 nicht erreichte – »Endsieg« oder die völlige Zerstörung waren die einzigen Optionen. Von Ende 1941 an konnte das Endergebnis nur noch in Niederlage und Zerstörung bestehen.

Von Hitlers Destruktionstrieb blieb auch seine eigene Armee nicht verschont. Die schweren Verluste an der Front ließen ihn völlig kalt. Als er einmal zufällig mit verwundeten Soldaten konfrontiert wurde, die sich in einem Zug befanden, der neben dem »Führerzug« hielt, ließ er die Rollos seines Salonwagens herunterziehen[1]. Als die deutsche 6. Armee aufgrund seiner eigenen strategischen Entscheidungen in Stalingrad eingekesselt wurde, lehnte er es ab, einen Ausbruch in Erwägung zu ziehen, und verurteilte sie zum Untergang. Auf die Katastrophe reagierte er mit Unverständnis darüber, daß Feldmarschall Paulus lieber die Kapitulation als den Tod gewählt hatte[2].

1944 setzte Hitler seine Hoffnung nicht auf den Aufbau einer defensiven Jägerformation, die feindliche Bomber hätte abfangen können, sondern auf die Zertrümmerung englischer Städte durch die V-Waffen. Wäre die Atombombe verfügbar gewesen, hätte Hitler sie zweifellos gegen London eingesetzt. So aber wurden immer mehr deutsche Städte in

[1] Albert Speer, Erinnerungen. Frankfurt a. M., Berlin 1969, S. 259.

[2] Helmut Heiber (Hrsg.), Hitlers Lagebesprechungen. Die Protokollfragmente seiner militärischen Konferenzen 1942–1945. Stuttgart 1962, S. 125–130.

Schutt und Asche gelegt. Hitler besuchte keine einzige von ihnen, äußerte niemals Mitleid für die ausgebombten Bewohner und ließ nie Bedauern über das Leid erkennen, das nun über deutsche Familien gekommen war[3]. Statt dessen war er immer wieder außer sich vor Wut über die Unfähigkeit der Luftwaffe, Deutschland zu verteidigen, und schwor ständig, die Zerstörung dadurch zu rächen, daß britische Städte noch stärker zertrümmert würden.

Seinen eigenen Prinzipien treu, versuchte Hitler am Ende, durch seinen »Nero-Befehl« und seine Politik der verbrannten Erde Deutschlands Chance zunichte zu machen, ihn zu überleben. In seinen Augen hatte das deutsche Volk den eigenen Untergang verdient, da es sich nicht als stark genug erwiesen hatte, um den bolschewistischen Erzfeind zu vernichten[4].

In diesem Katalog der Zerstörung ist nichts zu finden, das aus den Jahren der Macht Hitlers als positives Erbe geblieben wäre. In der Kunst, der Architektur, der Musik und Literatur wurden Innovation und Originalität vom Hitler-Regime erstickt. Mit den Vertretern der »entarteten« Kunst und verbotenen Literatur ging auch ein Großteil der bildenden Kunst, Literatur und Philosophie ins Exil. Durch die erzwungene Emigration von Schriftstellern vom Range eines Thomas und Heinrich Mann, Arnold und Stefan Zweig, Alfred Döblin und Bertold Brecht, aber auch von Malern wie Wassily Kandinsky, Paul Klee und Oskar Kokoschka sowie von Architekten wie Walter Gropius und Ludwig Mies van der Rohe erlitt die deutsche Kultur einen unermeßlichen Verlust. Manche, die wie der Maler Emil Nolde und der Schriftsteller Gottfried Benn zunächst große Hoffnungen auf das Dritte Reich gesetzt hatten, wurden bald desillusioniert und gingen in eine Art »innere Emigration«; ihre Werke wurden verboten oder ihre Kreativität stockte für die Dauer der NS-Herrschaft. Auf dem Gebiet der Musik vermochten die späten Kompositionen von Richard Strauss, die ›Carmina Burana‹ von Carl Orff und die weitere Tätigkeit

[3] Speer, Erinnerungen, S. 311f. und 560, Anm. 6; in bezug auf Hitlers Gefühllosigkeit gegenüber dem deutschen Volk in den letzten Kriegswochen siehe S. 444ff.

[4] Ebenda, S. 446.

des führenden Dirigenten Wilhelm Furtwängler nur teilweise den Verlust zu kompensieren, der durch den Weggang von Schönberg und Hindemith und das Verbot der Musik von Mendelssohn und Mahler entstanden war. Der Nationalsozialismus war nicht in der Lage, das durch den kulturellen Aderlaß verursachte Vakuum zu füllen. Kulturell gesehen bedeutete das Dritte Reich zwölf unfruchtbare Jahre.

Auch auf dem Gebiet der Politik und der Wirtschaft brachte die Hitler-Ära nichts von bleibendem Wert hervor. Es bildete sich keine Regierungsform heraus, die als mögliches Modell hätte dienen können. Der Hitler-Staat zeichnete sich ja gerade durch einen Mangel an System und Struktur aus. Sein Merkmal war nicht die Errichtung eines definierbaren autoritären Verwaltungs*systems*, sondern die Zerstörung kohärenter Regierungsinstanzen und der ihnen zukommenden Autorität. Ebenso vermochte man im Bereich der Wirtschaft aus den Erfahrungen mit dem Hitler-Regime nur negative Lehren für die Zukunft zu ziehen. Die »NS-Wirtschaft« war total auf Raub angelegt und besaß kein Potential für ein dauerhaftes »System«. Sie beruhte auf einer modernen Form der Sklaverei innerhalb eines staatlich gelenkten Kapitalismus, und diese Idee wurde vor allem durch den riesigen Industriekomplex in Auschwitz symbolisiert, in dem die Sklavenarbeiter großer deutscher Firmen sich zu Tode arbeiten mußten oder umgebracht wurden, wenn sie nicht mehr arbeiten konnten. Die inhärenten Widersprüche boten kaum ein Rezept für eine dauerhafte »neue Wirtschaftsordnung«. So kann es kaum verwundern, daß in Unternehmerkreisen schon zur Mitte des Kriegs hin in vertraulichen Gesprächen Konzeptionen für eine rationalere Wirtschaftsordnung diskutiert wurden, bei der die Vorstellungen des Nationalsozialismus keine Rolle spielten.

Ist das negative Erbe des Nationalsozialismus, das Fehlen jeder konstruktiven Kraft, nur eine Folge von Deutschlands totaler Niederlage? Wurde die Fähigkeit des Hitler-Regimes unterschätzt, sich zu einem dauerhaften Herrschaftssystem zu entwickeln, wenn es den Krieg gewonnen hätte? Unverkennbar fußten alle nationalsozialistischen Zukunftspläne auf der Erringung des »Endsiegs«. Für den monumentalen Wiederaufbau deutscher Städte entwarfen Architekten bombastische Pläne, an denen Hitler großes Interesse zeigte; er arbeitete sogar noch an einem Plan zur Neugestaltung von Linz, als die Rote Armee schon vor den Toren Berlins stand[5]. Hitlers Zukunftsvisionen unterschieden sich auch von den neoagrarischen Träumen Darrés und Himmlers: Er stellte sich eine industriell und technisch hochentwickelte Gesellschaft vor, für die die eroberten Gebiete die Rohstoffe und die unterdrückten »rassisch minderwertigen« Völker die Arbeitskräfte liefern sollten. Die kapitalistische Industrie würde entweder mitziehen oder vom Staat übernommen werden, wenn dadurch größere Effizienz zu erreichen sei. Und die deutschen Arbeiter sollten die schwächliche Bourgeoisie als politisch qualifizierte Elite ablösen. In diesem Sinne hatte Hitler eine revolutionäre Umgestaltung der deutschen Gesellschaft vor Augen[6]. Unterdessen schmiedete Robert Ley, der Leiter der »Deutschen Arbeitsfront« und seit Ende 1940 »Reichswohnungskommissar«, Zukunftspläne für ein riesiges Wohnungsbauprogramm und eine völlige Neugestaltung des Sozialversicherungswesens (die sich – von ihren rassistischen Prämissen einmal abgesehen – in mancher Hinsicht kaum vom britischen »Beveridge Plan« unterschied)[7]. Nichts davon wurde auch nur annähernd verwirklicht. Unter dem Bombenhagel verschwanden mehr Häuser, als Ley mit seinem ehrgeizigen Programm je hätte bauen lassen können. Und das westdeutsche Sozialversicherungssystem stützte sich nach dem Krieg auf Vorläufer aus der Kaiserzeit und der Weimarer Republik und nicht auf das nationalsozialistische »Modell«.

Nur durch eine siegreiche Beendigung des Krieges hätten die nationalsozialistischen Vorstellungen von einer neuen Gesellschaft Wirklichkeit werden können. In den letzten Wochen des Dritten Reichs soll Hitler gesagt haben, daß er zwanzig Jahre gebraucht hätte, um eine Elite heranzuzüchten, die seine Ideale quasi mit der Muttermilch eingesogen

[5] Siehe Jochen Thies, Architektur der Weltherrschaft. Die »Endziele« Hitlers. Düsseldorf 1979; Werner Durth, Deutsche Architekten. Biographische Verflechtungen 1900–1970. München 1992.

[6] Siehe Rainer Zitelmann, Hitler. Selbstverständnis eines Revolutionärs. Stuttgart 1987.

[7] Siehe Marie-Louise Recker, Nationalsozialistische Sozialpolitik im Zweiten Weltkrieg. München 1985.

hätte; sein Problem sei allerdings gewesen, daß die Zeit immer gegen Deutschland gearbeitet habe[8].

In der Tat war das Hitlersche Vabanquespiel schon von Anfang an ein Fehlgriff. Das NS-Regime war nicht in der Lage, den von ihm gewollten Krieg zu dem von ihm gewünschten Zeitpunkt und zu den eigenen Bedingungen zu führen. Als es sich dann mitten in dem großen Krieg befand, den es 1939 zwar nicht gewollt, aber doch bewußt riskiert hatte, hätte sich ein rascher Ausstieg oder begrenzter Friedensschluß nur durch eine Kapitulation des Westens erreichen lassen. Das Streben nach kontinentaler Hegemonie schloß einen Kompromiß von deutscher Seite aus – und das um so mehr, je weiter und brutaler Deutschland expandierte. Während Großbritannien noch nicht erobert war, verlangte die Dynamik des deutschen Expansionstriebs einen Angriff auf die Sowjetunion. Der Versuch, die Sowjetunion innerhalb weniger Monate zu zerstören, war nicht nur eine Frage des ideologischen Wollens und Rassenwahns. Er war unter der Prämisse eines Krieges um die Vorherrschaft auf dem europäischen Kontinent vielmehr ein unausweichlicher Schritt, um England an den Verhandlungstisch zu bekommen, den immer wahrscheinlicheren Eintritt der USA in den Krieg abzuwenden und die Versorgung mit unentbehrlichen Rohstoffen sicherzustellen.

Es wird gelegentlich behauptet, Deutschland hätte Ende 1941 kurz davorgestanden, den Krieg zu gewinnen; Hitler hätte den deutschen Truppen nur erlauben müssen, weiter nach Osten vorzustoßen und Moskau einzunehmen, statt ihnen zu befehlen, nach Süden abzudrehen. Diese These erscheint unhaltbar. Strategisch und ökonomisch gesehen war der Vorstoß durch die Ukraine in der Absicht, den Kaukasus einzunehmen, wohl die richtige Entscheidung[9]. Die Einnahme Moskaus wäre für die Sowjetunion zwar ein herber Schlag gewesen, hätte aber den Krieg nicht beendet. Die Masse des Industriepotentials, das die Sowjetunion zur Fortsetzung des Kampfes benötigte, wäre davon nicht berührt

[8] Hitlers politisches Testamtent. Die Bormann-Diktate vom Februar und April 1945. Hamburg 1981, S. 72f.

[9] Siehe William Carr, Hitler. A Study in Personality and Politics. London 1978, S. 95.

gewesen. Statt dessen hätten die weit ausgedehnten deutschen Kommunikationsverbindungen leicht einem Gegenangriff von den Flanken her zum Opfer fallen können. Noch wichtiger ist jedoch, daß selbst bei einer Eroberung Moskaus der Versuch, England an den Verhandlungstisch zu zwingen und Amerika aus dem Krieg herauszuhalten, wahrscheinlich nicht zum Erfolg geführt hätte. Und selbst wenn es über die Ressourcen der westlichen Teile der UdSSR hätte verfügen können, hätte Deutschland – mit seiner ineffizient geführten Rüstungswirtschaft, seiner chaotischen politischen Struktur, seiner immer noch an allen Fronten gebundenen Wehrmacht und der Aussicht auf einen endlosen Konflikt mit den im Untergrund aktiven Partisanen- und Widerstandsgruppen – immer noch keine Antwort auf die materielle Übermacht der USA gehabt. Bei der Entwicklung der Atombombe lag Deutschland im Vergleich zu den USA mehrere Jahre zurück und hätte diese Waffe frühestens 1947 einsetzen können[10].

Doch selbst wenn man Moskau eingenommen hätte, wäre das NS-Regime nicht in der Lage gewesen, sich mit den Siegen zufriedenzugeben und das Errungene zu konsolidieren. Hitler und die Wehrmachtsführung redeten bereits von einer Expansion in den Nahen Osten. Das »System« konnte einfach nicht zur Ruhe kommen. Der Nationalsozialismus war ja gerade auf eine fortgesetzte, grenzenlose Expansion angelegt. Insofern kann man bei diesem »Was wäre, wenn...«-Ratespiel am ehesten davon ausgehen, daß der Krieg weitergegangen wäre und sich das Endergebnis – wenn vielleicht auch erst etwas später – nicht sehr von dem unterschieden hätte, was dann tatsächlich eintrat.

Das unwahrscheinlichste von allen Szenarios ist, daß Europa unter den Stiefelabsätzen der Nazis zu einem langanhaltenden Frieden und das NS-Regime zu einer wohlkoordinierten, stabilen Regierungsform gefunden hätte. Wie in Polen und Rußland zu sehen war, bedeutete die »neue Ordnung« alles andere als eine kohärente Herrschaftsstruktur. Vielmehr spiegelte sie auf einer größeren Ebene den unkoor-

[10] Speer, Erinnerungen, S. 242f.; siehe jetzt auch Mark Walker, Die Uranmaschine. Mythos und Wirklichkeit der deutschen Atombombe. Berlin 1990, S. 189ff.

dinierten Machtkampf, die Habgier und die ständigen Reibereien zwischen den einzelnen Machtbereichen, durch die das Hitler-Regime schon im Reich selbst maßgeblich gekennzeichnet gewesen war.

Im übrigen wurde die augenfälligste Frage offengelassen, wer zur Fortsetzung der NS-Herrschaft Hitlers Nachfolger werden und wie man diese Person aussuchen, wählen oder ernennen solle. Je länger der Krieg dauerte, desto mehr stand Görings Nominierung zum Nachfolger nur noch auf dem Papier. Hitler lehnte die Einfühung eines NS-Senats ab, dessen Aufgabe es gewesen wäre, den zweiten »Führer« zu bestimmen. Und wenn man an die erbitterten Feindschaften zwischen den führenden Nationalsozialisten denkt, ist es nur schwer vorstellbar, daß es Himmler, Bormann, Goebbels oder Speer hätte gelingen können, sich bei den NS-Funktionsträgern die erforderliche Legitimation zu verschaffen, um genügend Macht zur Sicherung einer langen Herrschaftsperiode zu erlangen; ebenso unwahrscheinlich ist, daß sie in der Lage gewesen wären, aus dem Nationalsozialismus eine systematische Regierungsform zu machen.

All das läßt darauf schließen, daß die nationalsozialistische Herrschaftsform nicht nur inhärent zerstörerisch, sondern auch selbstzerstörerisch war. Während der Nationalsozialismus ungeheure Zerstörung anrichten konnte, vermochte er andererseits nicht, ein dauerhaftes Herrschaftssystem zu schaffen, das den »Behemoth« ungeheurer Plünderungen und ungehemmter Ausbeutung perpetuiert und reproduziert hätte. Es stimmt natürlich, daß es der vereinten Kräfte der USA, der UdSSR und Englands bedurfte, um das Dritte Reich in die Knie zu zwingen. Daran wird aber nur deutlich, wieviel brutale Gewalt und Zerstörungspotential noch in diesem System vorhanden waren, das mit dem Rücken an der Wand vor der völligen Vernichtung stand, und wie zäh die deutschen Streitkräfte und die Zivilbevölkerung für eine Sache kämpften, die spätestens seit Weihnachten 1941 verloren war.

Diese Feststellungen führen nun unverkennbar zu dem – von den vorherigen Kapiteln bereits nahegelegten – Schluß, daß sich die zerstörerische – und selbstzerstörerische – Eigenart des Nationalsozialismus nicht auf Hitlers persönlichen Destruktionstrieb reduzieren läßt. Die Zerstörung, für die Hitlers Name steht, resultierte nicht aus der Einbildung, dem Willen und der Skrupellosigkeit eines einzelnen Mannes. Sie war immanenter Teil des nationalsozialistischen »Systems«. Die psychologische Beschäftigung mit der Biographie des »Führers« kann kaum Anhaltspunkte zur Beantwortung der Frage geben, warum eine komplexe, moderne Gesellschaft bereit war, Hitler in den Abgrund zu folgen. Wenn nicht zahllose Menschen – und darunter viele, die keineswegs überzeugte oder begeisterte Nationalsozialisten waren – bereit gewesen wären, direkt oder indirekt »im Sinne des Führers« zu arbeiten, hätte es für die eigentümliche Form der von Hitler ausgeübten personalisierten Macht keine soziale und politische Grundlage gegeben.

Für eine effektive Ausübung dieser Form der Macht war eine allgemeine Unterstützung unentbehrlich. Hitler war Deutschland nicht als Tyrann aufgezwungen worden. Bis weit in den Krieg hinein war er ein äußerst populärer Volksführer. Und für die Ausdehnung seiner personalisierten Macht bildete seine große Popularität eine wesentliche Voraussetzung. Die zerstörerische Dynamik, für die Hitlers Person steht, läßt sich nicht ohne die sozialen und politischen Motive begreifen, die mit der Akzeptanz einer ungezügelten Form persönlicher Herrschaft verbunden war.

Wie bereits am Anfang dieser Studie zu verdeutlichen versucht wurde, liegt ein Schlüssel für das Verständnis des außergewöhnlichen Charakters der Macht Hitlers in dem (von Max Weber abgeleiteten) Gedanken von der »charismatischen Herrschaft«. Dieser Gedanke liefert das entscheidende Bindeglied zwischen den sozialen Motiven, durch die die Bindung an Hitler zustande kam, der eigentümlichen Manifestation personalisierter Macht, die ein Hauptmerkmal der politischen Herrschaftsform des Dritten Reiches war, und der destruktiven Dynamik des Nationalsozialismus.

Die Merkmale »charismatischer Herrschaft« wurden bereits in der Einleitung dargelegt. Hier wird dieses Konzept in einem spezifischen Sinne verwandt, um eine Form personalisierter Herrschaft zu beschreiben, bei der aus dem »Gefolge« eines Führers heraus eine »heroische« Führung aktiv wird. Es geht hier um eine aus einer Systemkrise hervorgegangene Herrschaftsform, die kaum mit systematischem Regieren in Einklang zu bringen und daher inhärent instabil ist, geregelte Strukturen immanent zerstört und letztlich selbstzerstörerisch ist, weil sie von ständigen Erfolgen abhängt und es krampfhaft vermeiden muß, in Regierungs*routine* abzusinken.

Dieses Erklärungsmodell der »charismatischen Herrschaft« läßt sich eindeutig auf viele der Themen anwenden, die in den vorherigen Kapiteln angesprochen wurden. Es bezieht sich zunächst einmal auf die quasi messianische Attraktivität, die Hitler auch schon vor 1933 für Millionen von Deutschen besaß, als der rasche Legitimationsschwund der Weimarer Republik die Bereitschaft förderte, eine radikal andere Regierungsform zu akzeptieren, die auf persönlicher Herrschaft – und damit implizit persönlicher Verantwortung – beruhte. Außerdem paßt in dieses Modell sowohl die Beständigkeit der »missionarischen« Vision Hitlers als auch seine Unfähigkeit, eine »mittelfristige« Regierungspolitik rational zu formulieren oder klare, praktizierbare Prioritäten zu setzen. Es deckt sich auch mit Hitlers Voreingenommenheit bei Fragen, die das eigene Prestige betreffen, seiner Vorliebe für den theatralischen Effekt und die Propagandawirkung großer Überraschungscoups, seiner Angst vor einem möglichen Popularitätsverlust sowie seiner Abneigung dagegen, sich in den letzten Kriegsjahren dem deutschen Volk zu zeigen, als sich die Niederlagen häuften. Zu dem Modell paßt darüber hinaus Hitlers Unvermögen, sich für die eine oder andere Seite auszusprechen und bei Personalfragen, die rivalisierende Gauleiter oder andere loyale Parteibonzen betrafen, klare Entscheidungen zu fällen. (Auch in diesem Fall waren wieder Prestigegründe mit im Spiel; außerdem verlangte es Hitlers Position, daß er sich aus politischen Flügelkämpfen heraushielt und sich der Loyalität jedes einzelnen Paladins versicherte.) Des weiteren korrespondiert das Modell mit einem politischen Herrschaftstyp, bei dem neofeudale, persönliche Loyalitäten Vorrang vor bürokratischen Regierungsstrukturen gewonnen haben, formeller Status durch den persönlichen Rang im Gefolge des obersten Führers ersetzt worden ist, öffentliches Eigentum zu privatem Nutzen verteilt werden kann und ökonomische Ausbeutung gemäß den »visionären« Zielen des Führers als moderne Form der Sklavenwirtschaft konzipiert wird. Nicht zuletzt ist das Modell der »charismatischen Herrschaft« auch damit vereinbar, daß der Verwaltungsapparat ausgehöhlt und alles unterminiert wird, was an ein geordnetes oder rationales Regierungs*system* erinnert. Und als letztes weist es noch auf eine Herrschaftsform hin, bei der die Dynamik nicht nachlassen darf und bei der sich der Hang des »Führers« zum Vabanquespiel nicht nur aus einer persönlichen Vorliebe ergibt, sondern strukturell durch die Notwendigkeit bedingt ist, Stagnation zu vermeiden und die Erfolge herbeizuführen, auf denen letztlich der Fortbestand der »charismatischen Herrschaft« zwangsläufig beruht.

Die beiden letzten Punkte scheinen besonders wichtig. Die Aushöhlung der »rationalen« Regierungsarbeit mittels personalisierter Herrschaft bildete den Rahmen für die wachsende Autonomie des »charismatischen« Führers und sorgte für eine (ohne klare Befehle von oben zustande kommende) Selbstselektion der »Aktionsrichtungen«[11], die durch die ideologische »Vision« des Führers als implizite Zielvorgaben festgelegt wurden, auf die die gesamte Gesellschaft hinzuarbeiten hatte. So gerieten die ideologischen Ziele, die unmittelbar mit dem »Führer« identifiziert wurden, immer stärker ins Blickfeld, ohne daß er notwendigerweise klare Anweisungen zu deren Umsetzung erteilen mußte.

Im Kern der »charismatischen Herrschaft« steckt jedoch eine unaufhörliche Dynamik. Schon allein von der Idee der »charismatischen Herrschaft« her darf man kein Abflauen hin zu einer »Normalität« oder »Routine« erlauben und sich mit den erreichten Zielen nie endgültig zufriedengeben. Trotz der wie immer gearteten Verwirklichung einzelner Elemente muß die »Vision« des Führers immer eine Zukunftsvision bleiben. Je länger Hitlers Herrschaft andauerte, desto unwahrscheinlicher wurde es, daß sie je in ein »System« abgleiten würde, und desto stärker zerstörte sie alle organisierten, systematischen Regierungsstrukturen. Mit zunehmender Herrschaftsdauer wurden außerdem die visionären Expansionsziele immer umfangreicher, statt sich zu verringern. »Utopismus« und »charismatische Herrschaft« gehen Hand in Hand. Da aber die Stabilität eines »normalen« Regierungssystems nie erreicht werden kann, ist die imma-

[11] Siehe Martin Broszat, Soziale Motivation und Führer-Bindung des Nationalsozialismus. In: Vierteljahrshefte für Zeitgeschichte 18 (1970), S. 392–409.

nente Instabilität der »charismatischen Herrschaft« angesichts der Art der »utopischen« Vorstellungen Hitlers letzten Endes nicht nur zwangsläufig zerstörerisch, sondern selbstzerstörerisch. Hitlers eigene Selbstmordneigungen – die zum Beispiel beim Putsch von 1923, beim Tod seiner Nichte Geli Raubal im Jahre 1931, bei der Straßer-Krise von 1932 und in einigen düsteren Momenten im Herbst 1944 zu bemerken waren[12] – fielen mit dem Umstand zusammen, daß seine autoritäre Herrschaftsform nicht in der Lage war, sich zu reproduzieren und das eigene Überleben zu sichern.

Da es an konstruktiver, kreativer Energie fehlte und ein immer wilderer Drang zur Destruktion zum Ausdruck kam, war die Wahrscheinlichkeit groß, daß Hitlers Macht so enden würde, wie sie schließlich endete: Der Diktator schoß sich eine Kugel in den Kopf, und das deutsche Volk mußte den Preis dafür zahlen, daß es sich bereitwillig einem Führer an den Hals geworfen hatte, der ihm statt begrenzter politischer Optionen die verlockende – in Wirklichkeit aber illusorische und hohle – chiliastische Vision einer politischen Erlösung bot.

[12] Siehe Carr, Hitler, S. 109ff.

Literaturhinweise

Einleitung, S. 13–30

Binion, Rudolf, Hitler among the Germans. New York 1976.

Bracher, Karl Dietrich, Die deutsche Diktatur. Entstehung, Struktur, Folgen des Nationalsozialismus. Köln, Berlin 1969.

ders., Zeitgeschichtliche Kontroversen um Faschismus, Totalitarismus, Demokratie. München 1976.

Broszat, Martin, Der Staat Hitlers. München 1969, 13. Aufl. 1992.

Bullock, Alan, Hitler. Eine Studie über Tyrannei. Düsseldorf 1953 und Kronberg 1977.

Carr, William, Adolf Hitler. Persönlichkeit und politisches Handeln. Stuttgart, Berlin, Köln, Mainz 1980.

Deuerlein, Ernst, Hitler. Eine politische Biographie. München 1969.

Eichholtz, Dietrich und Kurt Gossweiler, Faschismusforschung. Positionen, Probleme, Polemik. Berlin (-Ost) 1980.

Elias, Norbert, Studien über die Deutschen. Frankfurt am Main 1989.

Fest, Joachim C., Hitler. Eine Biographie. Berlin 1973.

Funke, Manfred, Starker oder schwacher Diktator? Hitlers Herrschaft und die Deutschen. Düsseldorf 1989.

Graml, Hermann, Probleme einer Hitler-Biographie. Kritische Bemerkungen zu Joachim C. Fest, in: Vierteljahrshefte für Zeitgeschichte 22 (1974), S. 76–92.

Haffner, Sebastian, Anmerkungen zu Hitler. München 1978.

Jäckel, Eberhard, Hitlers Herrschaft. Stuttgart 1986.

Kershaw, Ian, Der NS-Staat. Geschichtsinterpretationen und Kontroversen im Überblick. Reinbek 1988.

Laqueur, Walter (Hrsg.), Fascism. A Reader's Guide. Harmondsworth 1979.

Lepsius, M. Rainer, Charismatic Leadership. Max Weber's Model and its Applicability to the Rule of Hitler, in: Carl Friedrich Graumann und Serge Moscovici (Hrsg.), Changing Conceptions of Leadership. New York 1986.

Mason, Timothy W., Intention and Explanation. A Current Controversy about the Interpretation of National Socialism, in: Gerhard Hirschfeld und Lothar Kettenacker (Hrsg.), Der »Führerstaat«: Mythos und Realität. Stuttgart 1981.

ders., Open Questions on Nazism, in: Raphael Samuel (Hrsg.), People's History and Socialist Theory. London 1981, S. 205–210.

Mommsen, Hans, Adolf Hitler als »Führer« der Nation. (Deutsches Institut für Fernstudien an der Universität Tübingen) Tübingen 1984.

ders., Der Nationalsozialismus und die deutsche Gesellschaft. Reinbek 1991.
Schreiber, Gerhard, Hitler-Interpretationen. Darmstadt 1984.
Steinert, Marlis, Hitler. Paris 1991.
Thamer, Hans-Ulrich, Verführung und Gewalt. Deutschland 1933–1945. Berlin 1986.
Toland, John, Adolf Hitler. Bergisch Gladbach 1977.
Waite, Robert O., Adolf Hitler. The Psychopathic God. New York 1977.
Wippermann, Wolfgang (Hrsg.), Kontroversen um Hitler. Frankfurt am Main 1986.
Zitelmann, Rainer, Adolf Hitler. Eine politische Biographie. Göttingen, Zürich 1989.

Erstes Kapitel, S. 31–56

Fest, Joachim C., Das Gesicht des Dritten Reiches. Profile einer totalitären Herrschaft. München 1963.
Hitlers politisches Testament. Die Bormann-Diktate vom Februar und April 1945. Hamburg 1981, S. 72f.
Heiber, Helmut (Hrsg.), Das Tagebuch von Joseph Goebbels 1925/26. Stuttgart 1960.
Hitler, Adolf, Mein Kampf. 85–94. Aufl. München 1934.
Jäckel, Eberhard, Hitlers Weltanschauung. Entwurf einer Herrschaft. Tübingen 1969.
ders. und Axel Kuhn (Hrsg.), Hitler. Sämtliche Aufzeichnungen 1905–1924. Stuttgart 1980.
Joachimsthaler, Anton, Korrektur einer Biographie. Adolf Hitler 1908–1920. München 1989.
Jochmann, Werner (Hrsg.), Adolf Hitler. Monologe im Führerhauptquartier 1941–1944. Hamburg 1980.
Kotze, Hildegard von und Helmut Krausnick (Hrsg.), Es spricht der Führer. 7 exemplarische Hitler-Reden. Gütersloh 1966.
Kuhn, Axel, Hitlers außenpolitisches Programm. Entstehung und Entwicklung 1919–1939. Stuttgart 1970.
Maser, Werner, Adolf Hitler. Legende, Mythos, Wirklichkeit. 3. Aufl. München 1976.
ders., Hitlers Briefe und Notizen. 2. Aufl. Düsseldorf 1988.
Phelps, Reginald, Hitlers »grundlegende« Rede über den Antisemitismus, in: Vierteljahrshefte für Zeitgeschichte 16 (1968), S. 390–420.
Picker, Henry, Hitlers Tischgespräche im Führerhauptquartier. 2. Aufl. Stuttgart-Degerloch 1963.
Stoakes, Geoffrey, Hitler and the Quest for World Dominion. Nazi Ideology and Foreign Policy in the 1920s. Leamington Spa 1987.
Thies, Jochen, Architekt der Weltherrschaft. Die »Endziele« Hitlers. Düsseldorf 1979.

Tyrell, Albrecht, Vom »Trommler« zum »Führer«. Der Wandel von Hitlers Selbstverständnis zwischen 1919 und 1924 und die Entwicklung der NSDAP. München 1975.
Vollnhals, Clemens und Bärbel Dusik (Hrsg.), Hitler. Reden, Schriften, Anordnungen. Februar 1925 bis Januar 1933. 3 Bände München u. a. 1992.
Wagener, Otto, Hitler aus nächster Nähe. Aufzeichnungen eines Vertrauten 1929–1932, hrsg. v. Henry A. Turner. Frankfurt am Main u. a. 1987.
Weinberg, Gerhard L., Hitlers Zweites Buch. Stuttgart 1961.
Wippermann, Wolfgang, Der konsequente Wahn. Ideologie und Politik Adolf Hitlers. München 1989.
Zitelmann, Rainer, Hitler. Selbstverständnis eines Revolutionärs. Hamburg u. a. 1987.

Zweites Kapitel, S. 57–87

Allen, William Sheridan, The Nazi Seizure of Power. 2. Aufl. New York 1984.
Auerbach, Hellmuth, Hitlers politische Lehrjahre und die Münchener Gesellschaft, in: Vierteljahrshefte für Zeitgeschichte 25 (1977), S. 1–45.
Bessel, Richard, The Rise of the NSDAP and the Myth of Nazi Propaganda, Wiener Library Bulletin, 33 (1980), S. 20–29.
ders. und Edgar Feuchtwanger (Hrsg.), Social Change and Political Development in Weimar Germany. London 1981.
ders., Political Violence and the Rise of Nazism. New Haven, London 1984.
Böhnke, Die NSDAP im Ruhrgebiet 1920–1933. Bonn 1974.
Bracher, Karl Dietrich, Die Auflösung der Weimarer Republik. Stuttgart 1955.
Broszat, Martin, Der Nationalsozialismus. Weltanschauung, Programm und Wirklichkeit. Stuttgart 1960.
ders., Zur Struktur der NS-Massenbewegung, in: Vierteljahrshefte für Zeitgeschichte 31 (1983), S. 52–76.
ders., Die Machtergreifung. Der Aufstieg der NSDAP und die Zerstörung der Weimarer Republik. München 1984.
Childers, Thomas, The Nazi Voter. The Social Foundations of Fascism in Germany, 1933–1939. Chapel Hill, London 1983.
ders. (Hrsg.), The Formation of the Nazi Constituency 1919–1933. London, Sydney 1986.
Deuerlein, Ernst, Hitlers Eintritt in die Politik und die Reichswehr, in: Vierteljahrshefte für Zeitgeschichte 7 (1959), S. 177–227.
ders. (Hrsg.), Der Hitler-Putsch. Bayerische Dokumente zum 8./9. November 1923. Stuttgart 1962.

ders., Der Aufstieg der NSDAP in Augenzeugenberichten. München 1974.

Falter, Jürgen W., Hitlers Wähler. München 1991.

Fischer, Conan, Stormtroopers. A Social, Economic, and Ideological Analysis. London 1983.

Gordon, Harold J., Hitler and the Beer Hall Putsch. Princeton 1972.

Gossweiler, Kurt, Kapital, Reichswehr und NSDAP 1919–1924. Berlin (-Ost) 1982.

Gritschneder, Otto, Bewährungsfrist für den Terroristen Adolf H. Der Hitler-Putsch und die bayerische Justiz. München 1990.

Hambrecht, Rainer, Der Aufstieg der NSDAP in Mittel- und Oberfranken (1925–1933). Nürnberg 1976.

Hamilton, Richard F., Who voted for Hitler? Princeton 1982.

Horn, Wolfgang, Der Marsch zur Machtergreifung. Die NSDAP bis 1933. Düsseldorf 1980.

Jablonsky, David, The Nazi Party in Dissolution. Hitler and the Verbotzeit, 1923–1925. London 1989.

Jäckel, Eberhard, Wie kam Hitler an die Macht?, in: Karl Dietrich Erdmann und Hagen Schulze (Hrsg.), Weimar. Selbstpreisgabe einer Demokratie. Eine Bilanz heute. Düsseldorf 1980.

James, Harold, Deutschland in der Weltwirtschaftskrise 1924–1936. Stuttgart 1988.

Jamin, Mathilde, Zwischen den Klassen. Zur Sozialstruktur der SA-Führerschaft. Wuppertal 1984.

Kissenkoetter, Udo, Gregor Strasser und die NSDAP. Stuttgart 1978.

Koshar, Rudy, Social Life, Local Politics, and Nazism. Marburg 1880–1935. Chapel Hill, London 1986.

Krebs, Albert, Tendenzen und Gestalten der NSDAP. Erinnerung an die Frühzeit der Partei. Stuttgart 1959.

Longerich, Peter, Die braunen Bataillone. Geschichte der SA. München 1989.

Merkl, Peter, Political Violence under the Swastika. Princeton 1975.

Neebe, Reinhard, Großindustrie, Staat und NSDAP. Göttingen 1981.

Noakes, Jeremy, The Nazi Party in Lower Saxony. Oxford 1971.

Nyomarkay, Joseph, Charisma and Factionalism in the Nazi Party. Minneapolis 1967.

Orlow, Dietrich, The History of the Nazi Party 1919–1933. Pittsburgh 1969.

Pätzold, Kurt und Manfred Weißbecker, Geschichte der NSDAP 1920–1945. Köln 1981.

Petzold, Joachim, Die Demagogie des Hitlerfaschismus. Berlin (-Ost) 1982.

Phelps, Reginald, Hitler als Parteiredner 1920, in: Vierteljahrshefte für Zeitgeschichte 11 (1963), S. 274–330.

Pridham, Geoffrey, Hitler's Rise to Power. The Nazi Movement in Bavaria. London 1973.

Stachura, Peter D., Gregor Strasser and the Rise of Nazism. London 1983.

ders. (Hrsg.), The Nazi Machtergreifung. London 1983.

Turner, Henry A., Die Großunternehmer und der Aufstieg Hitlers. Berlin 1985.

Tyrell, Albrecht (Hrsg.), Führer befiehl ... Selbstzeugnisse aus der »Kampfzeit« der NSDAP. Dokumentation und Analyse. Düsseldorf 1969.

Drittes Kapitel, S. 88–117

Angermund, Ralph, Deutsche Richterschaft 1919–1945. Frankfurt am Main 1990.

Arendt, Hannah, Elemente und Ursprünge totalitärer Herrschaft. Antisemitismus, Imperialismus, Totalitarismus. Frankfurt am Main 1955.

Aronson, Shlomo, Reinhard Heydrich und die Frühgeschichte von Gestapo und SD. Stuttgart 1971.

Backes, Uwe u.a., Reichstagsbrand. Aufklärung einer historischen Legende. München, Zürich 1986.

Bessel, Richard, 1933: A failed Counter-Revolution, in: Rice, E. E. (Hrsg.), Revolution and Counter-Revolution. Oxford 1991, S. 109–127.

Bracher, Karl Dietrich, Wolfgang Sauer und Gerhard Schulz, Die nationalsozialistische Machtergreifung. Studien zur Errichtung des totalitären Herrschaftssystems in Deutschland 1933/34. Köln, Opladen 1960.

Broszat, Martin, Politische Denunziationen in der NS-Zeit: Aus Forschungserfahrungen im Staatsarchiv München, in: Archivalische Zeitschrift 73 (1977), S. 209–238.

ders. u.a., (Hrsg.), Deutschlands Weg in die Diktatur. Berlin 1983.

ders. und Horst Möller, Das Dritte Reich. Herrschaftsstruktur und Geschichte. München 1983.

Buchheim, Hans u.a., Anatomie des SS-Staates. 2 Bände, 5. Aufl. München 1989.

Fraenkel, Ernst, Der Doppelstaat. Frankfurt am Main 1974.

Gellately, Robert, The Gestapo and German Society. Political Denunciation in the Gestapo Case Files, in: Journal of Modern History 60 (1988), S. 655–694.

ders., The Gestapo and German Society. Enforcing Racial Policy 1933–1945. Oxford 1990.

Gruchmann, Lothar, Justiz im Dritten Reich. Anpassung und Unterwerfung in der Ära Gürtner. München 1988.

Höhne, Heinz, Der Orden unter dem Totenkopf. Die Geschichte der SS. Gütersloh 1967.
ders., Mordsache Röhm. Hitlers Durchbruch zur Alleinherrschaft 1933/34. Reinbek 1984.
Koehl, Robert, The Black Corps. The Structure and Power Struggles of the Nazi SS. Madison, Wisc. 1983.
Löwenthal, Richard und Patrik von zur Mühlen (Hrsg.), Widerstand und Verweigerung in Deutschland 1933 bis 1945. Berlin, Bonn 1984.
Mann, Reinhard, Protest und Kontrolle im Dritten Reich. Nationalsozialistische Herrschaft im Alltag einer rheinischen Großstadt. Frankfurt am Main, New York 1987.
Matthias, Erich und Rudolf Morsey (Hrsg.), Das Ende der Parteien 1933. Düsseldorf 1960.
Michalka, Wolfgang (Hrsg.), Die nationalsozialistische Machtergreifung. Paderborn 1984.
Mommsen, Hans, Der Reichstagsbrand und seine politischen Folgen, in: Vierteljahrshefte für Zeitgeschichte 12 (1964), S. 351–413.
Studien zur Geschichte der Konzentrationslager. Stuttgart 1970.
Tuchel, Johannes und Reinold Schattenfroh, Zentrale des Terrors. Prinz-Albrecht-Straße 8: Das Hauptquartier der Gestapo. Berlin 1987.

Viertes Kapitel, S. 118–143

Bock, Gisela, Zwangssterilisation im Nationalsozialismus. Opladen 1986.
Bramsted, Ernest K., Goebbels und die nationalsozialistische Propaganda 1925–1945. Frankfurt am Main 1971.
Broszat, Martin u. a. (Hrsg.), Bayern in der NS-Zeit. 6 Bände München 1977–1983.
Bull, Hedley (Hrsg.), The Challenge of the Third Reich. Oxford 1986.
Burleigh, Michael und Wolfgang Wippermann, The Racial State. Germany 1933–1945. Cambridge 1991.
Conway, John S., Die nationalsozialistische Kirchenpolitik 1933–1945. Ihre Ziele, Widersprüche und Fehlschläge. München 1969.
Frei, Norbert, Der Führerstaat. Nationalsozialistische Herrschaft 1933 bis 1945. 2. Aufl. München 1989.
ders. (Hrsg.), Medizin und Gesundheitspolitik in der NS-Zeit. München 1991.
Höhne, Heinz, Die Zeit der Illusionen. Hitler und die Anfänge des 3. Reiches 1933–1936. Düsseldorf u. a. 1991.
Kater, Michael, Hitler in a Social Context, in: Central European History 14 (1981), S. 243–272.
ders., Sozialer Wandel in der NSDAP im Zuge der nationalsozialisti-

schen Machtergreifung, in: Wolfgang Schieder (Hrsg.), Faschismus als soziale Bewegung. 2. Aufl. Göttingen 1983, S. 25–67.
ders., The Nazi Party. A Social Profile of Members and Leaders 1919–1945. Oxford 1983.
ders., Doctors under Hitler. Chapel Hill, London 1989.
Kershaw, Ian, Der Hitler-Mythos. Volksmeinung und Propaganda im Dritten Reich. Stuttgart 1980.
ders., Popular Opinion and Political Dissent in the Third Reich. Bavaria 1933–1945. Oxford 1983.
Kleßmann, Christoph und Falk Pingel (Hrsg.), Gegner des Nationalsozialismus. Frankfurt am Main, New York 1980.
Klönne, Arno, Jugend im Dritten Reich. Die Hitler-Jugend und ihre Gegner. Köln 1982 und München 1990.
Koonz, Claudia, Mütter im Vaterland. Frauen im Dritten Reich. Freiburg 1991.
Mason, Timothy W., Arbeiterklasse und Volksgemeinschaft. Opladen 1975.
Merson, Allan, Communist Resistance in Nazi Germany. London 1985.
Mommsen, Hans und Susanne Willems (Hrsg.), Herrschaftsalltag im Dritten Reich. Studien und Texte. Düsseldorf 1988.
Noakes, Jeremy, The Oldenburg Crucifix Struggle of November 1936. A Case Study of Opposition in the Third Reich, in: Peter D. Stachura (Hrsg.), The Shaping of the Nazi State. London 1978.
Orlow, Dietrich, The History of the Nazi Party, 1933–1945. Pittsburgh 1973.
Peukert, Detlev, Die KPD im Widerstand. Wuppertal 1980.
ders., Volksgenossen und Gemeinschaftsfremde. Anpassung, Ausmerze und Aufbegehren unter dem Nationalsozialismus. Köln 1982.
ders. und Jürgen Reulecke (Hrsg.), Die Reihen fest geschlossen. Beiträge zur Geschichte des Alltags unter dem Nationalsozialismus. Wuppertal 1981.
Prinz, Michael, Vom neuen Mittelstand zum Volksgenossen. München 1986.
Sachse, Carola u.a., Angst, Belohnung, Zucht und Ordnung. Herrschaftsmechanismen im Nationalsozialismus. Opladen 1982.
Saldern, Adelheid von, Mittelstand im »Dritten Reich«. Frankfurt am Main 1979.
Schoenbaum, David, Die braune Revolution. Eine Sozialgeschichte des Dritten Reichs. Köln, Berlin 1969 und München 1980.
Scholder, Klaus, Die Kirchen und das Dritte Reich. 2 Bände, Berlin 1977 und 1985.
Stephenson, Jill, The Nazi Organisation of Women. London 1981.
Stern, J.P., Hitler. Der Führer und das Volk. München 1978.
Sywottek, Jutta, Mobilmachung für den Krieg. Die propagandistische

Vorbereitung der deutschen Bevölkerung auf den Zweiten Weltkrieg. Opladen 1976.
Unger, Aryeh H., The Totalitarian Party. Cambridge 1974.
Welch, David, Propaganda and the German Cinema 1933–1945. Oxford 1983.
Welch, David (Hrsg.), Nazi Propaganda. The Power and the Limitations. London u. a. 1983.
ders., Propaganda and Indoctrination in the Third Reich. Success or Failure? in: European History Quarterly 17 (1987), S. 403–422.

Fünftes Kapitel, S. 144–172

Bankier, David, Hitler and the Policy-Making Process on the Jewish Question, in: Holocaust and Genocide Studies 3 (1988), S. 1–20.
Barkai, Avraham, Das Wirtschaftssystem des Nationalsozialismus. Köln 1977.
ders., Vom Boykott zur »Entjudung«. Frankfurt am Main 1988.
Benz, Wolfgang, Herrschaft und Gesellschaft im nationalsozialistischen Staat. Frankfurt am Main 1990.
Botz, Gerhard, Wohnungspolitik und Judendeportation in Wien 1938 bis 1945. Wien 1975.
ders., Nationalsozialismus in Wien. Machtübernahme und Herrschaftssicherung 1938/39. 3. Aufl. Buchloe 1988.
Caplan, Jane, Government without Administration. State and Civil Service in Weimar and Nazi Germany. Oxford 1988.
Carr, William, Arms, Autarky, and Aggression. A Study in German Foreign Policy, 1933–1939. London 1972.
Carroll, Berenice, Total War. Arms and Economics in the Third Reich. The Hague, Paris 1968.
Deutsch, Harold C., Das Komplott oder die Entmachtung der Generale. Eichstätt 1974.
Diehl-Thiele, Peter, Partei und Staat im Dritten Reich. München 1969.
Döscher, Hans-Jürgen, Das Auswärtige Amt im Dritten Reich. Berlin 1987.
Dülffer, Jost, Der Beginn des Krieges 1939. Hitler, die innere Krise und das Mächtesystem, in: Geschichte und Gesellschaft 2 (1976), S. 443–470.
Forndran, Eberhard (Hrsg.), Innen- und Außenpolitik unter nationalsozialistischer Bedrohung. Opladen 1977.
Forstmeier, Friedrich und Hans-Erich Volkmann (Hrsg.), Wirtschaft und Rüstung am Vorabend des Zweiten Weltkrieges. Düsseldorf 1975.
Fröhlich, Elke (Hrsg.), Die Tagebücher von Joseph Goebbels. 4 Bände München 1987.

Funke, Manfred (Hrsg.), Hitler, Deutschland und die Mächte. Düsseldorf 1978.

Gordon, Sarah, Hitler, Germans, and the »Jewish Question«. Princeton 1984.

Graml, Hermann, Reichskristallnacht. Antisemitismus und Judenverfolgung im Dritten Reich. 2. Aufl. München 1989.

Gruchmann, Lothar, Die »Reichsregierung« im Führerstaat, in: Günther Doecker und Winfried Steffani (Hrsg.), Klassenjustiz und Pluralismus. Hamburg 1973, S. 187–223.

Hayes, Peter, Industry and Ideology. IG Farben in the Nazi Era. Cambridge 1987.

Hildebrand, Klaus, Deutsche Außenpolitik 1933–1945. Kalkül oder Dogma? 4. Aufl. Stuttgart 1980.

Hüttenberger, Peter, Die Gauleiter. Studie zum Wandel des Machtgefüges in der NSDAP. Stuttgart 1969.

ders., Nationalsozialistische Polykratie, in: Geschichte und Gesellschaft 2 (1976), S. 417–442.

Jacobsen, Hans-Adolf, Nationalsozialistische Außenpolitik. Frankfurt am Main 1968.

Koehl, Robert, Feudal Aspects of National Socialism, in: American Political Science Review 54 (1960), S. 921–933.

Messerschmidt, Manfred, Die Wehrmacht im NS-Staat. Zeit der Indoktrination. Hamburg 1969.

Michalka, Wolfgang (Hrsg.), Nationalsozialistische Außenpolitik. Darmstadt 1978.

Militärgeschichtliches Forschungsamt (Hrsg.), Das Deutsche Reich und der Zweite Weltkrieg. Band 1, Stuttgart 1979.

Mommsen, Hans, Beamtentum im Dritten Reich. Stuttgart 1966.

Mommsen, Wolfgang J. und Lothar Kettenacker (Hrsg.), The Fascist Challenge and the Policy of Appeasement. London 1983.

Müller, Klaus-Jürgen, Das Heer und Hitler. Armee und nationalsozialistisches Regime 1933–1940. 2. Aufl. München 1988.

ders., Armee, Politik und Gesellschaft in Deutschland 1933–1945. Paderborn 1979.

ders., General Ludwig Beck. Boppard am Rhein 1980.

ders., Armee und Drittes Reich 1933–1939. Darstellung und Dokumentation. Paderborn 1987.

Nicosia, Francis R. und Lawrence D. Stokes, Germans against Nazism. Nonconformity, Opposition, and Resistance in the Third Reich. New York, Oxford 1990.

Pehle, Walter H. (Hrsg.), Der Judenpogrom 1938. Von der »Reichskristallnacht« zum Völkermord. Frankfurt am Main 1988.

Petzina, Dieter, Autarkiepolitik im Dritten Reich. Der nationalsozialistische Vierjahresplan. Stuttgart 1968.

Peterson, Edward N., The Limits of Hitler's Power. Princeton 1969.

Rebentisch, Dieter und Karl Teppe (Hrsg.), Verwaltung contra Menschenführung im Staat Hitlers. Göttingen 1986.
Schleunes, Karl A., The Twisted Road to Auschwitz. Nazi Policy towards German Jews 1933–1939. Urbana 1970.
Smelser, Ronald M., Das Sudetenproblem und das Dritte Reich 1933–1938. Von der Volkstumspolitik zur nationalsozialistischen Außenpolitik. München 1980.
ders., Robert Ley. Hitlers Mann an der »Arbeitsfront«. Eine Biographie. Paderborn 1984.
Weinberg, Gerhard L., The Foreign Policy of Hitler's Germany. Diplomatic Revolution in Europe 1933–1936. Chicago, London 1970.
Wendt, Bernd-Jürgen, Großdeutschland. Außenpolitik und Kriegsvorbereitung des Hitler-Regimes. München 1987.

Sechstes Kapitel, S. 173–208

Adam, Uwe Dietrich, Judenpolitik im Dritten Reich. Düsseldorf 1972.
Bankier, David, The Germans and the Final Solution. Public Opinion under Nazism. Oxford 1992.
Bartov, Omer, The Eastern Front 1941–1945. German Troops and the Barbarisation of Warfare. London 1985.
ders., Hitler's Army. Soldiers, Nazis, and War in the Third Reich. New York, Oxford 1991.
Birn, Ruth Bettina, Die Höheren SS- und Polizeiführer. Düsseldorf 1986.
Breitman, Richard, The Architect of Genocide. Himmler and the Final Solution. London 1991.
Broszat, Martin, Nationalsozialistische Polenpolitik 1939–1945. Stuttgart 1961.
ders., Hitler und die Genesis der »Endlösung«. Aus Anlaß der Thesen von David Irving, in: Vierteljahrshefte für Zeitgeschichte 25 (1977), S. 737–775; Nachdruck in: ders., Nach Hitler. Der schwierige Umgang mit unserer Geschichte. München 1988, S. 45–92.
ders. und Klaus Schwabe (Hrsg.), Die deutschen Eliten und der Weg in den Zweiten Weltkrieg. München 1989.
Browning, Christopher R., The Final Solution and the German Foreign Office. New York 1978.
ders., Zur Genesis der »Endlösung«. Eine Antwort an Martin Broszat, in: Vierteljahrshefte für Zeitgeschichte 29 (1981), S. 97–109.
ders., Fateful Months. Essays on the Emergence of the Final Solution. New York, London 1985.
ders., Ordinary Men. Reserve Police Battalion 101 and the Final Solution in Poland. New York 1992.
Burrin, Philippe, Hitler et les juifs. Genèse d'un génocide. Paris 1989.

Carr, William, Von Polen bis Pearl Harbor. Zur Entwicklung des Zweiten Weltkriegs. Stuttgart 1987.

Creveld, Martin van, Hitler's Strategy 1940–1941. The Balkan Clue. Cambridge 1973.

Dallin, Alexander, Deutsche Herrschaft in Rußland 1941–1945. Eine Studie über Besatzungspolitik. Düsseldorf 1958.

Eichholtz, Dietrich, Geschichte der deutschen Kriegswirtschaft. 2 Bände Berlin (-Ost) 1984/85.

Fleming, Gerald, Hitler und die Endlösung. »Es ist des Führers Wunsch«. Wiesbaden 1982.

Frei, Norbert und Hermann Kling (Hrsg.), Der nationalsozialistische Krieg. Frankfurt am Main, New York 1990.

Gruchmann, Lothar, Euthanasie und Justiz im Dritten Reich, in: Vierteljahrshefte für Zeitgeschichte 20 (1972), S. 235–279.

Hilberg, Raul, Die Vernichtung der europäischen Juden. Berlin 1982 und Frankfurt am Main 2. Aufl. 1990.

Hillgruber, Andreas, Hitlers Strategie, Politik und Kriegführung 1940–1941. Frankfurt am Main 1965.

Jäckel, Eberhard und Jürgen Rohwer (Hrsg.), Der Mord an den Juden im Zweiten Weltkrieg. Stuttgart 1985.

Klee, Ernst, »Euthanasie« im NS-Staat. Die »Vernichtung lebensunwerten Lebens«. Frankfurt am Main 1983.

Knipping, Franz und Klaus-Jürgen Müller (Hrsg.), Machtbewußtsein in Deutschland am Vorabend des Zweiten Weltkrieges. Paderborn 1984.

Koehl, Robert, RKFDV: German Resettlement and Population Policy, 1939–1945. Cambridge, Mass. 1957.

Krausnick Helmut und Hans-Heinrich Wilhelm, Die Truppe des Weltanschauungskrieges. Stuttgart 1981.

Kube, Alfred, Pour le mérite und Hakenkreuz. Hermann Göring im Dritten Reich. München 1986.

Madajczyk, Czeslaw, Die Okkupationspolitik Nazideutschlands in Polen 1939–1945. Berlin 1987.

Marrus, Michael R., The Holocaust in History. London 1988.

Martens, Stefan, Hermann Göring. »Erster Paladin des Führers« und »Zweiter Mann im Reich«. Paderborn 1985.

Mayer, Arno, Der Krieg als Kreuzzug. Das Deutsche Reich, Hitlers Wehrmacht und die »Endlösung«. Reinbek 1989.

Michalka, Wolfgang, Ribbentrop und die deutsche Weltpolitik 1933–1940. Außenpolitische Konzeptionen und Entscheidungsprozesse im Dritten Reich. München 1980.

Milward, Alan S., Die deutsche Kriegswirtschaft 1939–1945. Stuttgart 1967.

Militärgeschichtliches Forschungsamt (Hrsg.), Das Deutsche Reich und der Zweite Weltkrieg. Band 2, 3, 4, 5/1 Stuttgart 1979–1988.

dass. (Hrsg.), Der Zweite Weltkrieg. Analysen, Grundzüge, Forschungsbilanz. München 1989.
Mommsen, Hans, Die Realisierung des Utopischen. Die »Endlösung« der »Judenfrage« im »Dritten Reich«, in: Geschichte und Gesellschaft 9 (1983), S. 381–420.
Overy, Richard J., Hitler's War and the German Economy: A Reinterpretation, in: Economic History Review 35 (1982), S. 272–91.
Rebentisch, Dieter, Führerstaat und Verwaltung im Zweiten Weltkrieg. Stuttgart 1989.
Recker, Marie-Louise, Nationalsozialistische Sozialpolitik im Zweiten Weltkrieg. München 1985.
Rich, Norman, Hitler's War Aims. 2 Bände London 1973/74.
Schieder, Wolfgang (Hrsg.), »Vernichtungspolitik«. Hamburg 1991.
Schmuhl, Hans-Walter, Rassenhygiene, Nationalsozialismus, Euthanasie. Göttingen 1987.
Streim, Alfred, Die Behandlung sowjetischer Kriegsgefangener im »Fall Barbarossa«. Heidelberg, Karlsruhe 1981.
Streit, Christian, Keine Kameraden. Die Wehrmacht und die sowjetischen Kriegsgefangenen 1941–1945. Stuttgart 1978.
Wegner, Bernd, Hitlers Politische Soldaten. Die Waffen-SS 1933–1945. Paderborn 1982.
Weinberg, Gerhard L., The Foreign Policy of Hitler's Germany. Starting World War II. Chicago, London 1980.

Siebtes Kapitel, S. 209–238

Boelcke, Willi A. (Hrsg.), Deutschlands Rüstung im Zweiten Weltkrieg. Hitlers Konferenzen mit Albert Speer 1942–1945. Frankfurt am Main 1969.
Borsdorf, Ulrich und Mathilde Jamin (Hrsg.), Über Leben im Krieg. Kriegserfahrungen in einer Industrieregion 1939–1945. Reinbek 1989.
Broszat, Martin, Klaus-Dietmar Henke und Hans Woller (Hrsg.), Von Stalingrad zur Währungsreform. München 1988.
Goebbels, Joseph, Tagebücher 1945. Die letzten Aufzeichnungen. Hamburg 1977.
Graml, Hermann (Hrsg.), Widerstand im Dritten Reich. Probleme, Ereignisse, Gestalten. Frankfurt am Main 1984.
Heiber, Helmut (Hrsg.), Hitlers Lagebesprechungen. Die Protokollfragmente seiner militärischen Konferenzen 1942–1945. Stuttgart 1962.
Herbert, Ulrich, Fremdarbeiter. Politik und Praxis des »Ausländer-Einsatzes« in der Kriegswirtschaft des Dritten Reiches. Berlin, Bonn 1985.

Herbst, Ludolf, Der Totale Krieg und die Ordnung der Wirtschaft. Stuttgart 1982.
Hoffmann, Peter, Widerstand, Staatsstreich, Attentat. Der Kampf der Opposition gegen Hitler. 4. Aufl. München, Zürich 1985.
Irving, David, Die geheimen Tagebücher des Dr. Morrell, Leibarzt Adolf Hitlers. München 1983.
ders., Führer und Reichskanzler. Adolf Hitler 1933–1945. München, Berlin 1989.
Lang, Jochen von, Der Sekretär. Martin Bormann. Der Mann, der Hitler beherrschte. Frankfurt am Main 1980.
Lochner, Louis (Hrsg.), Goebbels Tagebücher aus den Jahren 1942/43. Zürich 1948.
Müller, Klaus-Jürgen (Hrsg.), Der deutsche Widerstand 1933–1945. Paderborn 1986.
Schmädeke, Jürgen und Peter Steinbach (Hrsg.), Der Widerstand gegen den Nationalsozialismus. München, Zürich 1985.
Schmidt, Matthias, Albert Speer. Das Ende eines Mythos. Bonn, München 1982.
Schmitthenner, Walter und Hans Buchheim (Hrsg.), Der deutsche Widerstand gegen Hitler. Köln, Berlin 1966.
Schramm, Percy Ernst (Hrsg.), Kriegstagebuch des Oberkommandos der Wehrmacht. 4 Bände, Frankfurt am Main 1961–1965.
Schumann, Wolfgang u. a. (Hrsg.), Deutschland im Zweiten Weltkrieg. 6 Bände, Berlin (-Ost) 1974–1985.
Speer, Albert, Erinnerungen. Frankfurt am Main, Berlin 1969.
Steinert, Marlis, Hitlers Krieg und die Deutschen. Düsseldorf 1970.
Trevor-Roper, Hugh, Hitlers letzte Tage. Zürich 1946 und Frankfurt am Main, Berlin, Wien 1973.
Walker, Mark, Die Uranmaschine. Mythos und Wirklichkeit der deutschen Atombombe. Berlin 1990.

Schlußbetrachtung, S. 239–250

Broszat, Martin, Soziale Motivation und Führer-Bindung des Nationalsozialismus, in: Vierteljahrshefte für Zeitgeschichte 18 (1970), S. 392–409.
Dahrendorf, Ralf, Gesellschaft und Demokratie in Deutschland. München 1971.
Mommsen, Hans, Der Nationalsozialismus. Kumulative Radikalisierung und Selbstzerstörung des Regimes, in: Meyers Enzyklopädisches Lexikon, Band 16 (1976), S. 785–790.
ders., Nationalsozialismus als vorgetäuschte Modernisierung, in: Walter H. Pehle (Hrsg.), Der historische Ort des Nationalsozialismus. Frankfurt am Main 1990.

Neumann, Franz, Behemoth. Struktur und Praxis des Nationalsozialismus. Frankfurt am Main 1984.
Noakes, Jeremy, Nazism and Revolution, in: O'Sullivan, Noel (Hrsg.), Revolutionary Theory and Political Reality. London 1983.
Rauschning, Hermann, Die Revolution des Nihilismus. Zürich, New York 1938.

Personenregister

Deutsche Geschichte der neuesten Zeit

vom 19. Jahrhundert bis zur Gegenwart

Fritz Blaich:
Der Schwarze Freitag
Inflation und Wirtschaftskrise
dtv 4515

Martin Broszat:
Die Machtergreifung
Der Aufstieg der NSDAP und die Zerstörung der Weimarer Republik
dtv 4516

Norbert Frei:
Der Führerstaat
Nationalsozialistische Herrschaft 1933 bis 1945
dtv 4517

Bernd-Jürgen Wendt:
Großdeutschland
Außenpolitik und Kriegsvorbereitung des Hitler-Regimes
dtv 4518

Hermann Graml:
Reichskristallnacht
Antisemitismus und Judenverfolgung im Dritten Reich
dtv 4519

Emigration und Widerstand
Das NS-Regime und seine Gegner
dtv 4520 (i. Vorb.)

Lothar Gruchmann:
Totaler Krieg
Vom Blitzkrieg zur bedingungslosen Kapitulation
dtv 4521

Wolfgang Benz:
Potsdam 1945
Besatzungsherrschaft und Neuaufbau
dtv 4522

Wolfgang Benz:
Die Gründung der Bundesrepublik
dtv 4523

Dietrich Staritz:
Die Gründung der DDR
Von der sowjetischen Besatzungsherrschaft zum sozialistischen Staat
dtv 4524

Kurt Sontheimer:
Die Adenauer-Ära
Grundlegung der Bundesrepublik
dtv 4525

Manfred Rexin:
Die Deutsche Demokratische Republik
dtv 4526 (i. Vorb.)

Ludolf Herbst:
Option für den Westen
Vom Marshallplan bis zum deutsch-französischen Vertrag
dtv 4527

Peter Bender:
Neue Ostpolitik
Vom Mauerbau bis zum Moskauer Vertrag
dtv 4528

Thomas Ellwein:
Krisen und Reformen
Die Bundesrepublik seit den sechziger Jahren
dtv 4529

Helga Haftendorn:
Sicherheit und Stabilität
Außenbeziehungen der Bundesrepublik zwischen Ölkrise und NATO-Doppelbeschluß
dtv 4530

Zeugen unseres Jahrhunderts

Schalom Ben-Chorin:
Jugend an der Isar
dtv 10937

Inge Deutschkron:
Ich trug den gelben Stern
dtv 30000

Peter Krebs:
Die Kinder von Vietnam
Bilanz eines modernen Krieges
dtv 11288

Christian Graf von Krockow:
Die Reise nach Pommern
Bericht aus einem verschwiegenen Land
dtv 10885
Die Stunde der Frauen
Bericht aus Pommern 1944 bis 1947
dtv 30014

Hans Graf v. Lehndorff:
Menschen, Pferde, weites Land
dtv 10162
Ostpreußisches Tagebuch
Aufzeichnungen eines Arztes aus den Jahren 1945 – 1947
dtv 2923

Jacques Lusseyran:
Das wiedergefundene Licht
Die Lebensgeschichte eines Blinden im französischen Widerstand
dtv/Klett-Cotta 30009
Das Leben beginnt heute
Erinnerungen und Begegnungen eines Blinden
dtv/Klett-Cotta 11311

Danièle Philippe:
Es begann in der Normandie
Eine französische Kindheit im Zweiten Weltkrieg
dtv 10634

William L. Shirer:
Das Jahrzehnt des Unheils
Meine Erlebnisse und Erfahrungen in Deutschland und Europa 1930 – 1940
dtv 11124

Vilma Sturm:
Barfuß auf Asphalt
Ein unordentlicher Lebenslauf
dtv 10404

Marion Yorck von Wartenburg:
Die Stärke der Stille
Erzählung eines Lebens aus dem deutschen Widerstand
dtv 10772

Krystyna Zywulska:
Tanz, Mädchen . . .
Vom Warschauer Getto nach Auschwitz
Ein Überlebensbericht
dtv 10983

Jean Améry im dtv

Jenseits von Schuld und Sühne
Bewältigungsversuche eines Überwältigten

»Übrigens geht es mir in diesem Augenblick so wenig wie ehedem um das Dritte Reich. Was mich beschäftigt und wovon ich zu reden qualifiziert bin, das sind die Opfer dieses Reiches. Kein Denkmal will ich ihnen setzen, denn Opfer sein allein ist noch nicht Ehre. Nur ihre Kondition wollte ich beschreiben, die ist unveränderbar.« dtv 10923

Unmeisterliche Wanderjahre

Unbestechlich im Urteil und voll aphoristischer Schärfe fragt Améry nach den geistigen Bedingungen des Menschseins in unserer Zeit. Ein nach wie vor aktueller Beitrag zur gegenwärtigen Diskussion über das Phänomen »Zeitgeist«. dtv 11162

Widersprüche

Dieser Band vereinigt Aufsätze aus den Jahren 1967 bis 1971, in denen Jean Améry Stellung nimmt zu philosophischen Fragen, zu politischen und gesellschaftspolitischen Ereignissen sowie zum Judentum. »Ein solcher Autor läßt sich nicht festlegen, er hat die Widersprüche des Zeitgeistes akzeptiert, er hat sie wieder und wieder reflektiert, und es fehlt ihm die Arroganz, uns mitzuteilen, er habe sie bewältigt.« (Ivo Frenzel in der ›Süddeutschen Zeitung‹) dtv 11322

Über das Altern
Revolte und Resignation

Améry läßt sich nicht ein auf Harmonisierung oder Verklärung. Er beschreibt das Altern als einen fortschreitenden Prozeß der Entfremdung von den Zeitgenossen, von der Welt und von sich selbst. Was bleibt, ist Revolte und Resignation, Kampf also, trotz der Einsicht, das man unterliegen wird. »Ein einzelner hat hier für einzelne geschrieben, die dazu bereit sind, in letzten Sachen bis ans Ende zu denken.« (H. Krüger in ›Die Zeit‹) dtv 11470

Jean Améry:
Charles Bovary, Landarzt
Porträt eines einfachen Mannes

War Charles Bovary wirklich nur ein dummer und gutherziger Tor, voller Unverständnis für seine romantische Frau, wie ihn sein Autor Flaubert dargestellt hat? In einer Art Wiederaufnahmeverfahren rehabilitiert Améry den betrogenen Ehemann, verhilft ihm zu seinem Recht auf Zorn und Leiden und gibt ihm die Würde, die ihm Flaubert vorenthalten hat. dtv 30338